Gerhard Maletzke

Interkulturelle Kommunikation

Gerhard Maletzke

Interkulturelle Kommunikation

Zur Interaktion zwischen Menschen verschiedener Kulturen

Westdeutscher Verlag

Die Deutsche Bibliothek – CIP-Einheitsaufnahme

Maletzke, Gerhard:
Interkulturelle Kommunikation:
zur Interaktion zwischen Menschen verschiedener Kulturen /
Gerhard Maletzke. – Opladen: Westdt. Verl., 1996
    ISBN 3-531-12817-5

Umschlaggestaltung: Horst Dieter Bürkle, Darmstadt
Titelbild: Paul Klee, Schichtungseinbruch, 1927, 222 (W 2), 31,3 x 46,8 cm; Tusche
und Aquarell auf Papier; Privatbesitz Schweiz; © VG Bild-Kunst, Bonn 1996
Druck und buchbinderische Verarbeitung: Druckerei Hubert & Co., Göttingen
Gedruckt auf säurefreiem Papier
Printed in Germany

ISBN 3-531-12817-5

Inhalt

Vorwort

Im Jahr 1966 fand im Deutschen Institut für Entwicklungspolitik in Berlin ein Symposium zum Thema „Internationale und interkulturelle Kommunikation zwischen Industrie- und Entwicklungsländern" statt. Als wissenschaftlicher Mitarbeiter dieses Instituts hatte ich die Leitung übernommen, und es gelang uns, etliche namhafte Sozialwissenschaftler aus verschiedenen Ländern als Teilnehmer zu gewinnen, so unter anderem W. Phillips Davison, Michael Flack, Edmund S. Glenn, Léo Hamon, Daniel Lerner, Richard L. Merritt, Ithiel de Sola Pool, Bryant Wedge und Ralph White. Damals war das Thema nahezu unbekannt. Unsere Hoffnung, mit dieser Veranstaltung der deutschen Forschung eine neue, auch für die Praxis höchst bedeutsame Thematik schmackhaft zu machen und damit neue Impulse zu geben, hat sich dann freilich nur in recht bescheidenem Umfang erfüllt.

Als ein Spätprodukt – immerhin sind seit damals fast drei Jahrzehnte vergangen – lege ich nun dieses Buch über Interkulturelle Kommunikation vor. Der Plan zu dieser Publikation entstand aus diesem Symposium heraus, und seitdem habe ich – neben vielen anderen Aufgaben und Verpflichtungen – unentwegt Material gesammelt und gesichtet und schließlich die Ergebnisse dieser Studien niedergeschrieben.

Dabei stand ich vor der Frage, an wen sich dieses Buch wenden, wem es nützen soll. Im wesentlichen galt es hier zwischen zwei möglichen Zielgruppen zu entscheiden: Einerseits läßt sich dieses Thema auf einer streng wissenschaftlichen Ebene mit Wissenschaftlern als Zielpublikum konzipieren; auf der anderen Seite gibt es eine große, weiter wachsende Gruppe von Praktikern, die in der Fremde leben oder beabsichtigen, in die Fremde zu gehen, und die nach einem besseren Verständnis einer fremden Kultur und eines Aufenthaltes in der Fremde suchen. Ohne Zögern entschied ich mich schon in der Planungsphase für die zweite Möglichkeit. Zwei Überlegungen waren dafür maßgebend: Eine eindeutig wissenschaftliche Orientierung hätte zu einem (in dieser Form bis heute nicht vorhandenen) Lehrbuch der Interkulturellen Kommunikation geführt. Bei der Breite des von Anfang an vorgesehenen Ansatzes, der eine ganze Reihe von Wissenschaftsdisziplinen umfaßt, wäre das Ergebnis ein dickleibiges, streckenweise recht theoretisches Werk geworden, das nur speziell interessierte

Fachkollegen angesprochen hätte, Praktikern aber weitgehend verschlossen geblieben wäre. Für die zweite Lösung sprach die Tatsache, daß der Kreis von Personen, die sich in fremde Kulturen begeben und sich mit den daraus resultierenden Problemen auseinandersetzen wollen, ständig wächst. Hinzu kommt, daß ich selber eine Reihe von Jahren in fremden Kulturen tätig war und auch bei der Schulung und Vorbereitung von Entwicklungsexperten mitwirken konnte.

Wenn sich dieses Buch primär an Praktiker wendet, bedeutet das keineswegs, daß etwa die wissenschaftliche Komponente zu vernachlässigen wäre. Die Aussagen, Konzepte, Definitionen, Fakten, auf denen dieses Buch basiert, sind – soweit es der gegenwärtige Forschungsstand ermöglicht – wissenschaftlich abgesichert. Was freilich Zweifel und Unsicherheiten keinesfalls ausschließt.

Im übrigen: Auch wenn die Fachkollegen der Wissenschaft nicht das Zielpublikum dieses Buches bilden, werden sie sich für zuständig fühlen, diese Arbeit ihrer wissenschaftlichen Kritik zu unterwerfen. Das gehört zu ihrem Geschäft, wie es zum Geschäft eines Autors gehört, Kritik hinzunehmen. Sicher wird vieles von dieser Kritik berechtigt und somit nützlich und hilfreich sein. Und so bedanke ich mich im voraus dafür.

Zu danken habe ich vielen Freunden und Bekannten, die mir bei der Entstehung dieses Buches geholfen haben. Mein besonders herzlicher Dank gilt Petra Bonnet, Isabella Heudorf und Verena Struwe.

Stuttgart, im Februar 1996   Gerhard Maletzke

Hinweis: Die meisten ursprünglich englischen Zitate wurden um der besseren Lesbarkeit willen ins Deutsche übersetzt, oft recht frei, um den Sinn bemüht. Die Verantwortung dafür liegt beim Verfasser dieses Buches.

Einleitung

Begegnungen zwischen Menschen verschiedener Kulturen hat es immer schon gegeben; und seit alters her hat man sich über dieses aus dem Rahmen des Alltäglichen herausfallende Phänomen Gedanken gemacht. Während jedoch in früheren Zeiten derartige Begegnungen relativ selten stattfanden, hat sich in den letzten etwa 150 Jahren das Ausmaß vervielfacht, insbesondere durch die Entwicklung moderner Verkehrs- und Kommunikationsmittel. Ob sich durch diese quantitative Ausweitung auch die Qualität, das „Wie" interkultureller Kommunikation verändert hat, ist eine Frage, die vorerst noch offenbleiben muß. Jedenfalls hat das Interesse an der interkulturellen Interaktion und Kommunikation ständig zugenommen. Immer mehr Menschen wollen wissen, was eigentlich vor sich geht, wenn Personen, die verschiedenen Kulturen angehören, einander begegnen und miteinander zurechtkommen sollen; und was es bedeutet, für eine längere Zeit in einer fremden Kultur zu leben.

Wenngleich sich die Wissenschaften erst spät dieser Thematik angenommen haben, liegen doch schon sehr beachtliche Einsichten, Erfahrungen und Überlegungen vor. Das rechtfertigt den Versuch, in einem Gesamtüberblick – der sich zwangsläufig über mehrere Wissensbereiche erstreckt – die wichtigsten Erkenntnisse zusammenzufassen. Eben dies ist Aufgabe und Ziel dieses Buches.

Interkulturelle und internationale Kommunikation vollzieht sich heute in vielen Sektoren menschlichen Lebens. Die wichtigsten Bereiche lassen sich so skizzieren:

Umfangreiche interkulturelle Kommunikation spielt sich in der *Politik* ab. Außenpolitik besteht zu wesentlichen Teilen aus Kommunikation zwischen Menschen verschiedener Länder. Vom Gelingen oder Mißlingen dieser Kommunikation hängen weitgehend die Erfolge oder Mißerfolge der Außenpolitik ab. Zu den wichtigsten Fähigkeiten eines Außenpolitikers oder Diplomaten gehört es, die Gesprächspartner fremder Länder zu verstehen und sich ihnen verständlich zu machen.

Über Außenpolitik, internationale Beziehungen und Diplomatie ist bereits viel geschrieben worden, wenig dagegen über die Kommunikationsaspekte dieses Bereichs. Zweifellos sind in der vorliegenden Literatur viele wertvolle Hinweise auf Probleme der internationalen Kommunikation enthalten, etwa auf Fragen der Verhandlungstechnik, der Informationssammlung und -verarbeitung, der Übersetzer- und Dolmetschertätigkeit, der Öffentlichkeitsarbeit im Ausland usw. Es wäre eine lohnende Aufgabe, dieses Material systematisch zu sichten und zusammenzufassen.

Zur internationalen Kommunikation im politischen Bereich zählt auch die Propaganda, also der geplante Versuch, Menschen anderer Länder unter politischer Zielsetzung zu beeinflussen. Allerdings scheut man sich heute in zahlreichen Ländern, diese Beeinflussungsversuche Propaganda zu nennen; man benutzt „neutralere" Begriffe wie Öffentlichkeits- oder Informationsarbeit, oder man spricht (mit etwas anderen Bedeutungsakzenten) von psychologischer Kriegführung.

Eine an Umfang und Bedeutung rapide zunehmende Rolle fällt der interkulturellen Kommunikation *im akademischen Bereich* zu. Seit jeher lebt die Wissenschaft vom Gedankenaustausch auch über staatliche und kulturelle Grenzen hinweg; sie ist von ihrem Wesen her universell orientiert. Massenkommunikation und Verkehrswesen haben in unserem Jahrhundert zu einer enormen Erweiterung der interkulturellen Kontakte im wissenschaftlichen Sektor geführt. Wissenschaftliche Organisationen, Fachzeitschriften, Kongresse, Symposien, Kolloquien, ein differenziertes Bibliotheks- und Archivsystem und nicht zuletzt Gastaufenthalte von Wissenschaftlern in anderen Ländern, alles das dient dem interkulturellen und internationalen Austausch von Wissen, Gedanken und Material im akademischen Feld. Während über den Auslandsaufenthalt von Wissenschaftlern nicht allzuviele empirische Arbeiten vorliegen, wurde der Austausch von Studenten bereits sehr ausgiebig untersucht. Dabei wurden neben pädagogischen Aspekten auch verschiedene Kommunikationsprobleme behandelt, so vor allem Probleme der Anpassung an die fremde Kultur sowie der Motivation und der Entwicklung von Attitüden und Images gegenüber dem Gastland und dem eigenen Lande während des Auslandsaufenthaltes und danach. Die Ergebnisse dieser Studien sind aufschlußreich, weil sie manche weitverbreiteten Vorstellungen über den Ablauf und die Wirkungen von Auslandsaufenthalten korrigieren.

Auch im Bereich von *Kunst und Kultur* vollzieht sich eine umfangreiche interkulturelle Kommunikation etwa in Form von Ausstellungen, Gastspielen, Lesungen, Besuchen, durch Austausch von Zeitschriften, Büchern usw. Ein wesentlicher Teil dieser Aktivitäten dient politischen Zielen und wird mit staatlichen, gelegentlich auch mit privaten Mitteln initiiert und subventioniert. Zwischen zahlreichen Nationen besteht ein ständiger kodifizierter Kulturaustausch.

Im Bereich der _Wirtschaft_ gibt es heute internationale Beziehungen in einem früher nicht gekannten Ausmaß. Viele Firmen unterhalten in anderen Ländern Zweigstellen, Zweigwerke, Büros, Niederlassungen oder Tochtergesellschaften. Bei manchen Konzernen läßt sich kaum noch erkennen, welches eigentlich ihre „Nationalität" ist. – Die Folge dieser Verflechtungen ist eine Fülle von Auslandsreisen mit einer Vielzahl von interkulturellen Kontakten und Begegnungen.

Eine besondere Form interkultureller Begegnung ist der _Tourismus_, der heute auch einen beachtlichen wirtschaftlichen Faktor darstellt. Die unkritische Annahme, Tourismus trage immer und zwangsläufig zur besseren Verständigung zwischen Kulturen oder Nationen bei, hat heute einer differenzierteren und skeptischeren Auffassung Platz gemacht. Wenn wir bedenken,

– daß in der Regel nur wenige Touristen die Sprache des Gastlandes beherrschen,
– daß Touristen meist mit vorgefaßten Meinungen, mit Stereotypen und klischeehaften Images in ein fremdes Lande reisen,
– daß sie zwar viele neue Eindrücke sammeln, diese aber unter dem Einfluß der vorgefaßten Meinungen selektieren und interpretieren und wenig bereit und offen sind, ihre vorgefaßten Ansichten zu ändern,
– daß Touristen sich meist damit begnügen, die Hotels, Seebäder, Prachtstraßen und Sehenswürdigkeiten kennenzulernen, aber wenig geneigt sind und auch selten Gelegenheit haben, mit den Menschen des Gastlandes wirklich Kontakt zu bekommen und sich in deren Sichtweise hineinzuversetzen,
– daß viele Gastländer sich bemühen, den Touristen ihre gewohnte heimatliche Umgebung zu verschaffen,

dann dürfte die Wahrscheinlichkeit echten interkulturellen Kennenlernens und Verstehens durch Tourismus recht gering sein. Nach allem, was wir über die Meinungs- und Attitüdenprozesse wissen, kann es sogar zu einer Verstärkung der bereits vorhandenen, einseitigen und oft geradezu falschen Vorurteile kommen, insbesondere dann, wenn diese vorgefaßten Urteile intensiv sind.

Weitere Felder interkultureller Begegnungen gibt es

- im Bereich der Technik,
- im kirchlichen und caritativen Sektor,
- im Bereich des Sports,
- im militärischen Bereich,
- bei Institutionen, Verbänden u.ä.,
- im persönlichen privaten Sektor.

Eine eigene Gruppe stellen die *Auswanderer* dar, die – aus welchen Gründen auch immer – ihre Heimat verlassen, um sich in der Fremde ein neues Leben aufzubauen.

Schließlich gibt es noch die *Vertriebenen, Flüchtlinge und Asylanten*, die in der Fremde Zuflucht suchen.

Da es das Ziel dieses Buches ist, Praktikern, die in eine fremde Kultur gehen, bei diesem Unterfangen zu helfen, konzentrieren wir uns hier auf die Interessen, Fragestellungen und Probleme eben dieser Gruppe. Das heißt im Umkehrschluß: Wenig Aufmerksamkeit widmen wir den anderen Gruppen; und das sind auf der einen Seite jene Besucher, die nur für eine kurze Zeit ein fremdes Land aufsuchen, also vor allem Touristen; und auf der anderen Seite sind das alle jene, die als Flüchtlinge, Emigranten oder Asylanten ihre Heimat verlassen, ohne zu wissen, ob sie jemals zurückkehren werden.

Zweifellos gilt vieles von dem, was im vorliegenden Buch erörtert wird, auch für Touristen einerseits und Flüchtlinge und Asylanten auf der anderen Seite; nicht zu vergessen: auch für Ausländer, die bei uns in Deutschland leben und für Deutsche, die ihnen begegnen. Über diese Gemeinsamkeiten hinaus haben jedoch diese Gruppen ihre je eigenen Probleme, und auf eben diese gehen wir hier nicht weiter ein.

Nun stellt sich die Frage, wie wir die Personen, denen unsere besondere Aufmerksamkeit gilt, benennen sollen. Im Englischen gibt es das Wort „sojourner" für jemanden, der für einige Zeit in der Fremde weilt. Das Deutsche kennt keinen entsprechenden Begriff; hier muß man sich mit Wörtern begnügen, die allesamt nicht genau das bezeichnen, was gemeint

12

ist, die also einen eigenen Bedeutungsakzent haben. Der „Fremde" ist gekennzeichnet durch Fremdsein, der „Gast" durch Willkommensein, der „Besucher" durch ein kurzes Verweilen. Ein Begriff, der dem hier Gemeinten vielleicht noch am nächsten kommt, ist der des „Experten", freilich in einer recht weiten Bedeutung – eben für den, der sich mit einem Auftrag für eine begrenzte Zeit in einem fremden Land mit einer eigenen Kultur aufhält.

Dieses Buch wendet sich vornehmlich an diese Praktiker, es soll praktischen Zwecken dienen. Dabei stützt es sich – wo immer möglich – auf Einsichten und Erkenntnisse der Wissenschaften. Doch handelt es sich hier *nicht* um ein wissenschaftliches Fachbuch im strengen Sinne, sondern eben um einen Leitfaden für jene, die in und mit einer fremden Kultur zurechtkommen wollen.

Wer heute für einige Zeit mit einer Aufgabe in ein anderes Land geht, bereitet sich meist auf diesen Einsatz vor, indem er sich mit Geschichte und Politik, mit den Lebensverhältnissen und der Kultur, auch wohl mit der Sprache seines Gastlandes vertraut macht. Das vorliegende Buch ist zu verstehen als Ergänzung zu derartigen länderspezifischen Studien; es befaßt sich nicht mit einzelnen Kulturen, sondern versucht, Merkmale herauszuarbeiten, die – in kulturspezifischen Varianten – überall anzutreffen sind, und es versucht, jene Schwierigkeiten verständlich zu machen, die bei der Begegnung mit anderen Kulturen auftreten, und zwar ganz allgemein, also unabhängig davon, welche Kulturen im konkreten Fall aufeinandertreffen.

*

Dieses Buch ist folgendermaßen gegliedert: Im ersten Kapitel werden die wichtigsten Grundlagen und Grundbegriffe geklärt. Das zweite Kapitel befaßt sich mit der Frage: Worin unterscheiden sich Kulturen voneinander? Als Unterscheidungskriterien werden zehn kulturspezifische „Strukturmerkmale" benutzt. Das dritte Kapitel handelt von den Vorstellungen und Einstellungen gegenüber Völkern oder Kulturen, also von Faktoren, welche die Prozesse der interkulturellen Begegnung in hohem Maße mitbestimmen. Erst im vierten Kapitel kommen dann diese Prozesse zur Sprache unter der Fragestellung, welche Probleme sich für denjenigen stellen, der sich für einige Zeit in eine fremde Kultur begibt, und wie sich diese

Schwierigkeiten bewältigen lassen. Das fünfte Kapitel schließlich sucht in erster Annäherung Antworten auf die Frage, was man tun kann, um sich auf den Aufenthalt in einer fremden Kultur vorzubereiten.

1. Grundlagen

1.1 Was heißt „Kultur"?

Das Phänomen „Kultur" in seinen vielfältig schillernden Erscheinungsformen hat zahlreiche erlauchte Geister beschäftigt, so etwa – um nur eine kleine Auswahl zu nennen – Leibniz, Voltaire, Herder, Wilhelm von Humboldt, Kant, Freud, Jung, Adorno, Marcuse, Luhmann.

„Kultur" ist ein oft verwendetes Wort; aber durchaus nicht immer ist klar, was damit gemeint ist. Wie zahlreiche abstrakte Begriffe dieser Art ist „Kultur" vieldeutig; und das heißt: je nach Kontext und Benutzer variiert die Bedeutung – auch in den Wissenschaften. Eine einheitliche, allgemein anerkannte Definition von Kultur gibt es nicht. Folglich muß jeder, der von Kultur redet (zum mindesten in der Wissenschaft) möglichst präzise festlegen, was darunter zu verstehen ist.

Kultur – abgeleitet vom lateinischen „colere" = bebauen, bestellen, pflegen – bedeutet zunächst ganz allgemein die Art und Weise, wie die Menschen ihr Leben gestalten mitsamt den „Produkten" ihres Denkens und Schaffens. Dem Mittelalter war der Begriff „Kultur" fremd. Etwa seit dem 17. Jahrhundert stellte man dann „Kultur" der „Natur" gegenüber, wobei „Kultur" etwas bezeichnete, das der Mensch aus eigenem Willen und Vermögen schafft, während „Natur" ihm vorgegeben ist. Nicht selten unterscheidet man zwischen Kultur und Zivilisation, wobei dann Zivilisation die eher materielle Seite, Kultur mehr die ideelle Komponente menschlichen Daseins bezeichnet. Vor allem im deutschen Sprachgebrauch engte sich seit dem 18. Jahrhundert das Gemeinte immer mehr ein auf die „Kulturprodukte", verbunden mit betonten Wertungen: Zur Kultur rechnen – insbesondere im deutschen Bildungsbürgertum – nur solche „Produkte", die als besonders „wertvoll" gelten; wobei freilich manchmal offenbleibt, was denn nun im konkreten Falle nach welchen Kriterien „wertvoll" ist und was nicht. – So wurde in Deutschland Kultur gleichbedeutend mit Hochkultur oder Elitekultur, mit einem Bereich also, der nicht jedem, sondern nur bestimmten Kreisen – den „Gebildeten" – zugänglich ist. Diese Auffassung von Kultur, die sich, etwas verkürzt und zugespitzt, auf die Werke von Dürer, Goethe und Beethoven beschränkt, ist heute noch bei deutschen Bildungsbürgern lebendig. Auch die deutschen

Geisteswissenschaften machten sich diesen Standpunkt zu eigen. So definierte Rickert Kultur als die „Gesamtheit der realen Objekte, an denen allgemein anerkannte Werte oder durch sie konstruierte Sinngebilde haften und die mit Rücksicht auf die Werte gepflegt werden".[1]

Diese enge und wertbetonte Auffassung von Kultur machen wir uns in diesem Buche *nicht* zu eigen. Wenn im folgenden von Kultur die Rede ist, dann immer im Sinne der modernen Kulturanthropologie. Zwar gibt es auch dort wieder verschiedene Vorstellungen darüber, was Kultur ist oder sein soll; und die Gelehrten wissen sich trefflich über diese feinen Varianten zu streiten; doch ist man sich in den Grundzügen weitgehend einig: In der Kulturanthropologie ist Kultur im wesentlichen zu verstehen als ein System von Konzepten, Überzeugungen, Einstellungen, Wertorientierungen, die sowohl im Verhalten und Handeln der Menschen als auch in ihren geistigen und materiellen Produkten sichtbar werden. Ganz vereinfacht kann man sagen: Kultur ist die Art und Weise, wie die Menschen leben und was sie aus sich selbst und ihrer Welt machen.

Manchmal wird jedoch „Kultur" in einer etwas anderen Bedeutung verwendet. Dann bezeichnet man als Kultur nicht die Lebensweise einer Gruppe, sondern diese Gruppe selbst, die durch eine gemeinsame Lebensweise gekennzeichnet ist. Diese Ansicht vertritt beispielsweise der amerikanische Anthropologe Brislin: „Eine Kultur ist zu verstehen als eine identifizierbare Gruppe mit gemeinsamen Überzeugungen und Erfahrungen, mit Wertgefühlen, die mit diesen Erfahrungen verbunden sind, und mit einem Interesse an einem gemeinsamen historischen Hintergrund".[2] In diesem Wortsinne „haben" dann Völker wie die Deutschen, die Franzosen, die Engländer nicht eine eigene Kultur, sondern sie stellen eine je eigene Kultur dar; eine Auffassung, die auch im alltäglichen Sprachgebrauch häufig anzutreffen ist.

Subkulturen

Die Kulturanthropologie befaßte sich zunächst fast ausschließlich mit recht kleinen und in sich sehr homogenen sozialen Gebilden, denen man ohne weiteres eine Kultur zuschreiben konnte, die für alle ihre Mitglieder galt. Soweit deckten sich also die Konzepte von der sozialen Gruppierung und der ihr eigenen Kultur. Schwierig wird jedoch die Sachlage, sobald sich die Forscher großen und komplexen sozialen Gruppierungen zuwenden, also etwa modernen Großgesellschaften. Dann stellt sich nämlich sofort die Frage, ob derart komplexen Gebilden überhaupt noch *eine* Kultur zuzuschreiben ist oder ob man, wenn wir an Beispiele wie die USA oder Indien denken, innerhalb derartiger Gesellschaften von mehreren unterscheidbaren Kulturen auszugehen hat. Natürlich hängt die Antwort davon ab, wie man die Grundbegriffe definiert, was man also unter „Kultur", „Gesellschaft", „Nation", „Volk" verstehen will.

Um (zumindest begrifflich) diesen Schwierigkeiten zu entgehen, bietet sich das Konzept von den *„Subkulturen"* an. Dieses Konzept geht von der Vorstellung aus, daß die Teilgruppen einer großen Gesellschaft eine je eigene Kultur aufweisen, eben eine Subkultur. Jede Subkultur hebt sich durch eigene, „subkulturspezifische" Merkmale von anderen Subkulturen ab, fügt sich aber zugleich der übergreifenden Gesamtkultur ein. Dabei beschränkt sich dieses Konzept heute nicht auf ethnisch definierte Teilgruppen, sondern es erstreckt sich auch auf zahlreiche sonstige Untergruppen einer Großgesellschaft. In dieser Perspektive lassen sich Subkulturen erkennen etwa bei Jüngeren und Älteren, bei höher und weniger Gebildeten, bei Nord- und Süddeutschen, Ost- und Westdeutschen, bei Berufsgruppen usw.; schließlich und endlich weist jedes Dorf, jede Schulklasse, jeder Betrieb eine eigene Subkultur auf. So gesehen kann eine Person, ein Individuum mehreren Subkulturen zugleich angehören.

Das Konzept von den Subkulturen ist somit ein brauchbares Hilfsmittel, um die Komplexität großer, in sich differenzierter Gesellschaften unter dem Aspekt der Kultur (im anthropologischen Sinne) in den Griff zu bekommen.

„Primitive" Kulturen?

In der Literatur über fremde Länder und Kontinente ist häufig die Rede von „primitiven" Völkern und Kulturen. Auch in wissenschaftlichen Studien verwenden die Forscher – vor allem Soziologen und Anthropologen – nicht selten das Wort von den „Primitiven". Sie meinen damit in der Regel Gruppen und Kulturen, die in sich wenig differenziert erscheinen und noch nicht von der modernen Technologie, von der „Zivilisation" erfaßt sind.

Diese Sprachgepflogenheit erscheint jedoch wenig glücklich. Im Deutschen mehr noch als in anderen Sprachen schwingt bei „primitiv" fast immer eine Abwertung mit, eine negative Bedeutungskomponente; primitiv wird assoziiert mit naiv, zurückgeblieben, unkultiviert, unterentwickelt, minderwertig. Das ist vornehmlich die Sichtweise des Abendländers, der sich mit seinen „Errungenschaften" den „Primitiven" überlegen fühlt; eine Einstellung, die für die Kolonialzeit typisch war, aber auch heute noch weiterlebt. Offensichtlich wäre es am zweckmäßigsten, das Wort „primitiv" zu vermeiden, wenn von Kulturen die Rede ist. Nur – das Wort ist da und läßt sich nicht übersehen. Doch sollten wir, wo immer es uns begegnet, ihm gegenüber mißtrauisch sein.

Manche Autoren umgehen denn auch die Worte „primitiv", „Primitive" und „primitive Kulturen" und suchen nach möglichst wertneutralen Bezeichnungen. So ist da die Rede etwa von „schriftlosen Kulturen" und an anderen Stellen von „geschichtslosen Kulturen". Allerdings, eindeutig und unproblematisch sind auch diese Begriffe nicht. „Schriftlos" ist ein rein formales Merkmal, das zunächst inhaltlich nur wenig aussagt. Und über „geschichtslos" ließe sich lange streiten, denn streng genommen gibt es überhaupt nichts Menschliches ohne tradierte Vergangenheit, also ohne „Geschichte". Wenn man von „geschichtslosen" Kulturen spricht, benutzt man somit „Geschichte" in einer spezifischen Bedeutung, die dann genauer zu bestimmen wäre.

Kultur-Wissenschaften

Kulturen sind hochkomplexe Phänomene, die sich unter zahlreichen Blickwinkeln betrachten lassen. Daraus folgt, daß sich mehrere Wissenschaftsdisziplinen mit je eigenen Perspektiven, Fragestellungen und Methoden der Erforschung von Kultur und Kulturen widmen. Hier ein kurzer Überblick über die wichtigsten dieser Kultur-Wissenschaften.

Eine herausragende Stellung nimmt die *Anthropologie* ein, genauer: die Kulturanthropologie. Allerdings verbergen sich hinter diesem Namen mehrere Einzeldisziplinen, fast alle mit Anspruch auf Eigenständigkeit und in Fehde untereinander: Ethnologie, Ethnographie, Völkerkunde, Sozialanthropologie, Ethno-Science und andere. – Anthropologie ist die Lehre vom

Menschen; nimmt man diese Bedeutung wörtlich, dann ist diese Wissenschaft außerordentlich umfassend, sie erhebt einen Globalanspruch auf alles, was den Menschen betrifft. „In den angelsächsischen Ländern zielt die Anthropologie auf eine umfassende Kenntnis vom Menschen ab, die ihren Gegenstand in seiner ganzen historischen und geographischen Ausdehnung umfaßt. Sie versucht eine Kenntnis zu erlangen, die auf die ganze menschliche Entwicklung von den Menschenaffen bis zu den modernen Rassen anwendbar ist und zu positiven oder negativen, aber für alle menschlichen Gesellschaften gültigen Schlußfolgerungen neigt, angefangen bei der modernen Großstadt bis zum kleinsten melanesischen Staat".[3] Allerdings, solche Ansprüche sind gefährlich, wenn es in der Forschungspraxis nicht gelingt, ihnen gerecht zu werden. Vielleicht liegt es an dieser zu weit gesteckten Zielformulierung, wenn manche Kritiker die tatsächlichen Leistungen der Anthropologie eher als bescheiden einstufen: „Tatsache ist, daß die Anthropologen insgesamt nicht wissen, was sie wissen; sie kennen nicht die Fragen, für die sie Antworten angehäuft haben. Verglichen mit anderen Verhaltenswissenschaften ist die Anthropologie am wenigsten entwickelt, und zwar gleichermaßen in ihrer Methodologie, ihren Forschungsaussagen und im Formulieren ihrer Probleme".[4] Ob diese Behauptungen nun zutreffen oder nicht, auf jeden Fall verdanken wir der Kulturanthropologie eine Fülle von Erkenntnissen über Kultur im allgemeinen und über konkrete Kulturen im besonderen.

Die *Sozialpsychologie* befaßt sich vor allem mit den Beziehungen zwischen Menschen, Gruppen, Völkern, Nationen.

Die *Psychologie* beschäftigt sich u.a. mit den Zusammenhängen zwischen Kultur und Persönlichkeit. Sie sucht Antworten auf Fragen wie diese: Wieweit bedingen sich Kultur und Persönlichkeit wechselseitig? Wieweit und wie ist der Mensch in seinem Wahrnehmen und Denken, in seinen Emotionen, Einstellungen, Wertorientierungen und Verhaltensweisen von seiner Kultur geprägt? Gibt es allgemein-menschliche, in allen Kulturen anzutreffende „Universalien"? Wenn ja: Wie sind sie beschaffen? Gibt es einen empirisch faßbaren „Nationalcharakter"?

Der *Kommunikationswissenschaft* fallen bei der Untersuchung von Kulturen und ihren Beziehungen zahlreiche wichtige Aufgaben zu. Dabei geht es vor allem um die „Verständigung" zwischen Menschen verschiedener Kulturen, sei es in direkter persönlicher Kommunikation oder sei es in der durch technische Medien vermittelten Massenkommunikation. Während sich daraus in den USA bereits eine eigene Forschungsrichtung („Intercultural Communications") entwickelt hat, liegt dieses Feld bei uns immer noch ziemlich brach.

Da Sprache und Sprachen in hohem Maße kulturrelevante Phänomene sind, kommt bei der Erforschung der Kulturen der *Linguistik* große Bedeutung zu. Diese Disziplin macht die Symbolwelt der menschlichen Sprache zu ihrem Untersuchungsgegenstand, und zwar sowohl in ihren allgemeinen Grundlagen als auch in ihren konkreten kulturspezifischen Ausprägungen.

Schließlich sind noch einige weitere Wissenschaften zu nennen, die sich ebenfalls – wenn auch meist mehr am Rande – mit Kulturen und interkulturellen Beziehungen beschäftigen, so etwa Politologie, Geschichtswissenschaften, Kulturgeographie und Wirtschaftswissenschaft.

1.2 Mensch und Kultur

Kultur ist etwas spezifisch Menschliches. Nur dem Menschen schreiben wir Kultur zu. Der Mensch schafft Kultur, und er wird von ihr geprägt. Der Mensch ist ein Tier unter Tieren; doch unterscheidet er sich von anderen Tieren dadurch, daß er weniger und zugleich mehr Fähigkeiten aufweist. Biologisch gesehen ist er ein „Mängelwesen", ein unfertiges, unterentwickeltes Tier; ihm fehlen jene durch bestimmte Reize ausgelösten Steuerungsmechanismen, die wir Instinkte nennen und mit denen die Tiere artspezifisch festgelegt, in ihre Umwelt fest eingepaßt sind. Um als Gattung zu überleben, mußte der Mensch diese Mängel kompensieren; er durchbrach den beim Tier geschlossenen Funktionskreis von „Merken" und „Wirken" (von Uexküll), und dadurch ist er auf Handlung in einem Feld unbegrenzter Möglichkeiten angelegt. Das bedeutet eine Distanz zu den Dingen und zum Geschehen des Augenblicks; so macht er die Dinge zu „Objekten". Aus dieser Distanz ergeben sich jene Merkmale, die man gemeinhin als typisch menschlich betrachtet: Der Mensch verfügt über Erinnerung und Phantasie; und das heißt: er hat Vergangenheit und Zukunft, er ist ein geschichtliches Wesen und er kann planen. Damit eng verbunden ist seine (für das Überleben notwendige) Fähigkeit zur Abstraktion, zum Sich-Ablösen vom konkreten Einzelfall, vom Hier und Jetzt. Mit Hilfe dieser Fähigkeit schafft der Mensch sich eine Welt abstrakter Symbole, nämlich in der Sprache. Durch Sprache macht der Mensch aus dem Chaos einen Kosmos; ohne Sprache wäre er nicht in der Lage, sich in dieser Welt zu orientieren und funktionierende Gemeinwesen aufzubauen.

Kulturelle Universalien

„Der" Mensch ist eine begriffliche Abstraktion. Konkret gibt es nur einzelne Personen, also Individuen, die in ihrer Ausprägung einmalig und unverwechselbar sind. Wenn wir von „dem" Menschen schlechthin sprechen, dann steckt dahinter offensichtlich die Annahme, daß es Merkmale, Eigenschaften, Fähigkeiten, Verhaltensweisen gibt, die alle Individuen übergreifen und somit auch durchgängig in allen Kulturen anzutreffen sind. Diese Merkmale werden in der Wissenschaft unter dem Begriff „Universalien" diskutiert.

Ohne Zweifel gibt es biologische Universalien, also physische Merkmale, durch die die Gattung Mensch sich von anderen Lebewesen abhebt. Sehr viel schwieriger ist es zu entscheiden, ob auch im Bereich des Psychischen und des Kulturellen solche allgemeingültigen Merkmale anzunehmen sind. Legen wir hier strenge wissenschaftliche Maßstäbe an, so ist letztlich diese Frage überhaupt nicht zu beantworten, denn als Universalie gilt ein Phänomen erst dann, wenn sich nachweisen läßt, daß es immer und überall anzutreffen ist, zu allen Zeiten, bei allen Völkern, in allen Kulturen; und ein solcher Nachweis ist praktisch unmöglich.

Trotz dieser Bedenken suchen die Forscher nach wie vor nach überzeitlichen, überregionalen kulturellen Erscheinungsformen. Stattliche Kataloge sind bereits auf diese Weise zustandegekommen. Zu den Universalien gehören danach beispielsweise Ehe, Phoneme und Morpheme; Zählen; Inzest-Tabus; Achtung vor den Eltern, zumindest bei Kindern; wechselseitige Kompensation; moralische Werte als Grundlagen aller Arten von sozialen Organisationen; Musik und Zeichnen; Personennamen; Selbstbilder.[5] Eine andere Liste enthält diese Universalien: Sport, Körperschmuck, Kalender, Reinlichkeitserziehung, Gemeindeorganisation, Kochen, Zusammenarbeit, Kosmologie, Höflichkeit, Tanzen, dekorative Kunst, Verehrung göttlicher Wesen, Traumdeutung, Erziehung, Eschatologie, Ethik, Ethnobotanik,

Etikette, Glaubensheilung, Benützung des Feuers, Folklore, Nahrungstabus, Begräbnissitten, Spiele, Gesten, Schenken, Regierung, Begrüßung, Haarstil, Gastfreundschaft, Wohnung, Hygiene, Inzest-Tabus, Spaß machen, Verwandtengruppen, Sprache und Sprachsysteme, Gesetz, Aberglaube, Magie, Moral, Mahlzeiten, Medizin, Mythologie, Strafen, Personennamen, Eigentumsrechte, Pubertätssitten, religiöses Ritual, Wohnregeln, sexuelle Beschränkungen, Seelenvorstellungen.[6]

Zu den kulturellen Universalien könnte man auch die von C. G. Jung herausgearbeiteten „Archetypen" rechnen ebenso wie die von Noam Chomsky entwickelte „generative Grammatik", basierend auf der Hypothese, daß allen konkret ausgeformten Sprachen eine allgemeine Sprachstruktur zugrunde liegt.

Schon diese Beispiele zeigen: Bei der Aufzählung sogenannter kultureller Universalien stehen äußerst verschiedenartige Phänomene einfach nebeneinander, so als seien sie alle auf ein und derselben Ebene angesiedelt. Von einer Ordnung und Systematik, von Strukturen und Zusammenhängen ist da kaum etwas zu bemerken. Insgesamt wirken die Äußerungen zu diesen Universalien höchst unklar; sie erscheinen mehr als Spekulationen denn als Forschungsergebnisse. So gibt es auch namhafte Wissenschaftler, die vor einem leichtfertigen Umgang mit diesem Konzept warnen.[7]

Im übrigen: für die Praxis der interkulturellen Begegnung dürfte die Frage nach den kulturellen Universalien kaum von Bedeutung sein.

Individuum und Kultur

Das Verhältnis zwischen dem Individuum und seiner Kultur ist als ein komplexes System von Wechselbeziehungen zu verstehen. Einerseits wird der Mensch als Person und Persönlichkeit durch die Kultur, in der er lebt und der er angehört, wesentlich geprägt, auf der anderen Seite beeinflußt er wiederum seine Kultur und trägt so zum „kulturellen Wandel" bei.[8] Den Prozeß des Hineinwachsens des Individuums in seine Kultur, des Übernehmens und Verinnerlichens bezeichnet man als „Enkulturation" (vergleichbar der „Sozialisation" als Hineinwachsen in die Gesellschaft). Enkulturation umfaßt u. a. das Lernen grundlegender menschlicher Fertigkeiten im sozialen Bereich, also etwa wie man soziale Beziehungen eingeht, wie man das eigene Verhalten kontrolliert und seine Emotionen angemessen nutzt, wie man Grundbedürfnisse befriedigt, wie man die Welt sieht, wie man mit anderen verbal und nichtverbal kommuniziert, was man von anderen erwarten kann, welche Rollen für einen selbst angemessen sind und was man positiv oder negativ zu bewerten hat.[9]

1.3   Ethnozentrismus: Die eigene Kultur als Mittelpunkt und Maßstab[10]

Die meisten Menschen sehen die eigene Kultur als den Mittelpunkt der Welt und als den Maßstab aller Dinge. Diese Einstellung, in den Wissenschaften als „Ethnozentrismus" bezeichnet[11], spielt bei der interkulturellen Begegnung eine außerordentlich bedeutsame Rolle.

Ethnozentrismus ist „eine unbewußte Tendenz, andere Völker aus der Sicht der eigenen Gruppe zu betrachten und die eigenen Sitten und Normen zum Standard aller Beurteilungen zu machen. Wir stellen uns selbst, unsere rassische, ethnische oder soziale Gruppe, in den Mittelpunkt des Universums und stufen alle anderen dementsprechend ein. Je ähnlicher diese uns sind, um so näher plazieren wir sie in diesem Modell; je größer die Verschiedenheiten, um so ferner lokalisieren wir sie".[12]

Beim Ethnozentrismus sind zwei Komponenten zu unterscheiden: Zum einen ist die eigene Kultur gekennzeichnet durch „Selbstverständlichkeiten", und zum anderen ist der Ethnozentrismus meist verbunden mit einem „Überlegenheitsbewußtsein" gegenüber anderen Völkern, Nationen, Kulturen.

Selbstverständlichkeiten

Normalerweise ist es dem Menschen nicht bewußt, daß seine Erlebensweisen und Verhaltensmuster durch seine Kultur geprägt sind und daß die Menschen in anderen Kulturen andere, eigene Sichtweisen, Wertorientierungen, Normen haben. Die meisten Menschen, welcher Kultur sie auch immer angehören mögen, leben aus einem naiven Realismus heraus; sie gehen unreflektiert von der Annahme aus, die Welt sei „an sich" so, wie sie ihnen erscheint; für sie besteht diese ihre Welt aus zahllosen „Selbstverständlichkeiten", aus Gegenständen, Personen, Vorgängen, Relationen, Kategorien, die „selbstverständlich" so sind, wie sie sind, und als „naturgegeben" oder „gottgewollt", jedenfalls als unproblematisch akzeptiert werden. Von der Relativität ihres Bezugs- und Interpretationssystems, von der Kultur- und Sozialbedingtheit ihrer Weltsicht wissen sie in der Regel nichts, und sie wollen davon zumeist auch gar nichts wissen – mit gutem Grund, denn ein solches Wissen könnte die Sicherheit des Denkens und Handelns erschüttern. Haben doch die Selbstverständlichkeiten im Alltagsleben für den Menschen eine wichtige Entlastungsfunktion: Sie ersparen ihm viele Einzelentscheidungen und befreien ihn von dem Zwang, unentwegt Grundfragen klären zu müssen. Diese Entlastungsfunktion kann verlorengehen, sobald man an den Selbstverständlichkeiten zu zweifeln beginnt, sobald diese also nicht mehr selbstverständlich sind.

Überlegenheitsbewußtsein

Häufig bedeutet der Ethnozentrismus auch die Ansicht, die eigene Kultur sei anderen überlegen. Die anderen Kulturen werden dann zugunsten der eigenen abgewertet. Alles, was von den eigenen Normen, Sitten, Wertorientierungen, Gewohnheiten, Verhaltensmustern abweicht, gilt als minderwertig, fragwürdig, oft sogar als abartig und unmoralisch. Jede Kultur stellt sich selbst in den Mittelpunkt der Welt und versteht sich als Maßstab aller Dinge. Wir selbst, die „Abendländer", machen da keine Ausnahme. Mindestens seit dem Beginn der Neuzeit sind die Europäer – und in ihrem Gefolge die Nordamerikaner – davon überzeugt, die einzige wirkliche Kultur und Zivilisation auf dieser Erde zu besitzen. Wir gehen davon aus, Vorbild für alle anderen Völker und Kulturen zu sein, und wir können es nicht verstehen, wenn man uns in anderen Regionen und Kulturkreisen nicht mit offenen Armen empfängt.

Diese ethnozentrische Selbstüberschätzung, verbunden mit einer Abwertung des Fremden, begegnet uns in vielen Zeugnissen aus den unterschiedlichsten Regionen und Epochen. Hier einige Beispiele:

„Die Trennung zwischen Hellenen und Barbaren wird scharf und endgültig: Die Hellenen sind eine Elite und den Barbaren überlegen. Die Griechen beanspruchen für sich die Mitte der Welt, und ihre Sitten sind der Maßstab, nach dem geringere Völker beurteilt werden. In der Literatur ist der Barbare fremdartig und abstoßend, ungebildet, abergläubisch, tölpelhaft, einfältig, ungesellig, gesetzlos; er ist sklavisch und feig, voll ungezügelter Leidenschaft, launisch, grausam, gewalttätig, treulos, gierig und gefräßig"[13] – „Die Akkader verachteten ihre Nachbarn als Leute, 'die kein Königtum kennen' und die 'noch nie eine Stadt gesehen haben'; die Assyrer beschrieben die Krimmerier als 'Vagabunden, denen weder Eide noch Verträge heilig sind'. Der Chinese schreibt über die Hunnen: 'Diese Barbaren sind als Tiere anzusehen, und deshalb sollte man nichts auf ihre freundlichen Reden geben'. Für die Römer waren die Germanen 'Männer, die mit dem Menschen nur die Stimme und die Gliedmaßen gemeinsam haben', 'Erzbetrüger von äußerster Roheit, geborene Lügner'".[14]

Eine Aufwertung der eigenen und Abwertung anderer Kulturen liegt zweifellos auch der Tatsache zugrunde, daß etliche Völker oder Stämme sich selbst als „Menschen" bezeichnen und damit alles, was außerhalb der eigenen Kultur liegt, als „nicht-menschlich" abqualifizieren. Dies ist u.a. anzutreffen bei Eskimos, Bantu, Khoi, San und Mundurucú. Stark ausgeprägt zeigt sich das Überlegenheitsbewußtsein bei den europäischen Kolonialherren: Die meisten Europäer betrachteten die nichteuropäischen Einwohner ihrer Kolonien als sozial, kulturell und rassisch minderwertig und ihre eigene Lebensweise ganz selbstverständlich als überlegen. Wenn die Eingeborenen andere religiöse Vorstellungen hatten, waren sie eben Heiden, wenn sie eigene Sexualvorstellungen und -tabus hatten, waren sie „unmoralisch", wenn sie nicht arbeitswütig waren, galten sie als „faul", wenn sie nicht die Ansichten der Kolonialherren teilten, waren sie „stupide". Indem die Europäer ihre eigenen Standards absolut setzten, verurteilten sie jedes Abweichen von der europäischen Lebensweise, ohne einen Gedanken daran zu verschwenden, daß die Eingeborenen eigene Standards haben könnten.

Nun stimmt freilich ein solches Überlegenheitsbewußtsein mitsamt den daraus resultierenden Verhaltensweisen keineswegs überein mit dem christlichen Ideal von der Gleichheit aller Menschen. Aus dieser Diskrepanz könnten leicht Schuldgefühle entstehen, doch verfügen die meisten Menschen über gut funktionierende Entlastungsmechanismen, die eine derartige Belastung verhindern. So bediente man sich in der Kolonialzeit etwa der Behauptung, die „Eingeborenen" seien eigentlich gar nicht Menschen im üblichen Sinne des Wortes. Die Neger oder die Chinesen seien von ihrer physischen Konstitution her weniger schmerzempfindlich als die Weißen. Zu hören war auch das Argument, die „Primitiven" hätten keine Seele; sie zu töten habe also nichts mit Mord zu tun.

Nationalismus[15]

Ethnozentrismus manifestiert sich in einer neuzeitlichen Variante als Nationalismus. Seitdem es im eigentlichen Sinne Nationen und Nationalstaaten gibt, schlägt sich im Normalfalle die Zugehörigkeit zu einem solchen Gebilde subjektiv nieder in einer Identifikation mit der Nation, und dieses Nationalgefühl, das dem Individuum eine Identität gibt, ist etwas durchaus Positives, jedenfalls solange das Nationalbewußtsein einhergeht mit Achtung und Toleranz gegenüber anderen Nationen. Problematisch wird jedoch dieser Sachverhalt, wenn sich das Nationalgefühl ethnozentrisch übersteigert und so zum Nationalismus wird. Die Grundhaltung des Nationalismus kennt keine Toleranz; sie bedeutet eine Glorifizierung der eigenen Nation durch Abwerten der Anderen.

Während der Nationalismus ursprünglich eine typisch europäische Erscheinung war, ist er heute in allen Erdteilen zu beobachten, auch und gerade in den jungen Staaten der Dritten Welt, die – oft mit einer ethnisch bunt zusammengewürfelten Bevölkerung – in einem an sich berechtigten „Nation building" eine nationale Identität zu schaffen suchen, dabei aber oft übers Ziel hinausschießen und im Nationalismus landen.

Kulturrelativismus

Der Ethnozentrismus ist eine weitverbreitete und tief im Menschen verankerte Grundeinstellung. Diese Einstellung widerspricht aber dem Konzept von der Gleichheit aller Menschen, einem Konzept also, das heute – zumindest als Zielvorstellung – der gesellschaftlichen und politischen Ethik zugrunde liegt. Aus diesem Widerspruch resultierte dann – als Gegenentwurf zum Ethnozentrismus – die Forderung nach einem „Kulturrelativismus". Aus dieser Perspektive gibt es keine höherstehenden und keine minderwertigen Kulturen; Kulturen sind wohl in vielfacher Hinsicht verschieden, aber es wäre verfehlt, sie wertend miteinander zu vergleichen.

Dieses Konzept ist zweifellos ein recht rationales Konstrukt, und so hat es denn auch seinen Ursprung in der Aufklärung, etwa bei Lessing oder auch bei John Locke. „Ganz im Sinne des für die Aufklärung typischen Interesses an Informationen über fremde Länder zitierte Locke in diesem Zusammenhang asiatische und indianische Bräuche, um so die Relativität europäischen Denkens darzutun. Dieser Kulturrelativismus Lockes, der keine angeborenen Wahrheiten als Grundlage für soziale Regeln zulassen konnte, war eng mit dem Prinzip der Toleranz verbunden".[16]

Für den Normalbürger erhebt allerdings der Kulturrelativismus einen hohen Anspruch; denn wer diesen Anspruch leben und praktizieren will, der muß sich von der an sich viel näherliegenden Haltung des Ethnozentrismus befreien, und dafür muß er einen Preis zahlen: Der kulturelle Relativismus hat den Nebeneffekt, daß er den Durchschnittsmenschen einer wichtigen Orientierungshilfe, nämlich seines Glaubens an die universale Verbindlichkeit der eigenen Wertordnung, beraubt.

In den Rahmen des Kulturrelativismus fügt sich auch eine Idealvorstellung ein, die Peter S. Adler mit seinem Konzept vom „multikulturellen Menschen" entworfen hat[17], von einem Menschen also, der zwar die unverkennbaren ethnischen und kulturellen Differenzierungen nicht leugnet, sie aber für sich selbst nicht als verbindlich anerkennt, sondern sie für überwindbare Zwischenstufen auf dem Wege zu einem allgemeinen „Weltbürgertum" hält. Offensichtlich spricht auch bei diesem Konzept ein aufklärerischer Idealismus mit. Das Bild ist faszinierend, vielleicht aber auch etwas wirklichkeitsfremd; denn wieder stellt sich die Frage, welchen Preis derjenige zu zahlen hat, der sich dieser Leitvorstellung verschreibt. „Multikulturelle Personen gehören ihrer eigenen Kultur weder ganz an noch nicht ganz an. Sie leben vielmehr in einem Grenzbereich."[18]

1.4   Der Fremde – Vom Fremdsein

Wenn von Kulturen die Rede ist, von der Begegnung zwischen Kulturen, vom Ethnozentrismus und Kulturrelativismus, von Selbstverständlichkeiten und Überlegenheitsbewußtsein – dann liegt diesen Vorstellungen und

Überlegungen ein einfaches Bild zugrunde: die Unterscheidung nämlich von einem Innen oder Zuhause und einem Draußen. Das Innen bedeutet Wärme, Geborgenheit, Sicherheit, es ist das Feld des Selbstverständlichen. Dem steht das Draußen gegenüber, zwar faszinierend, aber zugleich auch bedrohlich, kalt, gefährlich, fremd.

Damit erweist sich das Wort „fremd" als ein Schlüsselbegriff zum Verstehen interkultureller Begegnungen. Daß es mit diesem Wort einigermaßen merkwürdig zugeht, zeigt sich – wenn auch zunächst nur oberflächlich – an seiner Biegsamkeit und Vieldeutigkeit. Es kommt im Deutschen beispielsweise nicht allzuhäufig vor, daß ein Adjektiv (fremd) als Substantiv in allen drei Formen erscheint: der Fremde, die Fremde, das Fremde. Und wie vielschichtig, mehrdeutig und wechselhaft sich dieses Wort verwenden läßt, hat Karl Valentin unnachahmlich in einem „analytischen Dialog" demonstriert:

Karlstadt:	Wir haben in der letzten Unterrichtsstunde über die Kleidung des Menschen gesprochen und zwar über das Hemd. Wer von euch kann mir nun einen Reim auf Hemd sagen?
Valentin:	Auf Hemd reimt sich fremd!
Karlstadt:	Gut – und wie heißt die Mehrzahl von fremd?
Valentin:	Die Fremden.
Karlstadt:	Jawohl, die Fremden. – Und aus was bestehen die Fremden?
Valentin:	Aus „frem" und aus „den".
Karlstadt:	Gut – und was ist ein Fremder?
Valentin:	Fleisch, Gemüse, Obst, Mehlspeisen und so weiter.
Karlstadt:	Nein, nein, nicht *was* er ißt, will ich wissen, sondern *wie* er ist.
Valentin:	Ja, ein Fremder ist nicht immer ein Fremder.
Karlstadt:	Wieso?
Valentin:	Fremd ist der Fremde nur in der Fremde.
Karlstadt:	Das ist nicht unrichtig. – Und warum fühlt sich ein Fremder nur in der Fremde fremd?
Valentin:	Weil jeder Fremde, der sich fremd fühlt, ein Fremder ist und zwar so lange, bis er sich nicht mehr fremd fühlt, dann ist er kein Fremder mehr.
Karlstadt:	Sehr richtig! – Wenn aber ein Fremder schon lange in der Fremde ist, bleibt er dann immer ein Fremder?

Valentin:	Nein. Das ist nur so lange ein Fremder, bis er alles kennt und gesehen hat, denn dann ist ihm nichts mehr fremd.
Karlstadt:	Es kann aber auch einem Einheimischen etwas fremd sein!
Valentin:	Gewiß, manchem Münchner zum Beispiel ist das Hofbräuhaus nicht fremd, während ihm in der gleichen Stadt das Deutsche Museum, die Glyptothek, die Pinakothek und so weiter fremd sind.
Karlstadt:	Damit wollen Sie also sagen, daß der Einheimische in mancher Hinsicht in seiner eigenen Vaterstadt zugleich noch ein Fremder sein kann. – Was sind aber Fremde unter Fremden?
Valentin:	Fremde unter Fremden sind: wenn Fremde über eine Brücke fahren und unter der Brücke fährt ein Eisenbahnzug mit Fremden durch, so sind die durchfahrenden Fremden Fremde unter Fremden, was Sie, Herr Lehrer, vielleicht so schnell gar nicht begreifen werden.
Karlstadt:	Oho! – Und was sind Einheimische?
Valentin:	Dem Einheimischen sind eigentlich die fremdesten Fremden nicht fremd. Der Einheimische kennt zwar den Fremden nicht, kennt aber am ersten Blick, daß es sich um einen Fremden handelt.
Karlstadt:	Wenn aber ein Fremder von einem Fremden eine Auskunft will?
Valentin:	Sehr einfach: Frägt ein Fremder in einer fremden Stadt einen Fremden um irgend etwas, was ihm fremd ist, so sagt der Fremde zu dem Fremden, das ist mir leider fremd, ich bin nämlich selbst fremd.
Karlstadt:	Das Gegenteil von fremd wäre also – unfremd?
Valentin:	Wenn ein Fremder einen Bekannten hat, so kann ihm dieser Bekannte zuerst fremd gewesen sein, aber durch das gegenseitige Bekanntwerden sind sich die beiden nicht mehr fremd. Wenn aber die zwei mitsammen in eine fremde Stadt reisen, so sind diese beiden Bekannten jetzt in der fremden Stadt wieder Fremde geworden. Die beiden sind also – das ist zwar paradox – fremde Bekannte zueinander geworden.[19]

Begrifflich ist es nicht gerade einfach, das zu fassen, was man als das Fremde bezeichnet. Hier ein Versuch, bei dem jedoch die Kategorien immer noch recht unklar ineinander übergehen: Man kann unterscheiden:

- *„Das Fremde als das Auswärtige*, das Ausländische, d.h. als etwas, das sich jenseits einer räumlich bestimmbaren Trennungslinie befindet. Raumbezogene Deutungsmuster des Fremden unterscheiden hierbei zwischen 'Zugänglichkeit' und 'Unzugänglichem'. Es geht dann um die lokale Erreichbarkeit von bislang Abgetrenntem. Diese Perspektive enthält gleichzeitig eine starke Betonung des 'Inneren' als Heimat oder Einheitssphäre.
- *Das Fremde als Fremdartiges*, z.T. auch im Sinne von Anomalität, von Ungehörigem oder Unpassendem steht in Kontrast zum Eigenartigen und Normalen, d.h. zu Eigenheiten, die zum Eigenwesen eines Sinnbezirks gehören.
- *Das Fremde als das noch Unbekannte* bezieht sich auf Möglichkeiten des Kennenlernens und des sich gegenseitig Vertrautmachens von Erfahrungsbereichen, die prinzipiell erreichbar sind.
- *Das Fremde als das letztlich Unerkennbare* ist das für den Sinnbezirk transzendente Außen, bei dem Möglichkeiten des Kennenlernens prinzipiell ausgeschlossen sind.
- *Das Fremde als das Unheimliche* zieht seine Bedeutung aus dem Gegensatz zur Geborgenheit des Vertrauten. Hier geht es um die beklemmende Erfahrung, daß auch Eigenes und Vertrautes zu Fremdartigem umschlagen kann. Die Grenze zwischen Innen und Außen verschwimmt, wenn das 'Heimische' unheimlich wird."[20]

Lassen wir jedoch diese begrifflich-semantischen Überlegungen beiseite, so ergibt sich für den Aufenthalt in einer fremden Kultur etwa dieses Bild:

Wenn ein Mensch in die Fremde geht, so heißt das: Er tritt aus dem gewohnten Zuhause, aus dem Kreis seiner Selbstverständlichkeiten, heraus und begibt sich in ein faszinierendes, fast immer aber auch bedrohendes Draußen; er vertauscht Bekanntes mit Unbekanntem. Dieses In-die-Fremde-gehen war immer und ist auch heute noch etwas Besonderes. Das ist wohl der Grund dafür, daß dieses Thema zahllosen Märchen, Sagen, Erzählungen, Romanen, aber auch Tatsachenberichten zugrunde liegt; erinnert sei etwa an Odysseus, Marco Polo, Robinson Crusoe, Wilhelm Meister und vieles andere mehr. In den meisten Geschichten dieser Art kommt auch das Doppelgesicht der Fremde zum Vorschein: Einerseits erscheint sie gefährlich, weil unbekannt; auf der anderen Seite lockt das Andere; das Neue und Fremde verspricht neue Erfahrungen, Horizonterweiterung und Persönlichkeitsbildung, man spricht von Wander-und Lehrjahren.

Im Jahre 1908 schrieb der Soziologe Simmel einen Essay mit dem Titel „Exkurs über den Fremden".[21] Simmel sieht den Fremden als einen, der weder hier noch dort ganz hingehört. Sobald er vom Bekannten ins Unbekannte gewechselt ist, gerät er in ein Zwischenreich; er ist nirgends zu Hause. Physisch und (zum Teil) auch psychisch lebt er in der fremden Kultur, bleibt aber doch seiner eigenen Kultur verhaftet, jener Kultur also, die er in der Enkulturation verinnerlicht hat und die er überallhin „mitnimmt".

Dieses Bild ist nun noch durch einen weiteren grundlegenden Aspekt zu ergänzen: Fremdsein beruht auf Wechselseitigkeit. Der Fremde in der Fremde erlebt die Menschen der Gastkultur als fremd, zugleich aber ist er selber für die Einheimischen ebenfalls ein Fremder, der zudem als „Eindringling" erlebt wird und somit eine potentielle Gefahr darstellt. Potentiellen Gefahren begegnet man oft – in meist sehr urtümlichen Reaktionen – mit Mißtrauen und Ablehnung.

Nun könnte der Einwand kommen: In vielen Kulturen gilt doch das Gesetz der Gastfreundschaft, der Fremde wird begrüßt, bewirtet, beschützt. Wie paßt das mit dem angeblichen Mißtrauen gegenüber Fremden zusammen? Dazu ist zunächst anzumerken, daß Gastfreundschaft zwar weit verbreitet, aber nicht überall anzutreffen ist. Wichtiger ist jedoch dieses Argument: Gastfreundschaft läßt sich interpretieren als ein kulturelles Produkt; sie zählt zu jenen Sitten, die dazu dienen, ursprüngliche Impulse um eines besseren menschlichen Zusammenlebens willen zu entschärfen. so wie es die „Gebote" tun, die ohne „Sünde" überflüssig wären. So gesehen ist die Gastfreundschaft zu verstehen als „Domestizierung" sehr urtümlicher Impulse im Dienste eines besseren Zusammenlebens. Man kann den Hintergrund der Gastfreundschaft psychologisch auch noch aus einer anderen Perspektive sehen: Gastfreundschaft ist immer eine zeitlich begrenzte soziale Beziehung; und in diesem Rahmen läßt sich dieses Phänomen verstehen als Versuch, den Gast zu verpflichten, während seiner Verweildauer in der Gastkultur keinen Schaden anzurichten. – Eine andere Erklärung greift auf archaische Denkstrukturen zurück: Nach antiker Auffassung erscheinen Götter dem Menschen oft in Menschengestalt; wenn dem so ist, kann man nie wissen, ob der Fremde vielleicht ein verkappter Gott ist; also ist es zweckmäßig, ihn gut zu behandeln.

*

Die Unterscheidung zwischen Drinnen und Draußen – grundlegend für die Problematik des Fremden und Fremdseins – führte in den Sozialwissenschaften zu dem Begriffspaar von *„Ingroup"* und *„Outgroup"*. Diese Bezeichnungen gehen zurück auf den amerikanischen Forscher Sumner (1906). Die Mitglieder der Ingroup leben untereinander in friedlichen Beziehungen, mit Ordnung, Gesetz, Regierung, Wirtschaft. Ihre Beziehungen nach außen, also zu den Outgroups ist dagegen gekennzeichnet durch Ab- und Ausgrenzung und oft auch durch Ablehnung und Feindschaft. Stellt man sich nun allerdings die Frage, wo denn konkret die Grenze zwischen Ingroup und Outgroup verläuft, so zeigt sich, daß es keine feste, ein für allemal geltende Trennungslinie gibt. Das „Innen" kann nämlich je nach Situation und Konstellation bald als sehr eng, bald als wesentlich weiter erlebt und subjektiv definiert werden, gleichsam in konzentrischen Kreisen, von der Familie über größere soziale Einheiten bis hin zu Volk oder Nation. Nach der Logik müßte dann das jeweilige Draußen als „Fremde" zu verstehen sein; doch pflegt im realen Leben das Bewußtsein, einem wirklich fremden Bereich gegenüberzustehen, erst da einzusetzen, wo – dem Individuum spürbar und bewußt – das Feld der eigenen Selbstverständlichkeiten endet und in einen Bereich des erlebten Fremden übergeht.

Es gibt freilich auch Kulturen, in denen für die Abgrenzung von Ingroups und Outgroups andere Regeln gelten, Regeln, die für uns nicht ganz einfach nachzuvollziehen sind. So etwa bei den Arabern und speziell bei den Beduinen. Ein arabisches Sprichwort sagt: „Ich gegen meinen Bruder; mein Bruder und ich gegen meinen Cousin; mein Cousin, mein Bruder und ich gegen die Anderen". Das bedeutet: Wer eben noch mein „Bruder" war, kann schon im nächsten Augenblick bei einer anderen Konstellation ein erbittert bekämpfter Feind sein. Das entscheidende Merkmal eines solchen Systems liegt darin, daß sich die soziale Solidarität primär durch Opposition gegenüber anderen Gruppen ergibt und daß im Bewußtsein der Beteiligten Allianzen nur zeitweilige, also keineswegs dauerhafte Verbindungen darstellen.[22] Wer dieses Prinzip der „wechselnden Loyalitäten" durchschaut, versteht manche politischen und gesellschaftlichen Vorgänge im Vorderen Orient besser als mit unseren Vorstellungen von Ingroup und Outgroup.

Bei den Einstellungen gegenüber Fremden pflegt man in den Sozialwissenschaften zwei Grundformen zu unterscheiden: Xenophilie und Xenophobie. Xenophil sind Stämme, Völker, Nationen, die Fremden freundlich und aufgeschlossen begegnen, während xenophobe Gruppen allen Fremden und allem Fremden mißtrauisch, ablehnend, feindlich gegenüberstehen, verbunden mit der Tendenz, sich nach außen abzuschließen, so insbesondere die Japaner für etwa zweihundert Jahre bis zur Mitte des 19. Jahrhunderts wie auch Birma und Albanien nach dem Zweiten Weltkrieg. Als xenophil gelten beispielsweise Lateinamerikaner, Niederländer und Eskimos.

1.5   Kulturdistanz

Niederländer, Dänen, Schweizer sind den Deutschen vertrauter als Inder, Burmesen oder Japaner. Die einen stehen uns näher, die anderen erscheinen uns weit entfernt. Mit den Worten „nah" und „entfernt" ist eine Dimension angesprochen, der bei der interkulturellen Begegnung große Bedeutung zukommt: die Dimension der erlebten Distanz zwischen Völkern und Kulturen, die „interkulturelle Distanz" oder kürzer die „Kulturdistanz".

Fragen wir uns, worin eigentlich diese Distanz besteht, wie sie als Konzept zu fassen ist, müssen wir zunächst einmal klären, worin sich genauer und im einzelnen Kulturen voneinander unterscheiden. Dieser Aufgabe ist das zweite Kapitel gewidmet, in dem zehn kulturspezifische „Strukturmerkmale" herausgearbeitet werden. Allerdings sind mit diesen Merkmalen die Unterschiede keineswegs vollständig erfaßt. Man muß noch Faktoren ganz anderer Art hinzufügen, so beispielsweise Klima und Ernährungsweise, aber auch die geographischen, topographischen und ökonomischen Gegebenheiten und anderes mehr.

Die entscheidende Frage ist nun diese: Wieweit reichen in allen diesen Dimensionen und Faktoren bei einem Vergleich zwischen je zwei Kulturen die Gemeinsamkeiten? Je mehr Gemeinsamkeiten, umso geringer die Kulturdistanz, und je weniger Gemeinsamkeiten, umso größer die Kulturdistanz. Das bedeutet für die interkulturelle Begegnung: Je geringer diese Distanz ist, umso einfacher und wahrscheinlicher ergibt sich ein adäquates Verstehen der anderen Seite. Bei großer Distanz dagegen kommt es leicht zu einem Mißverstehen oder Nicht-Verstehen.

Nun ist freilich dieser Ansatz zunächst nur ein sehr formales, also inhaltsleeres Denkmodell. Um daraus eine konkrete Lehre von der Kulturdistanz zu entwickeln, müßte man jede einzelne Kultur jeder anderen Kultur gegenüberstellen, um vergleichend für alle Dimensionen und Faktoren das Ausmaß der Gemeinsamkeiten und Verschiedenheiten herauszuarbeiten. Ein reizvoller Gedanke, der am Ende zu einer Weltkarte der gesamten interkulturellen Distanzen führen könnte – allerdings ein Gedanke, der angesichts der Vielzahl und Komplexität der Dimensionen und Faktoren kaum zu realisieren ist. Man müßte ja erst einmal Verfahren entwickeln, um die einzelnen Dimensionen und Faktoren meßbar oder zum mindesten so faßbar zu machen, daß direkte Vergleiche möglich sind. Und darüber hinaus wäre zu bedenken, daß die Dimensionen und Faktoren nicht isoliert, also voneinander unabhängig, im Raume stehen, sondern in äußerst komplexen Wechselbeziehungen funktional miteinander verbunden, das heißt voneinander abhängig sind.

Doch wenn es auch derzeit nicht möglich ist, die zahlreichen konkreten Kulturdistanzen empirisch zu erfassen, als Modell und Denkansatz ist diese Vorstellung für die Lehre von der interkulturellen Begegnung durchaus nützlich.

1.6   Vom Verstehen fremder Kulturen

Wer in eine fremde Kultur geht, erlebt dort vieles als merkwürdig und unverständlich. Meist merkt er sehr bald: Um in der Fremde zurechtzukommen, genügt es nicht, gelerntes Wissen anzuwenden und die Verhaltensweisen im Gastland zu beobachten. Vielmehr erkennt er es als seine Aufgabe, die fremde Kultur zu „verstehen". Aber was heißt das eigentlich, eine Kultur verstehen? Was heißt es überhaupt, etwas zu verstehen? Diese Fragen sind schwieriger zu beantworten, als es zunächst scheinen mag.

Mit der Problematik des Verstehens haben sich vor allem die Geisteswissenschaften beschäftigt; sie erhoben dieses Wort zu ihrem Zentralbegriff, um sich damit von der (kausalistischen) „Erklärung" der Naturwissenschaften abzugrenzen. Wilhelm Dilthey brachte diesen Dualismus auf die Formel: „Die Natur erklären wir, das Seelenleben verstehen wir".[23] Dabei ist das Wort „Seelenleben" zweifellos in einem sehr weitem Sinne gemeint, es umfaßt nicht nur die rein psychologischen Aspekte, sondern schließt auch die geistigen Produkte und die Lebensweisen der Menschen, also ihre gesamte Kultur mit ein.

Stark vereinfacht und verkürzt bedeutet Verstehen, daß der Mensch etwas Neues, das ihm in seiner Welt begegnet, sinnhaft einfügt in bereits Bekanntes, in schon vorhandene Strukturen. Es liegt auf der Hand, daß durch dieses Einfügen die Strukturen selber verändert werden.

Die Linguistik sieht das Konzept vom Verstehen etwas spezieller als einen Aspekt der sprachlichen Verständigung zwischen Menschen. Hier kommt eine Wechselseitigkeit ins Blickfeld: Im Dialog will nicht nur der eine den anderen, sondern auch der andere den einen verstehen. Und „verstehen" heißt in diesem Zusammenhang: erfassen, was der Partner „meint", was er sagen, was er vermitteln will. Hier sind Meinen und Verstehen auf sehr komplexe Weise miteinander verknüpft.[24]

Das Verstehen einer fremden Kultur erstreckt sich auf beide Formen: auf das Begreifen dessen, was der Gesprächspartner „meint", aber auch auf das Einfügen von Neuem in bereits Bekanntes. Immer kommt es darauf an, den Sinn, die Bedeutung, das „Gemeinte" einer Kultur zu erfassen. Ein derartiges Interpretieren aber ist eine äußerst verwickelte, oft nur in Grenzen zu lösende Aufgabe.

Auf der Mikro-Ebene, also beim Gespräch zwischen Personen verschiedener Kulturen, treffen unterschiedliche kulturspezifisch geprägte Weltsichten aufeinander – wobei die Partner sich zumeist dieser Unterschiede nicht bewußt sind, sondern ihre eigene Sichtweise für „normal" halten und stillschweigend davon ausgehen, der andere sehe die Welt genauso wie er selbst. Selbstverständlichkeiten der einen Seite treffen auf Selbstverständlichkeiten beim Gegenüber. Oft merkt man erst an offenkundigen Mißverständnissen, daß hier etwas „nicht stimmt", daß Meinen und Verstehen sich nicht decken. Aber auch dann kommt es vielfach nicht etwa zu einem Relativieren der eigenen Selbstverständlichkeiten, sondern man hält lieber am Ethnozentrismus fest und unterstellt dem anderen Dummheit, Ignoranz oder böse Absicht.

Die Vorgänge auf der Makro-Ebene, also bei dem Versuch, eine fremde Kultur als solche zu verstehen, sind nicht minder komplex. Die Wissenschaftler, insbesondere die Kulturanthropologen, vertreten heute weithin die Ansicht, man müsse zwei grundverschiedene Arten des Herangehens an eine Kultur ansetzen: Man kann zum einen die Kultur zum Gegenstand der Beobachtung von außen machen, um so das Untersuchungsobjekt deskriptiv-analytisch zu erfassen; man kann aber auch versuchen, eine Kultur aus sich selbst heraus zu verstehen. Der amerikanische Forscher Pike hat dafür die Begriffe geprägt: Er spricht von einem „etischen" und einem „emischen" Ansatz (abgeleitet von den linguistischen Fachwörtern „phonetisch" und „phonemisch").[25] Der etische Ansatz betrachtet also seinen Gegenstand – eine Kultur – von außen, und diese Sichtweise ermöglicht dann auch Vergleiche zwischen verschiedenen Kulturen. Beim emischen Ansatz dagegen steht nur *eine* Kultur im Blickpunkt, und der Betrachter versucht, die Kultur von innen her, aus der Sicht eben dieser Kultur heraus, zu verstehen. Aus dieser Perspektive sind Vergleiche zwischen Kulturen nicht möglich.

Diese Unterscheidung kann man bis zu einem gewissen Grade gleichsetzen mit der wissenschaftstheoretischen Gegenüberstellung von analytisch-quantitativen Ansätzen einerseits und ganzheitlich-phämonenologisch-qualitativen Ansätzen auf der anderen Seite. Das erste, dem „etischen" Vorgehen entsprechende Konzept will beim Untersuchungsgegenstand „Elemente" oder „Faktoren" oder „Variablen" herausarbeiten, um sodann deren Beziehungen zueinander zu untersuchen mit dem Ziel, „Gesetze" zu finden, aus denen sich dann auch Prognosen ableiten lassen. Die andere Seite, dem das „emische" Vorgehen zuzuordnen ist, will den Gegenstand „von innen" her in seiner phänomenologischen Ganzheit „verstehen". Vertreter beider Seiten haben einander bis heute heftig befehdet und sich dabei oft gegenseitig die wissenschaftliche Dignität bestritten; das soll hier nicht weiter ausgebreitet werden. Gegenwärtig sucht man nach Wegen, um die scheinbar einander ausschließenden wissenschaftichen Grundmuster auf sinnvolle Weise miteinander zu verbinden.[26]

1.7 Interkulturelle Kommunikation

Wenn Menschen verschiedener Kulturen einander begegnen, bezeichnen wir die Prozesse, die dabei ablaufen, als *„interkulturelle Kommunikation"* oder auch als *„interkulturelle Interaktion"*. Manche Forscher haben versucht, Begriffsunterschiede zwischen Kommunikation und Interaktion herauszuarbeiten, etwa in dem Sinne, daß der Schwerpunkt in der Kommunikation mehr bei der wechselseitigen Verständigung und in der Interaktion beim Verhalten und Handeln liegt. Doch können wir diese Unterschiede hier vernachlässigen.[27]

Von interkultureller Interaktion und Kommunikation sprechen wir, wenn die Begegnungspartner verschiedenen Kulturen angehören und wenn sich die Partner der Tatsache bewußt sind, daß der jeweils andere „anders" ist, wenn man sich also wechselseitig als „fremd" erlebt. „Als interkulturell werden alle Beziehungen verstanden, in denen die Beteiligten nicht ausschließlich auf ihre eigenen Kodes, Konventionen, Einstellungen und Verhaltensformen zurückgreifen, sondern in denen andere Kodes, Konventionen, Einstellungen und Alltagsverhaltensweisen erfahren werden. Dabei werden diese als fremd erlebt und/oder definiert. *Interkulturell* sind daher alle jene Beziehungen, in denen Eigenheit und Fremdheit, Identität und Andersartigkeit, Familiarität und Bedrohung, Normalität und Neues zentral Verhalten, Einstellung, Gefühle und Verstehen bestimmen. *Interkulturell* sind alle jene menschlichen Beziehungen, in denen die kulturelle Systemhaftigkeit durch die Überschreitung der Systemgrenzen erfahren wird."[28]

Neben dem Begriff *„interkulturelle Kommunikation"* finden wir in der sozialwissenschaftlichen Literatur häufig auch das Wort von der *„internationalen Kommunikation"*.[29] Im einen Fall begegnen sich Menschen verschiedener Kulturen, im anderen Fall Menschen verschiedener Nationen. Wenn sich Kultur und Nation decken, gibt es dabei überhaupt keine Begriffsschwierigkeiten. Allerdings trifft diese Übereinstimmung keineswegs immer und überall zu. Häufig sind Menschen, die gemeinsam einer Kultur angehören, durch Staats- und Nationalitätsgrenzen voneinander getrennt – so etwa die Kurden, die Bengalen und viele afrikanische Stämme. Und andererseits leben Menschen mit unterschiedlichen Kulturen in einem Staatsgebiet zusammen und sind – zumindest formal – Mitglieder einer gemeinsamen Nation; so zum Beispiel in der alten österreichisch-ungarischen

Monarchie und in Jugoslawien nach dem Zweiten Weltkrieg sowie in der „indischen Nation".

1.8   Was heißt „der Westen"?

In der Literatur über Völker und Kulturen ist oft die Rede vom „Westen". Gemeint ist damit offensichtlich ein Kulturkreis, der sich irgendwie von anderen Kulturkreisen unterscheidet. Dabei fällt es dem Leser manchmal schwer herauszufinden, was denn nun mit dem Westen gemeint ist und was dem als das Andere, Nicht-Westliche gegenübersteht. Derartige unklare und vieldeutige Begriffe helfen kaum weiter; oft richten sie eher Schaden an. Am zweckmäßigsten wäre es, ganz auf solche Konzepte zu verzichten und statt dessen präzise, unmißverständliche Begriffe zu benutzen. Doch das Wort vom Westen ist nun einmal da; man kann ihm beim Studium von Kulturen nicht entgehen. Darum ist ihm an dieser Stelle ein kurzer Exkurs gewidmet, der freilich nicht in der Lage ist, hier Eindeutigkeit und Klarheit zu schaffen. Ziel ist es lediglich, die Problematik des Begriffs zu verdeutlichen.

Der „Westen" ist zunächst ein geographischer Begriff, dem als Komplement der „Osten" gegenübersteht. Was nun Westen und Osten im konkreten Fall bedeutet, hängt vom jeweiligen Standort des Betrachters ab. Doch gibt es seit langem die stillschweigende Übereinkunft, daß die Europäer sich als Westen verstehen und daß mit Osten der Bereich gemeint ist, der – irgendwo daran angrenzend – nach Osten hin liegt. Aber wieweit reicht der Westen nach Westen? In aller Regel rechnet man heute Nordamerika dazu (wobei freilich von Kalifornien aus gesehen der „Ferne Osten" im Westen liegt). Und wie steht es mit Mittel- und Südamerika? Sind die Kulturen dort heute nicht ebenfalls westlicher Art? Wie steht es mit Australien und Neuseeland? – Ebenso unklar ist die Rede vom „Osten". Immerhin unterscheidet man zwischen dem Nahen Osten und dem Fernen Osten, aber auch dabei ist nicht immer deutlich, wo die Grenze zwischen beiden verläuft. In gleichem Maße unsicher ist es, wieweit man die frühere Sowjetunion dem Westen oder dem Osten zurechnen soll, die ja geographisch weiter nach Osten reicht als der sogenannte Ferne Osten. Soll man sie teils dem Westen, teils dem Osten zurechnen? Wenn ja, wo liegt da die Grenze? Fragen über Fragen.

Nicht selten spricht man auch vom „Abendland" und von der „abendländischen Kultur". Das sprachliche Gegenstück dazu ist das „Morgenland", ein Begriff, der sich von der europäischen Geschichte her – man denke etwa an die Kreuzzüge – vor allem auf den Vorderen Orient erstreckt und im übrigen aus dem Sprachgebrauch unserer Tage fast ganz verschwunden ist. Was mit dem Abendland exakt gemeint ist, bleibt oft im dunkeln. Im allgemeinen können wir wohl davon ausgehen, daß Abendland und Westen weitgehend deckungsgleich sind.

Alles in allem bleibt „Der Westen" ein mehrdeutiger Begriff. Nur selten sagen die Autoren präzise, was sie damit meinen[30]; in der Regel muß der Leser dem Kontext entnehmen, was dieses Wort jeweils bedeuten soll. Nun ist es freilich wohl nicht immer und für alle Zwecke nötig, den Westen streng zu definieren, denn manchem Autor kommt es bei seinen Überlegungen zum Westen und zum Abendland nicht auf letzte Präzision an; in wissenschaftlichen Arbeiten jedoch darf man einige Klarheit erwarten.

Wie nun der Westen und die westlichen Menschen in der Literatur inhaltlich beschrieben werden, welche Besonderheiten, Eigenarten und Merkmale man dem Westen zuschreibt, ist ein so weites Feld, daß wir es hier nicht im einzelnen erörtern können. Eine kleine Auswahl von Zitaten muß genügen:

„Die 'abendländischen Grundwerte' sind geprägt durch das vierfache Erbe griechischen Denkens, römischen Rechts, germanischer Gesellschaftsvorstellungen und christlichen Glaubens und haben über die Renaissance und Reformation zur Aufklärung und zur modernen Wissenschaftlichkeit geführt. Als besonders charakteristisch vor allem im Vergleich mit Asien dürfen folgende Eigenschaften gelten: Individualität, Diesseitigkeit, Rationalität, Gesellschaftsvertragsgesinnung, Gesetzesorientierung und Leistungsethik. Am fremdesten erscheint den Asiaten immer noch der westliche Individualismus, der letztlich auf die christliche Prämisse der Gotteskindschaft und der freien Gewissensentscheidung des einzelnen zurückgeht und durch Renaissance, Humanismus und Aufklärung auch erkenntnistheoretisch herausgearbeitet und weithin verinnerlicht worden ist. In Asien steht demgegenüber zumeist nicht das Ich, sondern das Wir im Vordergrund".[31]

„Beim Vergleich von 'westlichem' und 'östlichem' Denken haben sich im Laufe der Zeit einige Stereotypen herausgebildet, die sich auf folgende Formeln bringen lassen: hie analytisch, logisch und materialistisch, dort synthetisch, intuitiv und spirituell, hie objektiv, aktiv und dynamisch, dort subjektiv, passiv und statisch, hie intellektuell, dort emotional, hie 'Zugewandtheit zu den Dingen', dort 'Eskapismus', hie Betonung des Raums, dort Bevorzugung der zeitlichen Dimension und dergleichen mehr. Abgesehen davon, daß es sich hier um unzulässige 'Panasiatisierungen' handelt, machen solche Schlagworte auch nicht genügend deutlich, daß das (traditionelle) asiatische Denken in einem anderen Kontext steht und daß es deshalb so verschieden vom europäischen ist, weil es erstens andere Fragen stellt, zweitens andere Antworten gibt und drittens seine Erkenntnisse anders überträgt und vermittelt".[32]

„Nirgends tritt der west-östliche Unterschied holzschnitthafter zutage als bei der Frage, ob die Einzelperson ein autonomes oder aber ein heteronomes Wesen sei. Seit der Renaissance bestimmt sich das 'abendländische' Menschenbild durch die Stichworte: Träger selbstverantwortlicher Würde, freie Entfaltung des Individuums, Schuldgefühl bei Aufgabenverfehlung, Rechtsethos und Vertragsdenken, Ich-Bewußtsein, Mut zum Konflikt, Gefahr der Isolierung – in jedem Fall aber: Streben nach Unabhängigkeit. Die asiatischen Korrelate zu diesen neun Begriffen wären: Gemeinschaftswesen, Gemeinschaftsfühligkeit, 'Scham'-Gefühl, Pflichtethos und Korporativität, Wir-Bewußtsein, Streben nach Harmonie, gegenseitige Abstimmung und Streben nach Abhängigkeit".[33]

In seinem großen Werk „Ways of thinking of Eastern peoples: India-China-Tibet-Japan"[34] untersucht Nakamura ausführlich die Konzepte vom Osten und vom Westen. Demnach werden herkömmlich der einen und der anderen Seite vier Begriffspaare zugeschrieben:

Westen	*Osten*
materialistisch	geistig
extrovertiert	introvertiert
analytisch	synthetisch
objektiv	subjektiv

Doch macht Nakamura sich diese Auffassung nicht zu eigen; er betont vielmehr, innerhalb des Ostens seien die Verschiedenheiten der Kulturen zumeist größer als die Gemeinsamkeiten, und so sei es eigentlich nicht zulässig, den Osten als Einheit dem Westen gegenüberzustellen.

Myrdal zählt in seinem Werk „Asian drama" eine Reihe von Zielvorstellungen auf, die weitgehend in der westlichen Gesellschaft gelten: Leistung, Fleiß, Ordentlichkeit, Pünktlichkeit, Sparsamkeit, Ehrlichkeit, rationales Handeln und Entscheiden, Bereitschaft zu Veränderungen, Aufgeschlossenheit für die Möglichkeiten in einer sich wandelnden Welt, Selbstvertrauen, Kooperations- und Verantwortungsbereitschaft, Befähigung zu einer Planung auf lange Sicht.[35]

Abschließend ein Vergleich des (nicht genauer definierten) Westens mit der Kultur Thailands; wobei der Autor die Ansicht vertritt, daß die meisten der den Thais zugeschriebenen Merkmale auch für andere Kulturen Asiens gelten:[36]

Westerners	Thais
more intellectual, objective	more emotional, subjective
more abstract in thinking	more concrete
more logical	more experiential
more scientific	more imaginative, good in fine art and music
emphasis on efficiency	emphasis on clan-relationship
insistence on rights and duties, responsibilities	insistence on love, kindness, sympathy, hospitality, gentleness
stronger self-expression	insistence on self-control
insistence on discipline	insistence on freedom
insistence on individualism	insistence on group-spirit
more serious	more lax, cheerful, fun-loving
insistence on conquest	insistence on harmony and peace
greater exteriority	greater interiority
conquest of nature by technology	harmony with nature by detachment
more active, energetic	more calm, detached, gentle

2.　Strukturmerkmale von Kulturen

Jeder Mensch wird durch die Kultur, in der er aufwächst, entscheidend geprägt. Allerdings, im normalen Alltag weiß er davon nichts. Die kulturspezifischen Eigenarten sind für ihn Selbstverständlichkeiten, und da für die Menschen seiner Umgebung die gleichen Selbstverständlichkeiten gelten, gibt es keinen Anlaß, darüber nachzudenken. Begegnet man jedoch Menschen anderer Kulturen, so stellt man fest, daß es auch andere Arten und Formen des Erlebens, Denkens und Verhaltens gibt, Formen, die sich mit den gewohnten, eingefahrenen Schemata nicht vereinbaren lassen. Diese Begegnungsprobleme werden im vierten Kapitel erörtert. In diesem zweiten Kapitel geht es – gleichsam in einer Vorstufe zu den Fragen der Begegnung – darum zu klären, worin sich überhaupt, grundsätzlich, allgemein Kulturen (und damit auch die von ihrer Kultur geprägten Menschen) unterscheiden. Den Ausgangspunkt dieser Überlegungen bildet somit die These, daß jede Kultur auf eine eigene, spezifische Weise ausgeformt ist. Die Kategorien, in denen sich Kulturen voneinander abheben und die in ihrer strukturierten Gesamtheit das spezifische Profil einer Kultur bilden, nennen wir „Strukturmerkmale". Als kulturelle Strukturmerkmale werden in diesem Kapitel behandelt:

- Nationalcharakter, Basispersönlichkeit
- Wahrnehmung
- Zeiterleben
- Raumerleben
- Denken
- Sprache
- Nichtverbale Kommunikation
- Wertorientierungen
- Verhaltensmuster: Sitten, Normen, Rollen
- Soziale Gruppierungen und Beziehungen.

Die Strukturmerkmale sind zu verstehen als Komponenten, die untereinander funktional verbunden sind und ihren Stellenwert erst im Gesamtzusammenhang, in der Struktur des Ganzen finden. Auf diese Querverbindungen, die außerordentlich komplexer Natur sind, können wir hier nicht weiter eingehen. Wenn im folgenden also jedes Strukturmerkmal isoliert, für sich dargestellt wird, so handelt es sich dabei streng genommen um eine Vereinfachung, um eine Isolierung von Teilaspekten, die eigentlich nicht isoliert werden dürften.

Wenn hier zehn Strukturmerkmale unterschieden werden, so bedarf das einer kurzen Erläuterung: Diese Zahl zehn ist nicht etwa in der Sache selbst angelegt, sie gründet sich nicht in der Eigenart des Untersuchungsgegenstandes; vielmehr stellt sie eine willkürliche Setzung dar. Mit anderen Worten: Wir hätten uns auch für mehr oder weniger Strukturmerkmale entscheiden können; zu mehr Merkmalen würden wir kommen, wenn wir noch weiter, das heißt feiner aufgliederten, und weniger Merkmale würden sich ergeben, wenn wir einige von den zehn zusammenfassen würden. Unter dem Gesichtspunkt der Zweckmäßigkeit – nicht zu viel und nicht zu wenig – erscheinen zehn zu unterscheidende Merkmale angemessen.

Vielleicht hätten wir noch ein Merkmal als eigenes, also elftes ausgliedern sollen, ein Merkmal, das jetzt auf mehrere der zehn verteilt ist. Es handelt sich dabei um die kulturspezifischen „geistigen Objektivationen". Gemeint ist damit, kurz gefaßt, folgendes: Jede Kultur bringt zahlreiche „Produkte" hervor, die sich als „Objekte" oder, besser noch, als „Objektivationen" von ihren Herstellern, Urhebern oder Schöpfern ablösen und dann von Generation zu Generation tradiert und von Kultur zu Kultur weitergegeben und übernommen werden. Dabei bleiben sie zwar als Gegenstände unverändert, sie werden aber von den Empfängern auf je eigene Weise erlebt und interpretiert. – Das Spektrum kultureller Objektivationen ist breit und bunt; es umfaßt alles, was Menschen ersinnen, produzieren, gestalten, von Philosophie über Religion, Kunst, Musik, Literatur, Märchen, Mythen bis hin zu Gegenständen des Alltagslebens wie Kleidung, Schmuck, Haus, Wohnung, Hausrat.

2.1 Nationalcharakter, Basispersönlichkeit

Die Deutschen sind in ihrem Charakter, in ihrer Persönlichkeit anders als die Franzosen, Amerikaner, Inder, Chinesen; daran zweifelt niemand. Schwierig wird jedoch der Sachverhalt, sobald man danach fragt, worin sich denn nun genau und im einzelnen diese Völker voneinander unterscheiden. Stellt man diese Frage Menschen, die sich nicht näher mit Sozialwissenschaften befaßt haben, dann besteht die Antwort oft aus der Aufzählung einiger angeblich „typischer" Merkmale: Der Deutsche ist fleißig, ordnungsliebend, humorlos ... Der Franzose ist nationalbewußt und galant ... Über derartige Klischees kommen spontane Beschreibungen fremder Völker oft nicht hinaus. – Andererseits hat es schon immer Versuche gegeben, den „Charakter" von Völkern und Kulturen differenziert zu beschreiben; so etwa in Tacitus' „Germania", in Marco Polos Reiseerzählungen, in Berichten aus dem Zeitalter der Entdeckungen und des Kolonialismus bis hin zu Werken unserer Zeit etwa über die Deutschen, die Amerikaner, die Japaner[37], die Russen.

Die Wissenschaften, insbesondere Psychologie und Kulturanthropologie, haben viel Mühe darauf verwendet, diesen Problemkomplex auf eine verläßliche Grundlage zu stellen. Das Konzept, das diesem Anspruch gerecht werden sollte, war die Vorstellung vom „Nationalcharakter".[38] Den Bemühungen, Nationalcharaktere zu erfassen, lagen freilich keineswegs nur reine Erkenntnisinteressen zugrunde. Nicht zufällig wurde diesem Konzept besondere Aufmerksamkeit im Zweiten Weltkrieg gewidmet, als es den Amerikanern darum ging, auf gesicherter Basis zu wissen, wie es eigentlich mit ihren Gegnern, den Japanern und den Deutschen, mit ihren Verbündeten, den Sowjets, und – mit den Amerikanern selbst bestellt war. Um das zu ergründen, scheute man keine Mühen und Kosten. So „erhielt die Anthropologin Ruth Benedict 1944 den Auftrag, mit einem Stab die gesamte verfügbare Literatur über Japan zu durchforsten und zugleich die in den USA lebenden Auslandsjapaner systematisch zu befragen. Das Ergebnis dieser Arbeit war das Standardwerk 'The Chrysanthemum and the Sword, Patterns of Japanese Culture', in dem die Eigenschaften und Widersprüche des japanischen Nationalcharakters beschrieben werden: Japaner seien sowohl aggressiv als auch nicht-aggressiv, sowohl militaristisch als auch ästhetisch, sowohl unverschämt als auch höflich, sowohl rigide als auch anpassungsfähig, sowohl loyal als auch verräterisch, sowohl tapfer als auch ängstlich".[39] – Allerdings hatten diese Studien mit beträchtlichen konzeptuellen und methodischen Schwierigkeiten zu kämpfen, die zum Teil bis heute nicht überwunden sind.[40]

Das Konzept vom Nationalcharakter basiert auf der Annahme, daß die Menschen einer Nation sich in den Grundmustern ihres Erlebens und

Verhaltens sowie ihrer Persönlichkeit gleichen oder doch ähneln und sich so von Menschen anderer Nationen abheben.[41] Diese These gerät jedoch ins Wanken, sobald man große komplexe, in sich stark differenzierte Nationen oder Gesellschaften ins Auge faßt. Dann erkennt man nämlich sehr schnell, daß der Spielraum konkreter Erscheinungsformen außerordentlich groß ist; und das heißt, daß es mit der Gleichheit der Menschen oder auch nur mit der Ähnlichkeit nicht weit her ist – sowohl auf der Gruppen- als auch auf der Individualebene. Obwohl in einem allgemeinen Sinne *einer* Nation zugehörig, unterscheiden sich beträchtlich Nord- und Süddeutsche, Junge und Alte, hoch und wenig formal Gebildete usw. Nur auf einer eher abstrakten Ebene können in einer solchen Gesellschaft die Menschen als Angehörige einer gemeinsamen Sozialgruppierung mit gemeinsamem „Charakter" gelten. Im konkreten Bereich greift dieses Konzept nicht mehr. Somit erscheint die Frage berechtigt, ob es überhaupt zulässig ist, von „dem" Deutschen, „dem" Franzosen, „dem" Russen, „dem" Japaner zu sprechen. Gibt es nicht bei genauem Hinsehen Deutsche, die „französischer" sind als „der" Franzose; und Franzosen die „deutscher" sind als „der" Deutsche?

Bei dieser Sachlage kommen die Wissenschaftler mit den strengen Methoden etwa der Persönlichkeitspsychologie nicht weit. Deshalb weichen sie vielfach auf eher „qualitative" Verfahren aus, die freilich nicht so „gesichert" sind und nicht so „harte" Ergebnisse einbringen. Dafür kurz drei Beispiele:

McGranahan und Wayne untersuchten inhaltsanalytisch-vergleichend die 45 populärsten deutschen und amerikanischen Theaterstücke des Jahres 1927. „Die deutschen Stücke waren wesentlich stärker ideologisch, philosophisch, historisch und sozialproblematisch orientiert. Persönliche Verbrechen oder Sünden, die in den amerikanischen Stücken als Hauptthemen auftreten, werden in den deutschen Stücken häufig entschuldigt oder gerechtfertigt; hier wird die Gesellschaft als verantwortlich dargestellt, nicht das Individuum. In Amerika siegt die Tugend, in Deutschland kommt man durch Macht und Rücksichtslosigkeit zum Erfolg. In den amerikanischen Theaterstücken gewinnt die gute Seite häufig dadurch, daß eine mächtige Person ihre Ansichten ändert. In den deutschen Stücken werden die Konflikte häufiger durch Machttechniken gelöst."[42]

Ebenfalls mit Hilfe einer qualitativen Inhaltsanalyse arbeitete Kracauer aus deutschen Filmen der Zeit von der Jahrhundertwende bis 1933 wesentliche Aspekte des deutschen Nationalcharakters heraus; nachzulesen in dem vielzitierten Buch „Von Caligari bis Hitler".[43]

In einer ähnlichen, stark psychoanalytisch bestimmten Richtung verglichen Wolfenstein und Leites amerikanische, englische und französische Filme.[44]

Sowohl Kracauer als auch Wolfenstein und Leites gehen von der Annahme aus, daß Filme einen Spiegel der Grundanschauungen, Wunschbilder und Tagträume eines Volkes darstellen und somit etwas über den Nationalcharakter auszusagen vermögen.

Über diese wissenschaftlichen Bemühungen hinaus liegt eine Fülle von eher impressionistisch-essayistischen Darstellungen zahlreicher Nationalcharaktere vor. Auch wenn diese Ansätze den strengen Maßstäben sozialwissenschaftlicher Forschung meist nicht gerecht werden, sollte man sie nicht gering einschätzen. Trotz ihrer oft vorherrschenden subjektiven Sichtweise können sie wesentliche und nützliche Hinweise geben. – Einige Beispiele sind im Anhang I wiedergegeben.

Die methodologischen Schwierigkeiten sind wohl der Grund dafür, daß man in den Wissenschaften heute nur noch selten von „Nationalcharakter" spricht. Nicht verschwunden ist jedoch der Grundgedanke, es müsse – allen Einwänden zum Trotz – auch in größeren sozialen Einheiten psychologische Gemeinsamkeiten geben. Die Suche nach derartigen gemeinsamen Merkmalen geht also weiter, wenn auch unter anderen Bezeichnungen. So spricht man etwa von der „Basispersönlichkeit" oder vom „Sozialcharakter".

Das Konzept von der *Basispersönlichkeit* wurde eingeführt vom Anthropologen Kardiner, der von einer psychoanalytischen Position aus die Ansicht vertritt, die psychologischen Gemeinsamkeiten einer sozialen Gruppierung seien in den kulturellen Einflüssen während der frühkindlichen Entwicklung begründet. Das Sozialverhalten der Sozialisationsinstanzen, vor allem des Elternhauses, prägt die gleichartigen Basisstrukturen, und diese Prägung schlägt sich dann auch in den verschiedenartigsten Erscheinungsformen der gemeinsamen Kultur nieder.[45]

Ebenfalls tiefenpsychologisch orientiert entwickelte Fromm das Konzept vom „Sozialcharakter". Gemeint ist damit (im Grunde der „Basispersönlichkeit" sehr ähnlich) „der Kern der Charakterstruktur, der bei den meisten Mitgliedern einer Kultur gleichermaßen anzutreffen ist".[46] „Wir sind nicht interessiert an den Besonderheiten, in denen sich die Personen voneinander unterscheiden, sondern an jenen Bereichen ihrer Charakterstruktur, die den meisten Mitgliedern der Gruppe gemein sind. Diese Bereiche nennen wir Sozialcharakter".[47]

Hier ein konkretes Beispiel, bei dem offenbleiben mag, ob man es der Basispersönlichkeit oder dem Sozialcharakter zuordnen soll: Eskimos werden kaum einmal als passioniert, erregbar oder engagiert beschrieben. Man sieht sie vielmehr als passiv, langsam und ruhig, als phlegmatisch und indifferent, scheu und zurückhaltend. Von den Inupiac-Eskimos heißt es, sie seien gruppenorientiert, sozial gesinnt, anpassungsbereit und taktvoll, nachgiebig, fröhlich, kooperativ, zuvorkommend und wenig aggressiv, stoisch, geduldig, ausdauernd, tolerant, sie seien „Naturkinder". Berichtet wird freilich auch von Eigenschaften und Merkmalen, die sich diesem Bild nicht recht einfügen wollen, so zum Beispiel Tendenzen zu einer individualistischen Einstellung oder auch berechnendes Wesen.[48]

*

Am Ende dieser skizzenhaften Überlegungen bleiben manche Fragen offen, so vor allem: Sind Konzepte wie Nationalcharakter, Basispersönlichkeit und Sozialcharakter überhaupt empirisch faßbar? Dem steht – gestützt durch mancherlei Erfahrungen – die Überzeugung gegenüber, daß die Menschen einer Kultur – auch in großen und differenzierten Gesellschaften – eben doch psychologische Gemeinsamkeiten aufweisen und sich dadurch von Menschen anderer Kulturen unterscheiden. Mit dieser Ambivalenz müssen wir leben, zum mindesten solange, bis die Forschung neue Grundvorstellungen und vielleicht auch neue Methodenansätze entwickelt.

*

Hier ist jedoch ein ergänzender Hinweis vonnöten: Die Konzepte von der Persönlichkeit und vom Charakter wurden allzu lange sehr statisch gehandhabt, so als hätte man damit etwas Gesichertes in der Hand, aus dem sich dann auch verläßliche Prognosen ableiten lassen. Dem steht die neuere Auffassung gegenüber, daß diese Statik von einem Faktor durchkreuzt wird, den man lange Zeit vernachlässigt hatte, nämlich von der jeweiligen Situation, in der ein Mensch mit einer bestimmten Persönlichkeit oder einem bestimmten Charakter handelt. Diese Einsicht (der wir noch mehrfach in anderen Zusammenhängen begegnen werden) führt zu außerordentlich komplexen Denkmodellen, mit denen wir uns hier jedoch nicht weiter beschäftigen können.

2.2   Wahrnehmung

Auf den ersten Blick scheint das Wahrnehmen ein einfacher Vorgang zu sein: Die Sinne liefern dem Individuum ein Abbild der Welt, und zwar der Welt so wie sie ist. Für den Psychologen dagegen ist das Wahrgenommene das Produkt außerordentlich komplexer Prozesse. Zunächst einmal betont die Psychologie, daß Wahrnehmen nicht etwa einen isolierten Bereich des Psychischen darstellt, sondern in engen Wechselbeziehungen mit anderen psychischen Bereichen verbunden ist, etwa mit Aufmerksamkeit, Denken und Sprechen, mit Lernen, Erinnerung, Emotionen u.a. Ferner haben die Forscher die Vorstellung vom Wahrnehmen als passives Rezipieren längst durch ein anderes Denkmodell ersetzt: Wahrnehmen, und zwar jedes Wahrnehmen, ist aktives Gestalten; nicht nur in dem Sinne, daß der Mensch die unendliche Fülle der auf ihn eindringenden und von den Rezeptoren physiologisch aufgenommenen physikalischen Reize psychisch in jeweils Wichtiges und Unwichtiges, Bedeutsames und Belangloses, in Figur und Grund aufgegliedert; in die menschliche Wahrnehmung geht vielmehr ständig und grundsätzlich der ganze Reichtum subjektiver Erfahrung mit ein, eingebettet in die gesamte Persönlichkeitsstruktur eines Menschen einschließlich dessen, was ihm sein Entwicklungsgang sowie seine materielle und kulturelle Umwelt an Sicht- und Denkweisen mitgegeben hat. Wenn also der Mensch in der Wahrnehmung Welt erlebt, dann weder objektiv-neutral noch passiv. Vielmehr ist bei jeder Wahrnehmung der ganze Mensch aktiv, projektiv und gestaltend beteiligt. Wahrnehmen ist also nicht nur biologisch bedingt, sondern in hohem Maße sozial und kulturell überformt. Das bedeutet: Menschen verschiedener Kulturen nehmen die Welt auf je eigene Weise wahr. Wahrnehmung erweist sich somit als ein kulturelles Strukturmerkmal.

Beim Wahrnehmen geht der Mensch – wie gesagt – selektiv vor; bestimmte Gegenstände erlebt er bewußt, wach, aufmerksam, und diese Gegenstände sind für ihn meist hochgradig ausdifferenziert. Andere Objekte dagegen betrachtet er allenfalls in groben Umrissen oder auch gar nicht. Der wichtigste Faktor, der diese Prozesse steuert, ist die Bedeutsamkeit der Objekte für den Wahrnehmenden, und eben diese Bedeutsamkeit variiert von Kultur zu Kultur.

Damit ist zunächst nicht mehr gesagt, als daß es kulturspezifische Varianten im Wahrnehmen gibt und daß diese Varianten weitgehend durch die subjektive Bedeutsamkeit des Wahrgenommenen bestimmt und gesteuert werden. Konkretisieren läßt sich diese recht allgemeine Einsicht auf der Ebene der einzelnen Sinnesbereiche. Dazu im folgenden einige Beispiele aus den Bereichen des Sehens, des Tastsinnes und des Geruchssinnes.

Sehen (Visuelle Perzeption)

In seinem Buch „Remembering" berichtet Bartlett von der außerordentlichen Fähigkeit der Hirten in Swaziland, sich an die letzten Einzelheiten von Kühen zu erinnern, die sie nur ein einziges Mal vor Jahren bei einem Viehhandel gesehen hatten. Es ist durchaus möglich, daß diese Hirten unsere Fähigkeit bewundern würden, Straßen exakt zu beschreiben, die wir nur einmal gesehen haben. Zweifellos beruht diese Erinnerungsfähigkeit auf der Relevanz der Objekte beim Wahrnehmen. Bewohner des afrikanischen Busches sind außerordentlich geschickt beim Entdecken von Tieren im Dickicht. Europäer sind oft überhaupt nicht in der Lage, diese Lebewesen zu erkennen. Als man Amerikanern und Mexikanern Fotos zeigte, die teils nur der einen, teils der anderen Seite vertraut und geläufig waren, erinnerten anschließend die Beteiligten weitaus häufiger jene Bilder, die ihrer eigenen Kultur entsprachen; Fotos aus der anderen Kultur wurden zum Teil überhaupt nicht bewußt wahrgenommen.[49]

Linien und Winkel werden von Menschen verschiedener Kulturen auf unterschiedliche Art und Weise wahrgenommen. Im westlichen Kulturkreis haben sich die Menschen eine Welt voller rechter Winkel geschaffen; obwohl in der Natur rechte Winkel äußerst selten vorkommen, haben westliche Menschen eine Tendenz, auch da noch rechte Winkel zu sehen, wo gar keine vorhanden sind. Im Häuserbau der afrikanischen Bantu-Stämme finden sich überhaupt keine rechten Winkel; runde Linien bestimmen das Bild.

In hohem Maße kulturbedingt ist ferner die Wahrnehmung von Farben, und zwar in zweierlei Hinsicht: Zum einen unterscheiden sich Kulturen darin, wie viele Farben sie kennen und benennen, wie fein oder grob sie also das Farbenspektrum ausdifferenzieren; und zum anderen variiert auch die Symbolik der Farben von Kultur zu Kultur.[50]

Menschen verschiedener Kulturen „sehen" unterschiedlich viele Farben. Aus einer riesigen Zahl von Farbschattierungen, die der Mensch an sich unterscheiden kann, wählt jede Kultur nur einige wenige aus, die man einer eigenen Benennung für wert hält. Feiner ausdifferenziert werden die Farben jener Lebensbereiche, die in einer Kultur besondere Bedeutung haben, während für unbedeutendere Bereiche einige wenige Farbnamen zu genügen pflegen (mehr hierzu im Abschnitt 2.6). Wenn es beispielsweise bei uns für die Farbe von Schnee fast nur das Wort „weiß" gibt, kennen die Eskimos dafür eine ganze Reihe feiner sprachlicher Begriffe. In etlichen europäischen Sprachen gibt es nur eine recht begrenzte Zahl eigenständiger Farbbezeichnungen – so im Englischen etwa acht. – Bei den Navaho-Indianern finden wir Farbnamen, die ungefähr unserem weiß, rot und gelb entsprechen, aber keine Namen für unser schwarz, grau, blau, grün. Die Navaho-Sprache verfügt über zwei Ausdrücke, die schwarz bezeichnen: einmal das Schwarz der Dunkelheit und zum anderen das Schwarz von Gegenständen wie etwa Kohle.

Allgemein formuliert heißt das: Jede Kultur legt mehr oder weniger willkürlich fest, wo man im Kontinuum des Farbspektrums Grenzen zieht und damit verschiedene Farben unterscheidet. Die Gründe für diese kulturspezifischen Eigenheiten liegen manchmal offenkundig in der Bedeutsamkeit, oft sind sie aber auch nicht zu erkennen. Entscheidend für unsere Überlegungen ist jedoch die Tatsache, daß das Farbensehen kulturspezifisch überformt ist.

Rot ist die Liebe, grün die Hoffnung, blau steht für Treue, schwarz für Trauer. Diese *Farbensymbolik* erscheint uns nahezu selbstverständlich. Wobei anzumerken ist, daß wir heute insgesamt ärmlich dran sind im Vergleich zu früheren Zeiten, in denen der Symbolgehalt von Farben nicht nur stärker erlebt wurde, sondern auch weitaus vielgestaltiger ausgeprägt war als heutzutage. So etwa im Bereich der Kleidung. Da gab es Kleiderfarben mit ganz bestimmtem Aussagewert für bestimmte Ereignisse oder Anlässe, also für Geburt, Hochzeit, Tod, aber auch für Jagd oder Krieg.

Unsere eigene Farbensymbolik halten wir gerne für selbstverständlich; sie ist – so meinen wir allzu leicht – naturgegeben, und das heißt: in den Farben selbst schon irgendwie angelegt. Vergleichen wir jedoch unsere Farbensymbolik mit den Bedeutungen, die andere Kulturen den Farben zuschreiben, so erkennen wir, daß es auf diesem Gebiet beträchtliche kulturspezifische Unterschiede gibt. Farbensymbole sind kaum von den Farben selbst bestimmt, sondern die Kulturen weisen den Farben je eigene Bedeutungen zu:

Rot gilt einerseits als gefährlich und unheilvoll, in mehreren Kulturen (so u.a. im alten Ägypten, im griechisch-römischen Bereich, zeitweilig auch in Indien) gar als Totenfarbe, andererseits aber auch als Sieges- und Lebensfarbe; bei uns als die Farbe der Liebe, der Minne, der Leidenschaft, der Revolution. Gelb stand und steht häufig für Neid, Mißgunst und soziale Abwertung, so zum Beispiel als Kennzeichnung für Prostituierte, Bettler, Ketzer und Juden. Grau gilt bei uns als eine trübe Farbe, bei Indianern in den trockenen Gegenden Nordamerikas wird jedoch grau als schön und als freudig stimmend empfunden – in beiden Fällen vermutlich im Zusammenhang mit Regenwolken, die im einen Fall eher ein Ärgernis darstellen, im anderen aber höchst willkommen sind. So wäre es denn auch eine Fehlinterpretation, würde man einen überwiegend grauen Indianerteppich als Ausdruck von Tristesse verstehen.[51]

Im übrigen können Farben, die ja relativ schnell und leicht auszuwechseln sind, auch als äußere Erkennungsmerkmale für verschiedene Rollen dienen. In vielen Filmen präsentiert sich der Gute in Weiß, der Böse in Schwarz. Im asiatischen, insbesondere im indonesischen Schattenspiel (Wayang) gelten feste Regeln: „Ein schwarzes Gesicht mit goldenem Körper zeigt einen Krieger in äußerster Anspannung, ein grünes Gesicht dagegen gehört zu einem niedrigen Charakter. Adel und Wissen lebt in weißen Gesichtern, nackte Gier dagegen in den roten und Anmaßung in den gelben Gesichtern".[52]

Mit Rollen haben auch diese kulturspezifischen Farbsymbole zu tun: „Nach der traditionellen chinesischen Kultur z.B. trug die Braut leuchtendes Rot und Grün, die Witwe ungebleichten Hanf, und die gewöhnliche Hausfrau Schwarzblau (Indigo). Bei den von Malinowski beschriebenen Trobriandern trug die Braut einen Grasrock in leuchtenden Farben, die Witwe einen mit Ruß geschwärzten Grasrock, und die Hausfrau einen ungebleichten und ungefärbten Grasrock".[53]

Tastsinn (Taktile Perzeption)

Der Tastsinn hat im allgemeinen für uns nicht die Bedeutung wie Sehen und Hören. Doch trägt auch dieser Sinnesbereich wesentlich zum Aufbau unserer Wahrnehmungs- und Erlebniswelt bei, mehr jedenfalls als uns in der Regel bewußt ist. Und weit stärker, als man das zunächst vermutet, ist auch der Tastsinn kulturell überformt.

Kulturspezifische Formen finden wir etwa „beim Händeschütteln, bei engen Körperkontakten, die sonst verpönt, im Tanz aber erlaubt sind, beim Aneinanderreiben von Nase oder Stirn, beim Schulterklopfen und anderen Verhaltensweisen, die bei uns als Zeichen guter zwischenmenschlicher Beziehungen gelten. Küssen steht bei uns für Intimität und ist in manchen anderen Kulturen streng verboten. Das Handauflegen kann ein Ritus sein für das Übertragen von Autorität und besonderen Kräften, es kann aber auch Heilung bringen".[54]

Die Skala im taktilen Umgang mit Partnern reicht vom absoluten Sich-nicht-berühren, etwa bei Engländern der Oberschicht, bis zu häufigen und engen Körperkontakten, so im lateinischen Sprachraum, im Vorderen Orient, bei Russen, zum Teil auch in Afrika.

Mit dem Tastsinn hat es auch zu tun, wenn zum Beispiel japanische Handwerker größten Wert legen auf die Beschaffenheit der Oberfläche eines Produktes, etwa einer Vase. Wenn dieser Gegenstand angenehm anzufassen ist, zeigt er, daß der Handwerker ihn mit Liebe hergestellt hat; und der Benutzer weiß dies zu schätzen.

Geruchssinn (Olfaktorische Perzeption)

Auch im Bereich des Geruchssinnes gibt es zahlreiche kulturspezifische Varianten. Die Amerikaner zum Beispiel sind bestrebt, möglichst viele Gerüche zu unterdrücken – man denke an den ausgiebigen Gebrauch von Deodorants –, und notfalls überdeckt man unangenehme Gerüche durch angenehmere wie Spray oder Parfüm. Andere Völker erleben eine breite Palette von Gerüchen sehr viel intensiver, sie genießen vielfach auch solche Gerüche, die uns unangenehm erscheinen. So etwa Araber, Inder, Italiener und Franzosen. In einer typischen französischen Stadt kann man Kaffee,

Gewürze, Gemüse, Geflügel, saubere Wäsche riechen. Wahrnehmungen dieser Art bieten nicht nur Orientierungshilfen, sie geben auch dem täglichen Leben mehr Farbe und Reiz.[55]

2.3 Zeiterleben[56]

Für Philosophen gilt Zeit als eine Formalkategorie, die allen Menschen gleichermaßen vorgegeben ist. Im konkreten Erleben und Handeln jedoch kann Zeit vielerlei bedeuten. Das zeigt sich zum einen in den Vorstellungen davon, was Zeit ist; und zum anderen gibt es viele Möglichkeiten, mit Zeit umzugehen. Beide Aspekte – Zeitkonzept und Umgang mit Zeit – variieren von Kultur zu Kultur; sie stellen kulturspezifische Strukturmerkmale dar.

Zeitkonzepte

Der Mensch ist unentrinnbar in die Zeit eingebunden, und auf den Ablauf von Zeit kann er keinen Einfluß nehmen. So ist es nicht verwunderlich, wenn schon immer und überall über Zeit nachgedacht wurde. Es bildeten sich Vorstellungen davon aus, was Zeit eigentlich ist, wie man sie sich zu denken hat, mit anderen Worten: Schon immer gab es Zeitkonzepte. Und diese Konzepte fallen von Kultur zu Kultur verschieden aus. Damit haben sich vor allem Kulturanthropologen befaßt, so Evans-Pritchard, Lévi-Strauss, Alexander u.a. Sie entdeckten beispielsweise, daß es Kulturen gibt, denen Zeit wenig bedeutet, und solche, für die die Zeit eine höchst wichtige Dimension darstellt. Doch erwies sich diese Zweiteilung bald als zu einfach und zu grob, denn man hatte zum einen übersehen, daß „zeitlose" Völker und Kulturen durchaus eigene Zeitkonzepte haben; und zum anderen hatte man die vielen Schattierungen vernachlässigt, die zwischen den beiden Polen zu verorten sind. „Viel zu wenig Aufmerksamkeit hat man der Variationsbreite in der Zeitorientierung gewidmet. Bedeutsame kulturelle Unterschiede wurden übersehen, weil man allzu vereinfacht davon ausging, daß Menschen in wenig differenzierten Gesellschaften keinen Sinn für Zeit haben und auch keinen brauchen und sich darin von urbanen und industrialisierten Gesellschaften unterscheiden. Man macht es sich einfach mit der Annahme, auf der einen Seite wäre Zeit vom Sonnenaufgang bis zum Sonnenuntergang ein Ganzes und eine Uhr sei dabei überflüssig, und auf der anderen Seite sei die Zeit gegliedert in Stunden und Minuten und eine Uhr sei unerläßlich. Mit einer solchen simplen Zweiteilung wird man dem Problem der Zeitorientierung nicht gerecht."[57]

Für Europäer und Amerikaner bedeutet Zeit meist die Dauer zwischen zwei Punkten. Die Gegenwart ist gleichsam die Station auf einer Reise, ein Punkt, der die Vergangenheit von der Zukunft trennt; wobei für die meisten westlichen Kulturen die Zukunft wichtiger ist als die Vergangenheit (hierzu mehr in Abschnitt 2.8). Man plant in die Zukunft hinein, meist in der Regel jedoch nicht unbegrenzt, sondern mit festen Schlußterminen. Zeit wird verstanden als ein Kontinuum, das in gleich große Einheiten aufgeteilt ist, und jede Einheit hat den gleichen Wert. Die Zeit kann man in Scheiben schneiden wie eine Wurst, und die Scheiben kann man verkaufen. Zeit ist Geld. Bei diesem westlichen Zeitkonzept vergessen die Menschen allzu leicht, daß Zeit auch einen Eigenwert im Strome des Erlebens haben kann und subjektiv durchaus nicht immer linear verläuft.[58]

„Das Zeitverständnis unserer Zeit läßt sich vielleicht charakterisieren durch das Vorherrschen eines Zeitmodells mit den folgenden Komponenten

Linearität:	Zeit läuft ab
Monotonie:	der Zeitablauf ist immer gleich
Nichtumkehrbarkeit:	was weg ist, ist weg
Kontinuität und Kausalität:	das Frühere bestimmt das Nachfolgende
Gerichtetheit:	der Zeitablauf hat einen impliziten Sinn einer Entwicklung
Synchronität:	für alle Bereiche gesellschaftlichen Handelns soll gewissermaßen die gleiche Zeit gelten
Kumulativität:	in der Zeit sammelt sich etwas an, das immer mehr wird."[59]

In Asien und vielfach auch in Afrika erleben die Menschen die Zeit wesentlich konkreter und ganzheitlicher: „Drei Unterschiede sind vor allem in der Zeitauffassung hervorzuheben:

- Nach ihrer Form verläuft die Zeit, asiatischem Verständnis zufolge, nicht geradlinig, sondern zyklisch.
- Nach ihren Modalitäten erscheint sie nicht als ein metronomisch darstellbares Geschehen, sondern als Diskontinuum aus günstigen und ungünstigen Momenten, die es zu ergreifen oder aber zu vermeiden gilt.
- Nach ihrem Inhalt schließlich ist sie nicht eine abstrakte Rechengröße, sondern ein in Jahresfesten und Saisonarbeiten konkret erlebbarer Prozeß".[60]

Einige Zeitvorstellungen anderer Kulturen sind von unserem westlichen Konzept so verschieden, daß sie uns höchst fremd erscheinen; manchmal haben wir große Mühe, uns in dieses Denken und Vorstellen hineinzuversetzen. Hier zwei Beispiele: „Für die Tiv (einen Stamm in Afrika) ist Zeit eine Kapsel. Es gibt eine Zeit für Besuche, eine fürs Kochen, eine für die Arbeit; und wenn man sich in einer dieser Zeiten befindet, wechselt man nicht zu einer anderen hinüber".[61] – „Bei den Saulteaux am Berens River in Manitoba wurden gewisse Ereignisse nicht auf einer Skala von Zeitpunkten eingeordnet. Sie waren nicht vorher oder nachher. Man könnte eher sagen, daß diese Indianer sich auf 'Löcher' in der Zeit, auf Zeitloses zu- oder von ihm wegbewegten. Die Zeit, die während dieser Bewegung verlief, wurde nicht gezählt, etwa in Tagen oder dergleichen, und es ist auch nicht zutreffend, zu sagen, diese Zeit sei eine Spanne zwischen *wiederkehrenden* Ereignissen gewesen. Vielmehr kamen die Indianer immer wieder auf *dasselbe* Zeitloch zu und entfernten sich wieder von ihm".[62]

Kulturen unterscheiden sich auch darin voneinander, daß sie sich schwerpunktmäßig stärker an der Vergangenheit oder an der Gegenwart oder an der Zukunft orientieren. Darüber wird in Abschnitt 2.8 (Wertorientierungen) mehr zu sagen sein. Hier nur kurz soviel: Vor allem calvinistisch beeinflußte Kulturen sind stark zukunftsorientiert. Zu ihrer Weltsicht gehört deshalb als Positivum harte Arbeit und Erfolg im Geschäftlichen mitsamt einer anspruchslosen Lebensweise – in der Überzeugung, daß Gott diese Einstellungen und Verhaltensweisen belohnen wird. Demgegenüber sind Lateinamerikaner und Menschen des Mittelmeerraumes, aber auch viele Afrikaner gegenwartsorientiert. In der Vergangenheit leben einige asiatische Kulturen, so zum Beispiel die Chinesen mit ihrem Vorfahren-Kult.

Wie es kulturspezifische Zeitkonzepte gibt, so variiert auch – eng damit zusammenhängend – die Art und Weise, wie die Menschen *mit Zeit umgehen*, wie sie Zeit handhaben. Diese Art und Weise wird offensichtlich zu wesentlichen Teilen durch den Grad der Technisierung und Industrialisierung mitbestimmt. Je höher eine Gesellschaft industrialisiert ist, desto bewußter, rationaler und sparsamer denken und handeln die Menschen in der zeitlichen Dimension. Das liegt im Wesenseigenen der Technik begründet, die ohne ein hohes Maß an Präzision, an Pünktlichkeit und Zuverlässigkeit nicht möglich wäre. Hinzu kommt, daß Industrialisierung immer auf die Zukunft hin angelegt ist; und zwar weit mehr, als wir im Alltag bemerken, so etwa in Begriffen und Konzepten wie Sich-Vorbereiten, Disponieren, Planen, Abwarten, Sparen, Investieren, Organisieren. Insofern bedeutet in der Dritten Welt Technisierung vielfach eine grundlegende Umorientierung sowohl in den Zeitkonzepten als auch im Umgang mit Zeit. Das wird deutlich sichtbar, wenn wir etwa bedenken, „daß die Asiaten bis vor kurzem keinerlei Organ für Begriffe wie 'Zukunft' oder 'Fortschritt' hatten. Es galt als ausgemacht, daß Veränderung Verfall bedeutete. Man hatte Angst vor Neuerungen. Alles Alte war als solches wertvoll".[63] Fortschreitende Industrialisierung und Modernisierung heißt aber nicht nur stärker an die Zukunft zu denken, sondern auch die „Uhrzeit" als die beherrschende Zeitform anzuerkennen und sich auch handelnd in ihr einzurichten. Fabriken, Geschäfte, Schulen oder moderne Armeen können nur in und mit der „Uhrzeit" funktionieren. Diese Umstellung ist in der Dritten Welt naturgemäß am weitesten in den Städten fortgeschritten. Auf dem Lande dagegen lebt man dort noch vielfach mit den traditionellen Zeitkonzepten und geht entsprechend mit Zeit um.

Wie unterschiedlich der Umgang mit Zeit sein kann, zeigt sich deutlich darin, was die Menschen einer Kultur unter *Pünktlichkeit* verstehen. Obwohl man sich auch früher schon immer verabredet hat, um sich zu einer bestimmten Zeit zu treffen, war man dabei sicher nicht im modernen Sinne „pünktlich". Pünktlichkeit ist untrennbar mit der metrischen „Uhrzeit" verbunden. Seit es Uhren gibt und seit die westliche Welt industrialisiert und technisiert ist, gilt Pünktlichkeit als Tugend. Aber was bedeutet es konkret, pünktlich zu sein? Eben hier setzen aufschlußreiche kulturspezifische Varianten ein. Bei uns gilt strikte Pünktlichkeit „auf die Minute" zwar bei allen dienstlichen und offiziellen Anlässen, nicht aber bei privaten Einladungen; man erscheint fünf bis fünfzehn Minuten nach dem vereinbarten Termin; kommt man noch später, so fühlt man sich verpflichtet, sich zu entschuldigen und die Verspätung zu begründen. Anderswo gelten andere Pünktlichkeitsregeln; so kommt man in Lateinamerika üblicherweise etwa 45 Minuten „zu spät". Auch bei Geschäftsbesuchen muß man oft mit langen Wartezeiten rechnen, die für Nordamerikaner und Europäer geradezu beleidigend wirken, tatsächlich aber dort als ganz normales Verhalten empfunden werden.

Wie verschieden die Menschen mit Zeit umgehen, ergab auch ein Vergleich zwischen den USA und Brasilien: Öffentliche Uhren (aber auch private) waren in Brasilien weniger exakt eingestellt. Die Brasilianer geben die Zeit nicht sonderlich präzise an. Mit Begriffen wie „früh" oder „spät" gehen sie recht großzügig um. Nordamerikaner haben ein schlechtes Bild von Personen, die oft zu spät kommen; Brasilianer messen solchen „Verfehlungen" ein weitaus geringeres Gewicht zu.[64]

2.4 Raumerleben

Wie bei der Zeit lassen sich auch beim Raum zwei verschiedene, wenn auch miteinander verknüpfte Aspekte erkennen: einerseits Konzepte vom Raum, also das, was die Menschen unter Raum verstehen, und auf der anderen Seite der Umgang mit Raum. Beide Aspekte variieren von Kultur zu Kultur, sie stellen kulturelle Strukturmerkmale dar.

Raumkonzepte

Unsere Vorstellungen davon, was Raum ist, erscheinen uns – wie die meisten anderen Strukturmerkmale – als die einzige, gleichsam naturgegebene Möglichkeit, Raum zu denken. Wenn wir dann in der interkulturellen Begegnung auf anders geartete Raumkonzepte treffen, halten wir diese für seltsam und absonderlich. Nur unsere eigene Sichtweise – so meinen wir – kann die richtige sein. Wichtig ist deshalb die

Einsicht, daß es verschiedene Raumkonzepte gibt, die man nicht von vornherein als richtig oder falsch, höher oder niedriger, „zivilisiert" oder „primitiv" einstufen sollte.

Verschiedene Raumkonzepte werden schon darin sichtbar, daß in etlichen Kulturen dem Raum großes Gewicht zukommt, während man ihm in anderen Kulturen nur wenig Aufmerksamkeit widmet. Es gibt Gesellschaften, die der Unterscheidung von Norden, Osten, Süden, Westen oder von höher und niedriger oder von eng und weitläufig große Bedeutung zumessen, während den Menschen in anderen Gesellschaften derartige Unterscheidungen gleichgültig sind. – Ferner gibt es kulturspezifische Varianten in der Wahrnehmung von Raum: „Im Westen nehmen die Menschen Objekte wahr, nicht aber die Räume dazwischen. In Japan werden die Zwischenräume wahrgenommen, benannt und als das *ma* (das dazwischenliegende Intervall) verehrt".[65]

Manche Raumkonzepte sind europäischem Denken nur schwer zugänglich. Hier ein Beispiel: „Die Gedankenwelt der Hopi-Indianer – so berichtet Whorf – kennt keinen Vorstellungsraum. Hopi können sich also nichts unter 'Himmel' und 'Hölle' vorstellen. Offensichtlich existiert für sie kein abstrakter Raum, der mit Objekten gefüllt wird. Obwohl die Hopis solide Steinhäuser bauen, mangelt es ihnen an Wörtern für dreidimensionale Räume. Das Raumkonzept der Hopis ist so etwas wie ein kleines Universum, denn leere Räume wie Zimmer, Kammer, Halle usw. werden nicht als wirkliche Objekte benannt, sondern durch die Positionen anderer Gegenstände".[66]

Umgang mit Raum

Wie die Menschen verschiedener Kulturen mit Raum umgehen, hängt eng mit den jeweiligen kulturspezifischen Raumkonzepten zusammen. In der Literatur, der die folgenden Beispiele entnommen sind, wird daher durchaus nicht immer zwischen den beiden Aspekten (Raumkonzepte und Umgang mit Raum) unterschieden.

Am Beispiel von vier Themenkreisen soll die Kulturbedingtheit des Umgehens mit Raum verdeutlicht werden; es sind dies

- der private Raum
- die räumliche Orientierung
- interpersonale Distanz
- Raumgestaltung.

Jeder Mensch braucht – zumindest zeitweilig – *Privatheit in einem privaten Bereich*, einen Raum, in den die anderen nicht ohne weiteres eindringen dürfen. Verletzt jemand diese Zone, so erleben wir den Eindringling als erdrückend, taktlos, grob, aggressiv.

Biologen kennen auch bei Tieren derartige Zonen, und zwar unter dem Begriff des „Territoriums". Während bei Tieren jedoch die Territorien artspezifisch festgelegt sind, variieren beim Menschen Umfang und Merkmale des Territoriums von Kultur zu Kultur.

In England gilt seit Jahrhunderten: Eines Menschen Heim ist seine Burg, geschützt gegen nichtgesetzliche Durchsuchung und Besetzung auch von Regierungsvertretern. Man unterscheidet sorgfältig zwischen privatem Grundbesitz als Territorium des Individuums und öffentlichem Grund als Territorium der Gruppe. Der Amerikaner benützt die Tür als Signal für Privatheit oder Zugänglichkeit: Ist die Tür offen, ob im Büro oder zu Hause, so kann man ihn jederzeit ansprechen. Geschlossene Türen dagegen signalisieren eine „geschlossene Gesellschaft", etwa bei Konferenzen, privaten Gesprächen, konzentrierter Arbeit, Schlafen, Sex.[67]

Ein besonderes Bedürfnis nach Privatheit schreibt man den Deutschen zu. So heißt es bei Hall u.a.: „Die Deutschen empfinden ihren eigenen Raum als Fortsetzung ihres Ego. Das Ego des Deutschen ist außerordentlich empfindlich, und so sucht er mit allen Mitteln die Privatsphäre zu wahren. Das konnte man zum Beispiel im Zweiten Weltkrieg bei deutschen Kriegsgefangenen beobachten: In einem Lager wohnten je vier Gefangene in einer Hütte; sobald nun etwas Material zur Verfügung stand, begann jeder, einen eigenen Raum für sich abzuteilen. Bei ihren Balkons und Gärten achten die Deutschen sehr darauf, daß andere Leute sie nicht sehen können. In Deutschland gibt es ungewöhnlich viele Doppeltüren, die Schall nicht durchlassen und so die Privatheit sichern. In deutschen Büros sind in aller Regel die Türen geschlossen, womit man anzeigt, man wolle nicht gestört sein. Offene Türen gelten für Deutsche als Zeichen von Nachlässigkeit und Mangel an Ordnung".[68]

Eigene Einstellungen zum Raum und zur Privatsphäre sind im Mittelmeerraum zu beobachten. Mitglieder dieser Kulturen leben dichter zusammen als Nordeuropäer, Engländer und Nordamerikaner. Das kann man beobachten in vollen Eisenbahnen, Bussen, Autos, Straßenkaffees und auch in den Wohnungen. Ausnahmen bilden natürlich die Schlösser und Villen der Reichen.[69]

Eine private Schutzzone gibt es übrigens nicht nur für Individuen, sondern häufig auch für kleine Gruppen. In den USA besteht eine allgemein respektierte, unsichtbare Grenze um zwei oder drei untereinander sprechende Personen herum, eine Grenze, die diese Personen nach außen hin von anderen Personen trennt. Durch einen räumlichen Abstand wird eine solche Gruppe isoliert und mit einer Schutzmauer von Privatheit umgeben.[70]

Kulturspezifische Unterschiede zeigen sich ferner darin, wie sich die Menschen *räumlich orientieren*. Ein Beispiel für eine uns fremde Art, sich in der Umgebung zurechtzufinden, bieten Eskimos. In deren Welt gibt es für Fremde kaum Anhaltspunkte; dort mangelt es oft an visuellen Fixpunkten, ja, nicht selten gibt es nicht einmal einen Horizont, Himmel und Erde verschwimmen. Dennoch finden die Eskimos ihren Weg, auch über große, ihnen unbekannte Strecken. Wenn ein Amerikaner mit dem Auto durch eine komplexe und chaotische Stadt fährt, orientiert er sich anhand einiger weniger Straßenmerkmale und Hinweisschilder. Er geht davon aus, daß die Straßen in Form eines rechtwinkligen Gitters angelegt sind und bestimmte Zeichen ihm seine Route anzeigen. So haben auch die Eskimos – allerdings natürliche – Bezugspunkte. Richtung und Geruch des Windes in Verbindung mit einem Gefühl für Eis und Schnee unter den Füßen geben dem Eskimo Hinweise, die es ihm ermöglichen, über hundert und mehr Meilen den richtigen Weg zu finden, mitten durch eine visuell undifferenzierte Eiswüste. Die Aivilik (ein Eskimo-Stamm) verfügen über mindestens zwölf Begriffe für Wind. Sie integrieren Zeit und Raum als ein und dasselbe und leben mehr in einem akustisch-olfaktorischen denn in einem visuellen Raum.[71]

Bei den Bewohnern von Bali ist das Alltagsleben in ungewöhnlichem Ausmaß auf den Raum und auf räumliche Orientierung hin ausgerichtet. Der Berg repräsentiert Heiligkeit, die See ist eine Zone von Gefahr und bösen Geistern, Höhe wird mit Reinheit assoziiert. Man schläft mit dem

Kopf zu den Bergen und mit den Füßen zum Meer hin. Der Familienschrein steht auf der Inlandseite des Hauses in Bergrichtung, während die Küche sich auf der Seeseite, also zur Küste hin befindet. Dorffriedhöfe liegen auf der Küstenseite.[72]

Kulturspezifische Raumkonzepte liegen auch der Tatsache zugrunde, daß die als angemessen empfundene *räumliche Distanz zwischen Interaktionspartnern* von Kultur zu Kultur variiert. Die Forschungsrichtung, die sich mit diesem Themenkreis beschäftigt, wurde vom amerikanischen Anthropologen Edward T. Hall „Proxemics" genannt. Seine Bücher „The silent language" und „The hidden dimension" sind Fundgruben für anschauliche Beispiele.

Im nordamerikanischen Kulturbereich lassen sich (nach Hall) mehrere Distanzzonen erkennen, die jeweils für bestimmte soziale Situationen charakteristisch sind: Intimate Distance; Personal Distance; Social Distance; Public Distance. Die Intimdistanz ist gekennzeichnet durch Sexualität, aber auch durch alle sonstigen engeren Berührungen. Auch bei der persönlichen Distanz sind noch Körperkontakte möglich, aber ohne intime Beziehungen. Die soziale Distanz ist charakteristisch etwa bei unpersönlichen Geschäftsgesprächen. Eine öffentliche Distanz stellt sich mehr oder weniger von selbst ein bei der Begegnung mit bedeutenden Persönlichkeiten des öffentlichen Lebens.[73]

In Lateinamerika ist die Interaktionsdistanz viel geringer als in den Vereinigten Staaten. In Südamerika können die Leute behaglich miteinander nur reden, wenn sie dicht beieinander stehen, in einer Nähe, die bei Nordamerikanern entweder sexuelle oder feindliche Gefühle wachruft. Wenn also Nord- und Südamerikaner miteinander sprechen, kommt es zu einem dauernden Zurückweichen des einen Partners und einem Nachrücken des anderen. Deshalb versuchen nicht selten Nordamerikaner in lateinamerikanischen Ländern, sich hinter Tischen und Stühlen zu verbarrikadieren, um die einheimischen Partner auf Distanz zu halten. Diese wiederum steigen oft genug einfach über die Barrikaden hinweg, um die ihnen genehme Nähe zu finden.[74]

In asiatischen Kulturen (und im übrigen bei bestimmten Anlässen auch im Westen) hängt der persönliche Raum und damit die räumliche Distanz von der Kaste oder Klasse der interagierenden Personen ab. Menschen einer höheren Kaste wahren einen gewissen Abstand gegenüber Niedrigeren.

Die Distanz zwischen Lehrern und Schülern ist größer als in den USA, da in Asien der Lehrer eine Respektsperson ist. Im Berufsleben halten die Untergebenen einen großen Abstand gegenüber den Vorgesetzten. Noch größer ist die räumliche Distanz zwischen Königen und Volk, Präsidenten und Bevölkerung, religiösen Häuptern und einfachen Gläubigen.

Schließlich sind kulturbedingte Unterschiede auch beim Sitzen zu beobachten, und zwar sowohl in der Distanz zwischen den Beteiligten als auch in der räumlichen Anordnung der Personen. Nordamerikaner, die in einem großen Raum sitzen, finden es für Gespräche am angenehmsten, wenn die personale Distanz etwa fünfeinhalb Fuß beträgt; sie bevorzugen es, einander gegenüber zu sitzen und nicht nebeneinander. Außerdem hängt die räumliche Distanz beim Sitzen von der Größe des Raumes ab: Je größer der Raum, desto mehr rückt man zusammen, um die Gespräche angenehmer zu gestalten.[75] In Japan gibt es bei festlichen oder formellen Anlässen schon seit langem eine bestimmte Sitzordnung, insbesondere bei Konferenzen oder beim Essen an langen Tischen. Der Ordnung liegt das Prinzip von Rang und Würde zugrunde; die Platzverteilung erfolgt zumeist abgestuft vom Ranghöchsten bis zum Niedrigsten oder Jüngsten.

Verschiedene Kulturen haben je eigene Vorstellungen und Muster in der Art und Weise, wie sie den *Raum gestalten*. Dieses Gestalten erstreckt sich auf ein breites und buntes Spektrum von Erscheinungsformen, von Stadtanlagen über den Hausbau bis hin zur Raumausstattung. Dazu einige Beispiele und Hinweise:

Amerikanische Städte sind in der Regel nach dem einfachen Muster rechtwinkliger Gitter angelegt, mit deren Hilfe man sich schnell und leicht orientieren kann. Nordamerikaner haben deshalb des öfteren Schwierigkeiten, sich in europäischen Städten, die nicht auf diesem simplen Plan basieren, zu Hause zu fühlen. – Das westliche Haus ist auch im Inneren räumlich gegliedert. Es gibt dort eigene Räume für spezielle Funktionen wie Vorbereiten der Mahlzeiten, Essen, Unterhaltung und Begegnung, Ruhe, Erholung, Schlafen. Viele Gegenstände passen nur in einen bestimmten Raum und wirken in anderen Räumen fremd und unangemessen.[76] – Während Europäer und andere westliche Kulturen im Hause Kanten und Begrenzungen betonen, widmet der Japaner mehr Aufmerksamkeit dem Raum zwischen den Objekten. In den Kulturen des Westens neigt man dazu, die Möbel an den Wänden aufzustellen und die Mitte weitgehend frei zu lassen. Unterschiedliche Aktivitäten werden voneinander durch feste Wände getrennt. Im traditionellen japanischen Heim sind die Wände nur halbfest, die Mitte wird weitgehend ausgenutzt, und die meisten Räume dienen mehreren Zwecken zugleich. – „Die japanischen Gartengestalter verstanden offensichtlich viel von den Zusammenhängen zwischen kinästhetischer Raumerfahrung und visueller Wahrnehmung. Da es dort nur wenige weite Räume gibt und die Menschen eng zusammenleben, haben die Japaner gelernt, aus engem Raum das beste zu machen. Sie waren besonders erfinderisch darin, den visuellen Raum durch gesteigertes kinästhetisches Einbezogenwerden auszudehnen. Ihre Gärten sollen nicht nur mit den Augen erfahren werden, sondern auch durch die Muskelempfindungen beim Durchschreiten eines japanischen Gartens".[77]

2.5 Denken

Daß Menschen mit verschiedenen Weltsichten, Verhaltensmustern und Wertorientierungen auch Verschiedenes denken, daß sich also die *Inhalte* ihres Denkens unterscheiden, erscheint uns als durchaus „natürlich". Weniger evident und plausibel ist die These, daß es auch beim „Wie", bei der *Form* des Denkens kulturspezifische Eigenheiten gibt, daß also auch die Art und Weise, wie die Menschen denken, von Kultur zu Kultur variiert. Die Denkformen – so meinen wir – müßten doch überall dieselben sein; wobei wir stillschweigend annehmen, daß es „selbstverständlich" *unsere* Art des Denkens ist, die überall und immer gültig ist. Daß die Realität anders aussieht, haben die Wissenschaften vom Menschen eindrucksvoll dargelegt. Man kann behaupten, ein beträchtlicher Teil der Kommunikationsschwierigkeiten, mit denen sich die Menschheit seit jeher herumgeplagt hat und heute noch herumplagt, ist zurückzuführen auf Unterschiede in den Denkformen.

Die wichtigsten Denkformen lassen sich – wenn auch stark vereinfacht – typologisch auf einige Gegensatzpaare reduzieren, wobei derartige Zweigliederungen eigentlich nur zu verstehen sind als gleitende Skalen mit allen denkbaren Zwischenformen. Denken kann

– logisch oder prälogisch,
– induktiv oder deduktiv,

- abstrakt oder konkret,
- alphabetisch oder analphabetisch sein.

Dazu jeweils einige kurze Hinweise:

Logisch-prälogisch

Seit der antiken Philosophie gilt im Abendland die Forderung, der Mensch solle *logisch denken*, sich also die Regeln und Bestimmungen der Logik zu eigen machen. Das ist – wohlgemerkt – eine Forderung, ein Postulat, eine Erwartung. Im normalen Alltag denken die Menschen keineswegs immer logisch, und in den meisten Situationen kommen sie auch ohne strenge Logik gut zurecht. Dennoch können wir davon ausgehen, daß das westliche Denken in einem relativ hohen Grade logisch abläuft – relativ im Vergleich zu anderen Kulturen. In unserer stark schriftsprachlich bestimmten Kultur ist viel „richtiges" Denken im Sinne der aristotelischen Logik eingebaut, ohne daß wir uns dessen bewußt sind. – Während logisches Denken analytisch-linear-rational vorgeht, ist das prälogische Denken ganzheitlich, assoziativ, affektiv.[78]

Induktiv-deduktiv

Stark vereinfacht lassen sich induktives und deduktives Denken so charakterisieren: Induktives Denken geht vom Einzelnen, Besonderen, Konkreten aus und schreitet von dort zu allgemeineren, abstrakten, theoretischen Konzepten fort. Demgegenüber konstruiert das deduktive Denken – in umgekehrter Richtung – zunächst übergreifende Konzepte oder Theorien, um sie dann anhand empirischer Befunde zu überprüfen. Menschen des westlichen Kulturkreises beginnen normalerweise mit dem Besonderen, mit spezifischen konkreten Tatsachen; indem sie beobachten, wie diese auf der praktischen Ebene wirken, konstruieren sie sodann daraus ein allgemeines Muster. Während sie es für natürlich halten, induktiv zu denken, gehen Menschen zahlreicher anderer Kulturen den entgegengesetzten Weg. Sie beginnen mit generellen oder universellen Ideen und versuchen, die Tatsachen diesem Rahmen einzuordnen.

Manchmal ändern sie den Rahmen, um ihn neuen Entdeckungen anzupassen, aber ihr Ausgangspunkt ist immer die Idee.

Lateinamerikaner denken vorwiegend deduktiv, noch stärker ausgeprägt die Russen. „Weite Bereiche sowjetischen Denkens werden vom Dogma beherrscht, und einige Sichtweisen sind derart fest und unerschütterlich, daß sie religiösen Glaubenssätzen gleichen. Es ist beispielsweise ein Glaubenssatz, daß der 'Kapitalismus' die Arbeiter ausbeuten *muß* ... Wenn also sowjetische Besucher in den USA keine ausgebeuteten Arbeiter finden, kann das nur heißen, daß man diese verbirgt ... Entsprechend werden Klassenunterschiede in der Sowjetunion entweder geleugnet oder wegdefiniert".[79] In politischen Verhandlungen verlangen die Russen beständig als erstes die Regelung der allgemeinen Prinzipien und erst danach die Behandlung spezifischer Fälle, technischer und administrativer Einzelheiten und praktischer Fragen. Es gibt für sie nur einen 'richtigen' Weg, Probleme zu lösen, und der besteht darin, zuerst Übereinstimmung in den Prinzipien zu finden und von da aus zu den Einzelheiten fortzuschreiten. Jeder andere Weg, ein politisches Problem zu lösen, ist unakzeptabel.[80]

Vorwiegend deduktiv denken auch die Araber: „Eine moderne Manifestation dieser Tendenz ist die Neigung der Araber, Pläne zu entwerfen und zu akzeptieren, die ebenso perfekt sind wie ein Werk der arabischen kalligraphischen Kunst, mit der Betonung auf der Erscheinung und nicht der Bedeutung und ohne Rücksicht darauf, ob derartige Pläne überhaupt zu verwirklichen sind. Man hat das Gefühl, es sei gar nicht nötig, über den Plan hinauszugehen, denn das Idealbild als solches genügt ja, und auf jeden Fall ist es ästhetisch gefälliger als die Unsicherheit und Ordnungslosigkeit der Realität".[81]

Abstrakt-konkret

Dem Westen schreibt man schwerpunktmäßig ein eher abstraktes und anderen Kulturen ein konkretes Denken zu. Viele Afrikaner verarbeiten ihre Umwelt eher bildhaft als abstrakt, eher emotional getönt als gefühlsmäßig neutral und eher in Personen als in Gegenständen. So konnten afrikanische Versuchspersonen von zwei Erzählungen aus derjenigen mehr Details im Gedächtnis behalten und sinnvoll in Bezug zu anderen Details setzen, die anschaulich und subjektiv Stellung nehmend erzählte, als aus derjenigen, die den gleichen Sachverhalt abstrakt und neutral darstellte. Vielfach gaben die Versuchspersonen, welche die abstrakte Form vorgelegt bekommen hatten, den handelnden Personen Namen aus ihrer sozialen Umwelt.

Längere Zeit wurde die Frage diskutiert, ob „Primitive" überhaupt in der Lage sind, abstrakt zu denken. Die Anthropologen sind heute mehrheitlich der Ansicht, daß auch sehr einfach strukturierte Gesellschaften detaillierte abstrakte soziale Kategorien benutzen, etwa im Hinblick auf Verwandtschaft, Eigentum, Gesetze u.ä. So fand beispielsweise Price-Williams im konkreten oder abstrakten Denken keine signifikanten Unterschiede zwischen den Tiv in Afrika und Personen in der französischen Schweiz.[82]

Alpabetisch-analphabetisch

Das Wie des Denkens hängt offensichtlich auch davon ab, ob die Menschen lesen und schreiben können. Zwar könnte man zunächst annehmen, Lesen und Schreiben seien nichts weiter als erlernte Fertigkeiten; doch weiß man heute aus psychologischen und anthropologischen Studien, daß das Lernen dieser Fertigkeiten auf längere Sicht mehr bedeutet; es bringt eine eigene Weltsicht, veränderte Erlebens- und Verhaltensweisen und letztlich auch bestimmte eigene Merkmale der Persönlichkeit mit sich. Auch die Art des Denkens ist davon betroffen; mit anderen Worten: Alphabeten und Analphabeten denken verschieden, sie erleben und verarbeiten die Welt auf je eigene Weise. „Analphabetische Gesellschaften sind 'geschlossen' in dem Sinne, daß sie an spezifische Situationen, Bedingungen, Gegebenheiten gebunden sind. Schriftkulturen dagegen machen ein abstraktes, entpersönlichtes, vom Augenblick unabhängiges Denken möglich ... Schreiben macht eine Kultur unabhängig von den einzelnen Personen ... Nur Schreiben macht den kritischen, überprüfbaren Dialog möglich, der dann seinerseits sich ausweitet zugunsten eines kritischen, skeptischen, rationalen und logischen Denkens".[83] Das Beherrschen von Lesen und Schreiben bedeutet also eine neue, eigene Art der Beziehung zur Welt, eine neue Erlebensweise, vorwiegend abstrakt, weniger gebunden an die jeweiligen konkreten Gegebenheiten von Personen, Situationen, Raum und Zeit als bei Analphabeten. Nur mit Hilfe der Fixierung durch Schrift wird es möglich, das Gedankengut einer Kultur unverändert aufzubewahren und zu tradieren. Erst auf dieser Basis konnte sich ein „aufgeklärtes" Denken im Sinne eines kritischen, skeptischen und rationalen Diskurses entwickeln.

Allerdings wäre es verfehlt, alphabetisches und analphabetisches Denken als einander strikt ausschließende Gegensätze zu verstehen. Darauf weist u.a. Wedge hin, wenn er schreibt: Amerikaner, fast durchweg des Lesens und Schreibens kundig, „vergessen oft, daß Besucher aus vorwiegend analphabetischen Gesellschaften (insbesondere aus Schwarzafrika), auch wenn sie im technischen Sinne Alphabeten und oft sogar intellektuell höchst kompetent sind, häufig dennoch in weitgehend konkreten Kommunikationssystemen leben. Diese Tatsache läßt es fragwürdig erscheinen, ob es zweckmäßig ist, mit derartigen Besuchern auf einer betont abstrakten Ebene zu kommunizieren."[84]

*

Es liegt auf der Hand, daß die hier genannten Dimensionen

logisch-prälogisch
induktiv-deduktiv
abstrakt-konkret
alphabetisch-analpabetisch

eng miteinander zusammenhängen und sich streckenweise decken. Mit aller Vorsicht und einigen Einschränkungen kann man die eine Seite dem westlichen Kulturkreis, die andere recht vage den „Anderen" zuordnen. (Hierzu auch Anhang IV).

Bezugsrahmen

Was und wie Menschen denken, wird in hohem Maße durch den Bezugsrahmen („frame of reference") bestimmt. Und dieser Rahmen kann von Kultur zu Kultur verschieden sein. Das Konzept vom Bezugsrahmen will der Tatsache gerecht werden, daß unser Erleben und Handeln dadurch mitbestimmt wird, daß wir die jeweiligen Gegebenheiten immer in größeren Zusammenhängen, aus einer vorgegebenen Perspektive sehen. Dieser Kontext – manchmal auch als „Definition der Situation" bezeichnet – kann zur Folge haben, daß ein und dasselbe Objekt je nach dem Rahmen für das Individuum etwas durchaus Verschiedenes bedeuten kann. So setzt zum Beispiel ein Klavierspieler einen Bezugsrahmen dadurch, daß er sich auf eine Tonart einstellt und dann – ohne daß dies ihm ständig bewußt wäre – nach dieser Vorgabe „richtig" handelt. Ein anderes Beispiel bietet diese Zeichnung:[85]

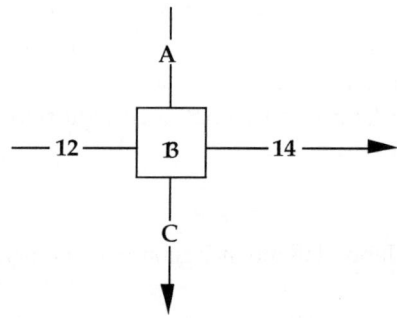

Je nachdem, ob man dieses Bild vertikal oder horizontal „liest", liegt ein verschiedener Bezugsrahmen vor: Im einen Falle interpretiert man – fast zwangsläufig – den Inhalt als „B", im anderen Falle als „13".

Außer diesen kurzzeitigen gibt es jedoch auch stabile, über lange Zeiträume unverändert wirkende Bezugsrahmen; und diese sind in hohem Maße kulturbedingt und kulturspezifisch.

Ein ideologischer Bezugsrahmen bestimmte weithin das, was Besucher aus der Sowjetunion in den USA sahen und erlebten. Diese Besucher kehrten oft in ihre Heimat zurück in der Überzeugung, daß sie in den USA ständig überwacht wurden und daß man ihnen dort große Teile des wirklichen Lebens verheimlicht hatte, ungeachtet der Tatsache, daß man ihnen jede Freiheit gewährt hatte, alles zu sehen, was sie zu sehen wünschten. Man hatte ihnen – so glaubten sie – den Zugang zu bestimmten Bereichen des amerikanischen Alltags einfach verbaut, indem man ihnen nicht zeigte: wie die Arbeiter ausgebeutet werden; daß die USA von 'verborgenen

Kreisen' beherrscht werden; daß eine höhere Bildung nur wohlhabenden Kapitalistenkreisen zugänglich ist; daß das Profitdenken das ganze Leben beherrscht. Sie waren auch davon überzeugt, daß die US-Regierung das Leben ihrer Bürger bis ins letzte Dasein überwacht und kontrolliert.[86] Derartige ideologisch begründete Bezugsrahmen gibt es in jeder Kultur in je spezifischer Form. Dabei ist wieder einmal zu bedenken, daß ein solcher Rahmen den Menschen in der Regel gar nicht bewußt ist. Er gehört zu den „Selbstverständlichkeiten" einer Kultur. Und eben diese Selbstverständlichkeiten sorgen bei der interkulturellen Begegnung für Schwierigkeiten, Reibungsflächen, Mißverständnisse.

*

Um die kulturspezifischen Varianten des Denkens zu verdeutlichen, erörtern wir abschließend einige – eng miteinander verknüpfte – Phänomene, nämlich *Magie, Zauberei, Hexerei und Aberglauben.* Dazu ist im voraus anzumerken, daß es schwierig, für unsere Zwecke aber auch nicht nötig ist, diese Begriffe klar auseinanderzuhalten. Ganz allgemein kann man sagen: Magie, Hexerei und Zauberei gehen von der Annahme aus, man könne durch Denken und mit Hilfe bestimmter Praktiken die Abläufe in der Welt beeinflussen. Dagegen steht hinter dem Aberglauben der Wunsch, höhere Gewalten als entscheidende Kräfte im Leben der Menschen zu erkennen, um ihnen zu entgehen oder sich ihnen anzupassen.

Kulturen unterscheiden sich voneinander oft beträchtlich darin, welches Gewicht, welche Bedeutung man der *Magie* und *Zauberei* zumißt.[87] In weiten Regionen unserer Welt steht nach wie vor magisches Denken hoch im Kurs. So ist man in Schwarzafrika weithin davon überzeugt, daß Menschen „fähig sind, sich durch eine Art Kunstgriff (von uns 'Beschwörung' oder auch 'Zauber' genannt) die Power von Wesen der unsichtbaren Welt im guten oder bösen Sinne gezielt nutzbar zu machen. Dies gelingt zwar nur, wenn bestimmte Techniken und Rituale bekannt sind und eingehalten werden – grundsätzlich ist es aber jedem Menschen zumindest teilweise möglich. Außerdem gibt es in jedem Lebensbereich 'Spezialisten' für diesen gezielten Einsatz der Power von Göttern und Geistern, deren sich der Afrikaner – gegen Honorar, versteht sich – bedienen kann".[88]

Der Glaube an die Gegenwärtigkeit von Hexen und Zauberern ist charakteristisch für eine große Zahl von Kulturen, wenn auch in Variationen. So gibt es zum Beispiel Kulturen, in denen die Hexe weiß, daß sie eine Hexe ist. In manchen Gesellschaften, insbesondere im Mittelmeerraum, glaubt man, daß bestimmte Menschen den „bösen Blick" haben, ohne es selbst zu wissen.

Manche Formen von Zauber- und Schamanenglaube sind uns „Abendländern" fremd und gedanklich kaum nachvollziehbar. „Dem Ethnologen Johannes Wilbert etwa erzählten die Sanema-Indianer, daß ihre Schamanen fliegen oder zumindest einen Fuß hoch über der Erde gehen könnten, worauf der Wissenschaftler in aller Naivität erwiderte, er *sehe* doch, daß die Schamanen wie all die anderen herumliefen. Worauf die Indianer entgegneten: 'Das liegt daran, daß Du nicht *verstehst*!' Und in ähnlicher Weise sagte ein Washo-Schamane zu einem anderen Völkerkundler: 'Du weißt nicht, worüber ich rede und das gleiche gilt für jeden, der dieses Ding liest, was Du da schreibst!' Man könnte auch sagen, daß den Indianern bewußt war, daß die Ethnologen nicht die Bohne von dem verstanden, was das Wort 'fliegen' im schamanistischen Zusammenhang bedeutete, indem sie eben voraussetzten, daß man nur fliegen könne wie ein Vogel oder ein PanAm-Pilot".[89]

Im Unterschied zu Magie, Hexerei, Zauberei, bei denen Menschen das Geschehen aktiv beeinflussen, ist der *Aberglaube* durch eine eher passive Haltung gekennzeichnet, durch eine Einstellung, die an das Betroffensein durch höhere Gewalten glaubt und den Gefahren dadurch zu entgehen sucht, daß man die guten wie die bösen Bedingungen herausfindet, um sich danach zu richten. Aberglaube besteht also wesentlich aus dem Vermeiden des potentiell „Bösen".

In den meisten Kulturen Asiens ist die Katze am frühen Morgen ein Anzeichen für einen schlechten Tag. Böse Folgen hat auch das Schneiden der Fingernägel nach Sonnenuntergang. Dagegen gelten bestimmte Tiere und Pflanzen als Zeichen von Glück. In Japan bedeuten bestimmte Zahlen Glück, Erfolg und Reichtum, andere Zahlen dagegen Unglück, Mißerfolge, Pleiten oder gar Tod. Dieser Glaube macht das japanische Telephonsystem sehr kompliziert: Gute Zahlen werden zu hohen Preisen gehandelt, während schlechte Zahlen vor allem nichtsahnenden Ausländern angedreht werden.

Nun könnte man annehmen, in einer betont rationalen, technischen, „aufgeklärten" Welt bleibe kein Raum mehr für Aberglauben. Den meisten

Menschen des Westens erscheint die Welt als prinzipiell durchsichtig. Alles ist durch „Gesetze" determiniert und somit – sofern man nur die Voraussetzungen, die Ausgangsbedingungen und die Faktorenkonstellationen kennt – grundsätzlich machbar und beherrschbar. Doch gerade in einer solchen Welt brauchen und suchen die Menschen, für die die Orientierung immer schwieriger wird, das Gegengewicht des Irrationalen in besonderem Maße. Der Aberglaube liefert ihnen Fixpunkte für glückliche oder unheilverheißende Konstellationen. Viele Amerikaner vermeiden es, dreizehn Gäste beim Essen zu haben; sie vollziehen bestimmte Riten, wenn ein Spiegel zerbrochen ist; sie gehen nicht unter einer angelehnten Leiter hindurch; sie sind verunsichert, wenn eine schwarze Katze ihren Weg kreuzt. In einigen Gegenden Deutschlands macht man sogar einen Unterschied je nachdem, in welche Richtung die Katze läuft: „Von rechts nach links was Gutes bringts; von links nach rechts bringts was Schlechts".

In den meisten Ländern der Dritten Welt ist der Aberglaube noch viel weiter verbreitet und tiefer verwurzelt als in Industrieländern. Ein gutes Beispiel aus dem sonst sich recht „aufgeklärt" präsentierenden Singapur bietet der Fall Hyatt-Hotel. Als dieses Hotel „Anfang der siebziger Jahre wegen lokaler Überkapazitäten in eine geschäftliche Pechsträhne hineingeriet, konsultierte das Management in seiner Not einen 'Wind-Wasser'(Fengshui)-Spezialisten, der die Ursache des Unheils schnell herausgefunden zu haben glaubte: Liege doch die Eingangsfront des Hotels mitsamt dem Kassenraum nicht nur, allen Fengshui-Regeln zuwider, nach Norden hin, sondern sei zudem durch eine riesige Glasfront abgeschirmt; kein Wunder, daß die zumeist aus nördlicher Richtung angreifenden Dämonen ohne Mühe durch die Eingangsfront eindringen und die Kassen leerräumen könnten. Die Empfehlung des Geomanten an die Architekten lautete, die bisher in glatter Front verlaufende gläserne Eingangsfassade neu in 'Ziehharmonika'-Form anzuordnen, vor die Eingangspforte eine Geistermauer in Form von Springbrunnen und Blumenarrangements zu setzen und im Speisesaal ein nach altchinesischem Muster angefertigtes, etwa acht Meter langes Holzboot mit der Inschrift 'Sichere Reise' zu installieren. Mit dem Haytt-Hotel ging es nach Durchführung dieser viele Millionen Dollar verschlingenden Reparaturen steil wieder aufwärts".[90]

Weit verbreitet ist in Asien auch der Glaube an Wahrsagen und Astrologie. Zwar gibt es derartiges auch im Westen, aber doch nur in eingeschränkter

Form und fast nur im privaten Bereich. In Asien dagegen beeinflußte dieser Glaube wichtige politische Entscheidungen. „Der Ministerpräsident von Singapur, Lee Kuan Yew, Absolvent britischer Schulen und bekannt für seine Modernisierungspolitik, konsultiert angeblich regelmäßig einen Astrologen in Sri Lanka. Vollends astrologiehörig war vor allem Lon Nol, der Staatspräsident der ehemaligen 'Khmer-Republik' (1970-1975). Bekanntlich war auch der Zeitpunkt der indischen Unabhängigkeitserklärung, die um Mitternacht zwischen dem 15. und 16. August 1947 erfolgte, auf astrologisches Anraten festgesetzt worden. Auch die erste indische Atombombe wurde zu einem astrologisch günstigen Zeitpunkt gezündet".[91]

2.6 Sprache

„Sprache" ist ein vieldeutiger und nicht immer klar definierter Begriff, der in verschiedenen Wissenschaftsdisziplinen – Linguistik, Psychologie, Soziologie, Philosophie, Anthropologie, Logik, Informatik u.a. – in recht unterschiedlichen Bedeutungen verwendet wird.

Symbolhaft-abstrakte Sprache ist eine unabdingbare Voraussetzung für den Menschen als Kulturwesen. Auf eine Kurzformel gebracht: Ohne Sprache keine Kultur. Nun gibt es freilich „die" Sprache nur auf einer sehr allgemeinen, abstrakten Ebene. Im konkreten Bereich begegnen wir einer fast unüberschaubaren Vielfalt von „Sprachen". Deren Zahl hängt weitgehend davon ab, wie man „Sprachen" definiert; es macht einen bedeutenden Unterschied, ob wir nur die großen Hauptsprachen der Welt zählen oder alle feineren Unterschiede bis hin zu den regionalen oder lokalen Dialekten berücksichtigen. „Fast unüberschaubar ist die Sprachenvielfalt. In dem noch unter britischer Kolonialherrschaft erarbeiteten 'Linguistic Survey of India' sind nicht weniger als 179 verschiedene Sprachen und 544 Dialekte aufgelistet. Bezeichnenderweise hat sich im Sprachbabel Indien nicht das Idiom des 'Hindi-Gürtels' (Uttar Pradesh, Bihar) als Lingua franca durchsetzen können, sondern – zumindest vorläufig – das Englische".[92]

So viele Sprachen es auch geben mag, einige Grundmerkmale sind ihnen allen zu eigen: Die menschliche Symbolsprache geht weithin abstrahierend vor; sie faßt Gleichartiges zusammen und bildet Kategorien, Klassen, Gattungen. Damit dient die Sprache der Reduktion von Komplexität, sie bringt Ordnung und Überblick in die unendliche Vielfalt der Phänomene, sie macht die Welt überschaubar und handhabbar. Heute gehen manche Forscher noch einen Schritt weiter, indem sie annehmen, der Mensch konstruiere mit und durch Sprache erst eigentlich „die Welt". Sprache und Sprachen bilden also nicht etwa die Welt ab, sondern sie bauen für den Menschen die Welt erst auf, sie „konstruieren Wirklichkeit". Und das geschieht in verschiedenen Kulturen auf unterschiedliche Weise.

„Eine Sprache ist nicht nur ein Instrument für Kommunikation und für das Erregen von Emotionen. Jede Sprache ist auch ein Mittel, um die Erfahrungswelt zu kategorisieren. Das Erfahrungskontinuum kann sehr verschieden aufgeteilt werden. Allzu leicht neigen wir zu der Annahme, die Unterscheidungen, die unsere Sprache macht, seien von Natur vorgegeben. Demgegenüber zeigt die vergleichende Linguistik sehr klar, daß jedes Reden vom Sprecher eine Selektion verlangt. Weil aber diese linguistischen Prozesse normalerweise nicht hinterfragt werden, neigt jede Sprachgemeinschaft dazu, ihre eigenen Kategorien als gegeben, als allgemeinmenschlich zu betrachten. Wenn andere Kulturen anders vorgehen, kann das nur bedeuten, daß man dort stupide, unlogisch oder 'gegen den Strich' denkt und redet".[93]

Alle diese (und andere) Überlegungen führten zu einer These von außerordentlicher Bedeutung: Die Sprache einer Menschengruppe hängt auf das engste zusammen mit der Weltsicht dieser Gruppe. Sprache und Weltsicht sind wechselseitig aufeinander verwiesen. Die gemeinsame Sprache ist Ausdruck und zugleich Determinante der gemeinsamen „Weltsicht". Einerseits wird die Weise, wie man die Welt wahrnimmt und erlebt, in hohem Maße durch die Sprache bestimmt, zugleich ist die Sprache aber auch Ausdruck des kulturspezifischen Welterlebens und formt und differenziert sich verschieden aus je nach Weltsicht und nach Bedürfnissen, Erwartungen und Motivationen verschiedener Kulturen.

Die These vom Zusammenhang zwischen Sprache und Weltsicht ist nicht neu; wir begegnen ihr bereits bei Herder und Wilhelm von Humboldt. So heißt es zum Beispiel bei Humboldt: „Die Verschiedenheit der Sprachen ist nicht eine Verschiedenheit an Schällen und Zeichen, sondern eine Verschiedenheit der Weltansichten". Aber erst in unserem Jahrhundert entstand daraus eine wissenschaftliche Theorie, verbunden mit den Namen zweier Forscher: Sapir und (sein Schüler) Whorf. So begegnet man heute in der

Literatur nicht selten dem Wort von der „Sapir-Whorf-Theorie" (oder „-Hypothese").[94] Diese Lehre läßt sich auf die relativ einfache Formel bringen: Die „reale Welt" wird zu wesentlichen Teilen aufgebaut auf den Sprachgewohnheiten einer Menschengruppe. Jede Sprache hat ihre eigene Weise, dieselbe soziale Realität zu repräsentieren. Es handelt sich schlicht um eine je eigene Erlebniswelt. Und die Sprache determiniert das Wahrnehmen und Denken. Nach dieser Hypothese kann das Individuum nur das denken, was ihm seine Sprache erlaubt.

Die Menschen ordnen ihre Welt auf der Basis sprachlicher Kategorien – so die Ausgangsthese. Zwischen der Sprache und der Weltsicht bestehen enge Beziehungen in Form von Wechselwirkungen. Bemerkenswert ist dabei vor allem diese Grundregel: Ein Objektbereich kann sprachlich nur relativ grob kategorisiert, er kann aber auch außerordentlich fein ausdifferenziert werden; und dieses Ausmaß der Aufgliederung wird wesentlich gesteuert durch die Bedeutung, durch das Gewicht, das dem betreffenden Objektbereich in einer Kultur zukommt: Je bedeutender, desto feiner die sprachliche Differenzierung; und je weniger bedeutend, desto gröber die Differenzierung. Ein fein gesponnenes Begriffsnetz heißt fast immer, daß dieser Objektbereich für die Menschen einer Kultur in ihrem Lebensalltag, im Denken und Handeln besonders wichtig ist.

So unterscheidet der Flachländer gewöhnlich nur zwischen Schnee und Eis, der Skifahrer aber hat schon mehrere Begriffe für verschiedene Formen des Schnees, und der Eskimo hat über hundert Begriffe, mit denen er seine unterschiedlichen Erfahrungen hinsichtlich Schnee und Eis ausdrückt. Diese Unterscheidungen sind für ihn offensichtlich lebensrelevant, es sind Erfahrungen, die er anderen möglichst präzise mitteilen will und muß, weil mit unterschiedlichem Handeln darauf reagiert werden muß. Sprache strukturiert also die Erfahrung mit der Umwelt, und die Erfahrung mit der Umwelt strukturiert Sprache. – „Vor einem Vierteljahrhundert gab es im klassischen Arabisch mehr als sechstausend Wörter, die sich auf das Kamel bezogen – auf dessen Farbe, Körperform, Geschlecht, Alter, Bewegung, Kondition, Ausrüstung usw. Inzwischen sind viele dieser Begriffe verschwunden, einfach weil das Kamel an Bedeutung verloren hat".[95] – Japaner sind dafür bekannt, daß sie großen Wert auf harmonische Beziehungen legen. Deshalb kommt für sie ein klares und direktes Nein nicht in Betracht; so haben sie eine ganze Reihe von Wörtern entwickelt, die allesamt (mit gewissen Bedeutungsunterschieden) dazu dienen, ein Nein zu vermeiden.

Schließlich ist dazu noch anzumerken, daß auch *Subkulturen* eigene Sprachen haben, die ebenfalls mit spezifischen Weltsichten verbunden sind und in bestimmten, besonders bedeutsamen Bereichen stark ausdifferenziert sind. Dabei kann es sich um Sprachen etwa nach demographischen Gruppen handeln (z.B. Alter, Geschlecht), aber auch um das Vokabular von Interessengruppen (Jazzfans, Bücherliebhaber, Skatspieler), von Berufen (Wissenschaftler, Techniker, Seeleute) usw. Manchmal ist eine Subkultursprache für den Außenstehenden gänzlich unverständlich.[96]

Im vorigen Abschnitt (2.5) war davon die Rede, daß unser Denken in hohem Maße durch den jeweiligen *Bezugsrahmen* bestimmt wird. Das gilt auch im Bereich der Sprache. Die Semantik eines Begriffs ergibt sich vielfach erst aus dem Kontext, in dem der Begriff steht; das heißt: ein und dasselbe Wort kann in verschiedenen Zusammenhängen durchaus unterschiedliche Bedeutung haben. Das Wort „Blatt" bedeutet etwas anderes je nachdem, ob es von Botanikern, Pianisten, Graphikern, Skatspielern benutzt wird. Diese Problematik setzt sich auf dem interkulturellen Begegnungsfeld fort. Im Zeitalter der Technik, der Massenmedien, des Reisens, der Staatsbesuche und Kongresse hat sich eine beträchtliche Zahl von Wörtern über die ganze Welt verbreitet. Überall spricht man heute von Kultur, Demokratie, Kapitalismus, Profit usw. Schaut man sich diese „weltweiten" Begriffe jedoch genauer an, so stellt man fest, daß sie in verschiedenen Ländern, Völkern, Kulturen recht Verschiedenes bedeuten können; sie stehen in jeweils unterschiedlichen Bezugsrahmen. Manchmal sind derartige Unterschiede leicht, gleichsam auf den ersten Blick zu erkennen, oft genug aber auch nicht; und das kann zu folgenschweren Mißverständnissen führen, denn dann gehen die Gesprächspartner von der irrigen Annahme aus, der andere meine mit demselben Wort dasselbe. (Mehr dazu im Abschnitt 4.2)

2.7 Nichtverbale Kommunikation

Wenngleich die Sprache das differenzierteste und leistungsfähigste Instrument zwischenmenschlicher Verständigung ist, ist sie doch nicht das einzige. Eine große Zahl von Verhaltensweisen dient ebenfalls der Bedeutungsvermittlung, und diese Formen fassen die Wissenschaftler unter der Bezeichnung „Nichtverbale Kommunikation" zusammen. Manche Forscher ziehen den Begriff „Körpersprache" vor, der jedoch nur einen Teil des nichtverbalen Bereichs abdeckt.[97]

Wenn auch das Wort „nichtverbal" erst vor wenigen Jahrzehnten geprägt wurde, hat man sich mit nichtverbaler Kommunikation immer schon beschäftigt. Dabei zeigte sich immer wieder, daß die „Körpersprache" ein außerordentlich komplexer Forschungsgegenstand ist, dem man lange Zeit mehr mit Intuition und Spekulation beizukommen suchte. Streng empirischen Untersuchungsmethoden entzog sich dieser Gegenstand. Erst in jüngster Zeit ist es mit Hilfe der Computer-Technologie gelungen, Notationssysteme zu entwickeln, mit denen man zumindest einige Teilbereiche der nichtverbalen Kommunikation exakt analytisch erfassen kann.[98]

Die Komplexität des Gegenstandes hat zur Folge, daß es bis heute nicht gelungen ist, die verschiedenen Erscheinungsformen plausibel zu systematisieren. Fast jeder Wissenschaftler, der sich mit der nichtverbalen Kommunikation beschäftigt, gliedert das Feld anders. Bei dieser Sachlage ist es relativ unwichtig, welchen der Vorschläge man sich zu eigen macht. Am bekanntesten ist wohl eine Liste von Argyle; danach sind folgende Formen zu unterscheiden:

- Kinesics (Körpersprache)
- Proxemics (Raum, Distanz)
- Orientierungswinkel (der Winkel, in dem man zu einer anderen Person steht)
- äußere Erscheinung einer Person (einschließlich Kleidung und Schmuck)
- Haltung, Stehen, Sitzen u.ä. (englisch: posture)
- Kopfbewegungen
- Gesichtsausdruck (Mimik)
- Gestik
- Blickkontakte
- Paralinguistik.[99]

Die Erscheinungsformen der nichtverbalen Kommunikation sind in hohem Maße kulturell überformt. Eine und dieselbe Form kann in verschiedenen Kulturen etwas Verschiedenes, manchmal sogar Gegensätzliches bedeuten – zweifellos eine Quelle gravierender Mißverständnisse in der interkulturellen Begegnung.

Aus den vielfältigen Formen werden im folgenden nur einige wenige kurz exemplarisch erläutert, nämlich Mimik, Gestik und Paralinguistik.

Mit „Mimik" bezeichnet man die Vorgänge im Bereich des Gesichts. Dazu gehören u.a. Ausdrucksweisen wie Weinen und Lachen, und das sind Phänomene, die man für allgemeinmenschlich, für „natürlich" und somit für kulturunabhängig halten könnte. Doch auch diese Erscheinungsformen sind nicht selten kulturspezifischer Art: Lachen wird in den meisten westlichen Ländern assoziiert mit Witz und Fröhlichkeit. In Japan ist Lachen oft ein Anzeichen von Verwirrung und Unsicherheit, so daß manchmal Mißverständnisse zustandekommen, so etwa, wenn ein Europäer seinem Zorn Luft macht und sein japanischer Partner aus Verlegenheit mit Lachen antwortet. Wenn der Europäer diese Eigenart nicht kennt, kann sich sein Zorn noch steigern, weil er nämlich glaubt, nun auch noch ausgelacht zu werden. Bei uns geht man im allgemeinen davon aus, daß wir mit Lachen Freude ausdrücken und mit Weinen Schmerz und Trauer. Natürlich weiß jeder, daß man auch vor Freude weinen kann; aber das wird ganz offenbar als Ausnahme empfunden, als Abweichen von der Norm.

Zur Mimik zählen ferner die Blickkontakte, und auch dabei gibt es kulturspezifische Varianten: In westlichen Kulturen gilt direkter Blickkontakt als wichtig. Wenn eine Person ihren Partner nicht anblickt, wird sie für unaufrichtig gehalten; man sagt: Einem Menschen der dich nicht ansieht, sollst du nicht trauen. In manchen Kulturen Asiens dagegen verbietet es oft der Respekt, den anderen direkt anzusehen. Asiatischen Frauen ist es in der Regel nicht erlaubt, anderen Menschen – Frauen wie Männern – in die Augen zu schauen; die einzige Ausnahme ist der Ehemann.

Unter *Gestik* versteht man die „Körpersprache" im engeren Sinne, also das, was man mit Hilfe von Körperbewegungen mitteilt. Vielfach sind Gesten konventionell festgelegt. So gibt es zum Beispiel auf dem Campus der Universität der Philippinen in Los Baños bei Studenten, die mitgenommen werden wollen, bestimmte Handzeichen, die den Autofahrern signalisieren, wohin man transportiert werden möchte.

Wer mit Menschen anderer Kulturen in Kontakt kommt, kann sich in zahlreichen Situationen des Eindrucks nicht erwehren, diese Menschen bewegten sich irgendwie unnatürlich. Wenn wir von uns selbst reden und dabei auf unsere Brust zeigen, erscheint das den Japanern seltsam, denn dort legt man für denselben Zweck den Finger auf die Nase. Das Händeschütteln hat sich erst in jüngster Zeit von Europa aus über die ganze Welt verbreitet. In der Vergangenheit galt in vielen Kulturen ein solcher direkter physischer Kontakt als unziemlich. – Chinesen wollen nach Möglichkeit Körperkontakte mit Fremden vermeiden. Sie verabscheuen ein intensives Händeschütteln ebenso wie das europäisch-amerikanische Auf-die-Schulter-Klopfen – für die „Westler" Zeichen eines „Goodwill".

Als „Kontakt-Kulturen" gelten beispielsweise Inder und Pakistani; dort berühren die Menschen einander besonders häufig, sie stehen dichter beieinander, holen sich Blickkontakt und sprechen relativ laut miteinander. Wenig Kontakte dieser Art sind etwa bei Nordeuropäern zu verzeichnen.

In einer Studie stellte Efron (1941) fest: Dieselben ostjüdischen Einwanderer in New York wiesen eine verschiedene Gestik auf je nachdem, welcher Sprache sie sich bedienten: Sprachen sie Jiddisch oder Hebräisch, waren ihre Gesten traditioneller Art; sobald sie jedoch ins Englische übergingen, bewegten sie sich „amerikanisch".[100]

Der Gestik zuzuordnen ist auch das Küssen, das in verschiedenen Kulturen recht unterschiedlichen Stellenwert haben kann. Küssen ist eine germanische, graeco-romanische und semitische Sitte. Das Füßeküssen ist eine alte semitische Verhaltensweise.

Obwohl unverkennbar mit Sprache und Sprechen verbunden, ist der als *„Paralinguistik"* bezeichnete Bereich der nichtverbalen Kommunikation zuzuordnen; denn bei dieser Sichtweise geht es nicht darum, *was* ein Mensch sagt, welche Inhalte er also zu vermitteln sucht, sondern es geht um das *„Wie"*, um die Art und Weise des Sprechens. Und diese Formen sind wiederum in hohem Maße kulturspezifisch geprägt.

Beim Reden lassen sich zum Beispiel leise und laute Kulturen unterscheiden. In England und Europa werden die Amerikaner immer wieder eines zu lauten Redens beschuldigt. In vielen Situationen macht es den geselligen Amerikanern gar nichts aus, wenn andere ihre Gespräche mithören, im Gegenteil, oft legen sie Wert darauf zu zeigen, daß sie nichts zu verbergen haben. Ganz anders die Engländer, die darauf bedacht sind, sich nicht in andere Kreise einzumischen und die so eine besondere Geschicklichkeit entwickelt haben, ihr Sprechen akustisch direkt auf den Partner auszurichten und dabei sowohl den Geräuschpegel wie auch die Entfernung mit einzubeziehen. Eben dies aber erscheint nicht selten Amerikanern fast schon wie eine Verschwörung.[101]

Kulturspezifische Unterschiede sind ferner auch bei der Geschwindigkeit des Sprechens zu beobachten. So reden beispielsweise Finnen relativ langsam und mit langen Pausen, eine Eigenart, die ihnen das Image einbrachte, einfach zu denken und schwerfällig zu handeln. Schnelles Reden sagt man vor allem den Menschen im romanischen Sprachraum nach. Die Deutschen liegen irgendwo in der Mitte, mit schnellerem Reden etwa in Berlin und Baden und mit eher bedächtigem Sprechen im norddeutschen Küstenland. All das natürlich immer nur schwerpunktmäßig.

Eine weitere paralinguistische Dimension ergibt sich aus dem Vielreden einerseits und der Wortkargheit bis hin zum Schweigen auf der anderen Seite. In manchen Kulturen bereitet das Sprechen als solches Freude, wobei dann oft der Inhalt des Gesagten von untergeordneter Bedeutung ist. „Als ich 1950 in die USA kam, war ich höchst überrascht, ja verwirrt von der Tatsache, daß die Amerikaner immer und überall reden müssen, sogar bei den Mahlzeiten. Sie wirkten auf mich fast schon hypomanisch. Ich konnte mich des Eindrucks nicht erwehren, daß die Amerikaner einen Horror vor dem Schweigen haben, während Japaner behaglich zusammen sein können, ohne ein Wort zu sagen."[102]

Hochgeschätzt ist das Reden als solches bei Arabern. Die arabische Literatur und Sprache überbetont ganz offensichtlich die Bedeutsamkeit des Wortes als solches und widmet dem Inhalt, der Bedeutung des Gesagten, weniger Aufmerksamkeit. Das zeigt sich auch in der Vorliebe der Araber für Wortspiele. Verschiedene Wörter werden in ein und derselben Bedeutung gebraucht. Man wiederholt gerne denselben Gedanken mehrmals in verschiedenen Worten.[103]

Auf dem anderen Ende der Skala ist das Schweigen lokalisiert, das einen recht unterschiedlichen kulturspezifischen Stellenwert haben kann. Ein amerikanischer Professor an einer japanischen Universität mit exzellenten Kenntnissen der japanischen Sprache berichtete folgendes Erlebnis: Eines Tages hatte er an einer langen Fakultätssitzung teilgenommen, wobei er selber Japanisch sprach. Beim Verlassen der Sitzung sagte er zu einem japanischen Kollegen, die Fakultät sei doch eindeutig zu diesem und diesem Entschluß gekommen. Hatte nicht Professor X sich dafür eingesetzt? Und andere Professoren genauso? So die Kollegen Y, Z usw. (es waren schließlich sämtliche Fakultätsmitglieder). Der japanische Kollege stimmte höflich zu, bemerkte aber schließlich: All dies mag stimmen, und dennoch irren Sie sich. Die Sitzung kam exakt zu dem entgegengesetzten Beschluß; Sie haben zwar alle gesprochenen Worte korrekt verstanden, aber was Sie nicht verstanden haben, war das Schweigen zwischen den Worten.

2.8   Wertorientierungen

Allem unserem Denken, Erleben, Handeln liegen Wertorientierungen zugrunde. Diese Orientierungen werden im Prozeß der Sozialisation von einer Generation zur nächsten weitergegeben, wobei durchaus Veränderungen im Rahmen eines sozialen Wandels möglich sind.

Welchen Werten die Menschen großes Gewicht zumessen, welche Werte also große Bestimmungskraft haben und welche nur wenig Beachtung finden, ist von Kultur zu Kultur verschieden. Die Wertorientierungen stellen somit ein kulturelles Strukturmerkmal dar. Wie die meisten anderen Strukturmerkmale sind sie in der Regel den Menschen nur wenig bewußt; sie zählen zu den Selbstverständlichkeiten. Zumeist wird man sich ihrer erst bewußt in der Begegnung mit Menschen anderer Kulturen mit eigenen Wertorientierungen. Werte sind Maßstäbe, mit denen die Menschen ihre Welt ordnen und gewichten. Werte durchdringen die gesamte menschliche Existenz. Sie basieren auf einigen wenigen Grundbedürfnissen, und deshalb ist ihre Zahl begrenzt. Als Standardwerk über kulturspezifische Wertorientierungen gilt immer noch das Buch von Florence Kluckhohn und Fred Strodtbeck „Variations in value orientations" (1961). Die folgenden Erörterungen stützen sich weitgehend auf dieses Werk.[104]

Drei Thesen bilden den Ausgangspunkt für die anthropologische Lehre von den Wertorientierungen:
– Menschen aller Zeiten und Völker sehen sich mit einer begrenzten Anzahl von Problemen konfrontiert, für die sie Lösungen finden müssen.
– Für jedes Grundproblem gibt es nur eine begrenzte Zahl von Lösungsmöglichkeiten.

– Für jedes Problem stehen allen Gesellschaften sämtliche Lösungsmöglichkeiten zur Verfügung, doch gibt jede Gesellschaft den Lösungen eine eigene Gewichtung. So entstehen kulturspezifische Rangordnungen der Werte; jede Gesellschaft weist ein eigenes Profil in den Wertorientierungen auf. Bei sozialem und kulturellem Wandel ändern sich nicht die Werte als solche, sondern es ändert sich deren Rangfolge. Genau genommen handelt es sich also nicht um einen Wertewandel, sondern um einen Wertorientierungswandel.

Es ist eine mehr oder weniger willkürliche Entscheidung, wieviele und welche Werte man ansetzt, wie man sie benennt und welche Systematik man ihnen zugrundelegt. In dem Buch von Kluckhohn und Strodtbeck werden fünf Grundprobleme unterschieden, die sich als Fragen folgendermaßen formulieren lassen:

– Wie ist der Mensch beschaffen? Was ist die Eigenart, das Wesen der menschlichen Natur? (Human nature orientation)
– Welche Beziehungen bestehen zwischen dem Menschen und der Natur? (Man-nature orientation)
– Was bedeutet die Zeit im Leben der Menschen? (Time orientation)
– Welche Arten oder Formen von „Aktivität" lassen sich unterscheiden? (Activity orientation)
– Welche Arten oder Formen gibt es in den Beziehungen zwischen Menschen? (Relational orientation).

Bei jedem dieser fünf Problemkreise sind nun (nach Kluckhohn und Strodtbeck) die Kategorien „gut", „neutral", „schlecht" zu unterscheiden. Daraus ergibt sich dann dieses Schema:[105]

Orientation	Postulated Range of Variations					
human nature	Evil		Neutral	Mixture of Good-and-Evil	Good	
	mutable	immutable	mutable	immutable	mutable	immutable
man-nature *time*	Subjugation-to-Nature		Harmony-with-Nature		Mastery-over-Nature	
activity	Past		Present		Future	
relational	Being		Being-in-Becoming		Doing	
	Lineality		Collaterality		Individualism	

Abb. 1: Wertorientierungen (Kluckhohn und Strodtbeck)

Für jedes Feld dieses Schemas lassen sich zahlreiche Beispiele aus konkreten Kulturen anführen. Die folgende Auswahl, zum Teil entnommen dem Werk von Kluckhohn und Strodtbeck, dient lediglich dem Zweck zu verdeutlichen, was mit kulturspezifischen Wertorientierungen gemeint ist.

Die Natur des Menschen

In Nordamerika herrscht unter dem Einfluß des Puritanismus die Ansicht vor, der Mensch sei im Grunde schlecht, wenn auch bis zu einem gewissen Grade besserungsfähig, wobei dann allerdings immer wieder Rückfälle zu befürchten sind. Um „gut" zu sein und zu bleiben, bedarf es ständiger Selbstkontrolle und Selbstdisziplin. – In jüngster Zeit scheinen sich jedoch die Akzente etwas zu verschieben; immer mehr verbreitet sich die Ansicht, der Mensch sei etwa zu gleichen Teilen eine Mischung von gut und böse. Ob es Gesellschaften gibt, in denen der Mensch als grundsätzlich gut gilt, ist umstritten.

Mensch und Natur

Im Verhältnis des Menschen zur Natur ergeben sich von selbst drei Grundpositionen, die aus der Philosophiegeschichte wohlbekannt sind: Unterwerfung unter die Natur; Harmonie mit der Natur; Beherrschung der Natur. Unterwerfung unter die Natur bestimmt beispielsweise die spanische Kultur im Südwesten der Vereinigten Staaten. Dort glaubt man auch heute noch, daß der Mensch wenig oder gar nichts tun kann, um etwa bei einem Unwetter das Land, die Leute oder das Vieh zu schützen oder zu retten. Man nimmt das Geschehen als unvermeidlich hin. – Harmonie mit der Natur ist die kennzeichnende Orientierung in vielen Perioden der Geschichte Chinas wie auch in Japan früher und heute. – Beherrschung der Natur steht bei den meisten Nordamerikanern in der Werterangordnung ganz oben. Naturkräfte lassen sich bändigen und in den Dienst des Menschen zwingen. Mit Medikamenten, die vom Menschen hergestellt sind, kann man Krankheiten wirksam bekämpfen, und man kann das Leben verlängern. Hilf dir selbst, so hilft dir Gott.

Zeit (vgl. hierzu Abschnitt 2.3)

Bei der Zeitorientierung bietet sich die Dreiteilung in Vergangenheit, Gegenwart und Zukunft an. Sämtliche Kulturen müssen sich mit allen dreien auseinandersetzen, doch bestehen deutliche Unterschiede in der Gewichtung. Die hispanischen Einwohner im Südwesten der USA, von denen schon die Rede war, leben weitgehend im Hier und Jetzt; was vergangen ist, ist vergangen, und die Zukunft ist dunkel und unvorstellbar. Im alten China orientierte man sich vor allem an der Vergangenheit, sichtbar zum Beispiel in der Ahnenverehrung und in der Bedeutung der Familientradition. Die Araber blicken mit Stolz auf eine große sechstausendjährige Kultur zurück, oft verbunden mit Schmerz und Trauer darüber, daß diese Zeiten vorbei sind. Auch für die meisten Europäer hat die Vergangenheit noch immer einiges Gewicht, besonders ausgeprägt bei den Engländern, ganz im Unterschied zu Nordamerikanern. So können die Amerikaner den Respekt der Engländer vor der Tradition nicht nachvollziehen, und die Engländer verstehen nicht, wie man gegenüber der Tradition so gleichgültig sein kann. – Bei den Amerikanern steht die Zukunft obenan; man ist davon überzeugt, daß alles immer größer und besser wird. Gegenwart und Vergangenheit sind nicht so wichtig.

Aktivität

In der Dimension der Aktivität gibt es drei Formen, nämlich Orientierungen auf: Sein; Sein im Werden; Tun. Die Ausrichtung auf das „Sein" manifestiert sich im spontanen Ausdruck dessen, was in der Persönlichkeit angelegt ist; Entwicklung findet dabei kaum statt. Als Beispiel kann die Gesellschaft in Mexiko gelten. – „Sein im Werden" enthält eine wesentlich stärkere Entwicklungskomponente, aber immer noch bei ganzheitlich integrierter Persönlichkeit. Als Muster mag das Leben der Mönche westlichen Typs gelten mit ihrem Streben nach innerer Harmonie und mit einer gewissen Geringschätzung des Materiellen – und das in ständiger Kommunikation mit Gott. – Dem „Tun" weisen vor allem Amerikaner einen hohen Rangplatz zu, wobei sich vielfach die zwanghaft-neurotische Vorstellung herausbildet, immer etwas tun und alles erledigen zu müssen. In diesem Rahmen fügt sich die Tendenz ein, das Handeln ständig unter dem Aspekt des Wettbewerbs zu sehen.

Dem Bereich der Aktivität oder des „Tuns" ist auch die Einstellung zur Arbeit zuzuordnen. Da gibt es beträchtliche kulturspezifische Unterschiede: Die meisten Europäer und Amerikaner scheuen sich nicht, selber mit anzupacken, insbesondere wenn Not am Mann ist. Demgegenüber ist in zahlreichen anderen Gesellschaften körperliche Arbeit ein Kennzeichen für einen niedrigen Status, und wer eine höhere soziale Position hat, würde an Status und „Gesicht" verlieren, wollte er selber anfassen. „In ganz Asien galt es als gesellschaftliches Privileg, nicht körperlich arbeiten zu müssen, sondern andere für sich werken zu lassen. Reichtum und Armut bemaß man nicht nach der Höhe des Besitzes, sondern nach der Möglichkeit, andere für sich arbeiten zu lassen. Sieht man von den nomadischen Völkern ab, so gab es ein durchgehendes Ideal, nämlich Grundbesitzer zu sein und sich auf Kopfarbeit beschränken zu können, die körperliche Arbeit aber den unteren Schichten zu überlassen, die meist kein Land besaßen. Diese Vorstellung galt nicht nur für das chinesische Mandarinat oder die Brahmanenkaste, sondern auch für den buddhistischen Sangha, dem im Gegensatz zum abendländischen Mönchtum zwar das Ora, nicht aber das Labora oblag. Körperliche Arbeit wurde auf die unteren Schichten oder die niedrigen Kasten abgewälzt, im theravadabuddhistischen, lamaistischen und islamischen Asien häufig auch auf Sklaven."[106]

Beziehungen zwischen Menschen

Im Hinblick auf die Mensch-Mensch-Beziehungen unterscheiden Kluckhohn und Strodtbeck drei Formen von Wertorientierungen, nämlich lineare, kollaterale und individualistische Ausrichtungen. – Die lineare Orientierung (Beispiel: die englische Aristokratie) betont biologisch-soziale Gegebenheiten wie Familie, Sippe, Stamm, Generation usw. – Beim kollateralen Prinzip (Beispiel: Navaho-Indianer) betrachten sich die Menschen als eingebettet in vielfältige soziale Zusammenhänge und Systeme. – Die individualistische Richtung schließlich, die in vielen Industrieländern vorherrscht, sieht einen hohen Wert in der Autonomie der Person.

*

Jeder Versuch, Wertorientierungen zu kategorisieren und zu systematisieren, ist lediglich eine gedankliche Konstruktion mit dem Ziel, den Sachbereich, um den es geht, überschaubar zu machen. Wenn wir in diesem Abschnitt weitgehend dem Konzept von Kluckhohn und Strodtbeck gefolgt sind, mit dem eine plausible Systematik der Wertorientierungen vorliegt, dann ist dem anzufügen, daß es durchaus auch andere Ansätze mit anderen Gliederungen gibt. Anzumerken ist ferner dies: Die einzelnen (im Schema auf S. 82 in je einem „Kästchen" angegeben) Wertorientierungen stehen nicht etwa unverbunden nebeneinander, sondern sie hängen auf vielfältige Weise miteinander zusammen. Und schließlich: Die Wertorientierungen sind zu verstehen als Komponenten, die erst in ihrer gestalthaften Ganzheit im konkreten Falle das Werte-"Profil" einer Kultur darstellen. Für jede Kultur ließe sich ein solches Profil herausarbeiten; hier zwei Beispiele:

Nordamerika ist in den vorherrschenden Wertorientierungen gekennzeichnet durch Individualismus, Zukunftsbetonung, Glauben an die Herrschaft des Menschen über die Natur, durch Tun (Handeln, Aktivität) und durch das Bild vom Menschen als schlechtem, aber verbesserungsfähigem Wesen. Hochgeschätzt werden in diesem Rahmen beispielsweise Beruf, Technologie, Wirtschaft, Sport, Wettbewerb. Der Status einer Person wird primär durch die berufliche Position bestimmt. – Ganz anders sieht das Profil der spanisch-amerikanischen Kultur im Südwesten der USA aus. Dort ist die Wertorientierung charakterisiert durch Gegenwartsdenken, Leben im Sein, Unterwerfung unter die Natur. Diesem Profil fügt sich ohne weiteres ein, daß man in dieser Kultur das Religiöse wie auch das Unterhaltsame hoch schätzt.

Einen systematischen Vergleich der Wertorientierungen von Nordamerikanern und Philippinos hat Stewart vorgelegt:[107]

	North American	Filipino
I. Perception of the Self and the Individual		
A. General perception of self	Human being of a particular self	Self perceived in context of family
B. Self as point of reference	Autonomy encouraged; solve own problems, develop own opinions	Dependence encourage; point of reference is authority; older members of family
C. Nature of humans	Evil but perfectible; notion of progress; humans can change and improve and it is their responsibility to do so	Evil, but there is not too much that can be done: "ganyan talaga ang bu hay" (such is life)
D. Cultural variation of self-concept	Self is identified with individual; behavior aimed at individual goals	Point of reference is network of obligations among members of a group summarized in concept of "face"; behavior aimed at preserving group affiliations and maintaining smooth interpersonal relationships

	North American	Filipino
II. Perception of the World		
A. Individual's relation to nature	Separate from nature	Separate from nature
B. Materialism and Property	Clear distinction between public and private property; materialism is big value	Public property divertible to private hands with little guilt; spiritual religious things are more important than material things
C. Progress related to concept of time	Time moves fast, from past, to present, to future; one must keep up with it, use it to change and master environment	Time moves slowly; one must integrate oneself with the environment, and adapt to it rather than change it
D. Progress and optimism in contrast to limited good	Optimism exists that there is enough for everybody; economics is final arbiter	(Peasants only): there exists a finite amount of good that can be divided and redivided but not augmented: therefore phenomenon of sociostat: if one member of a community increases wealth, it is seen as a threat because of the concomitant loss to other members; tendency for community to pull person down to old level by temporary ostracism
E. Quantification	Stress on measurement and concreteness	Stress on qualitative feeling
F. comparative judgments	What is not American is bad	What ist not Filipino is different or American: moral judgments not as easily made

	North American	Filipino
III. Motivation		
A. Achievement as self-motivation	Fulfillment in personal achievement; status is achieved	Fulfillment in smooth interpersonal relationships; status is ascribed
B. Fragmentation and totality of personality	Personalities can be fragmented; totality of other person does not need to be accepted in order to be able to work together	Personalities reacted to in their entirety; tendency to accept or reject person completely
C. Competition and affiliation	Competition is primary method of motivation	Communal feeling towards one another excludes the incentive to excel over others
D. The limits of achievement	Expansive view of achievement: "Where there's a will, there's a way"	Achievement is a matter of fate
IV. Form of Relations to Others		
A. Characteristics of personal relations	Friendships are numerous but not deep or permanent; social obligations avoided	Social obligation network; "utang na loob"
B. Equality	Equality is mode of interaction	Continual shift from high to low status, depending on other person
C. Confrontation	Face-to-face confrontation	Confrontation through an intermediary to avoid "losing face"
D. Informality and	Informal and direct	More formal; social formality interactions more structured
E. Specialization of roles	Specialized roles distributed among members of group	All functions vested in leader

	North American	Filipino

V. Form of Activity

	North American	Filipino
B. Decision-making	Decisions made by individual: every member feels responsible for group decisions	Decisions made by authority or group; group decisions are usually product of key group members even if they are apparently made by all
C. Work and play	Dichotomy of work and play	Work and social life are not separated
D. Temporal orientation	Stress on future	Stress on present and past: life is lived from day to day

*

Die Wertorientierungen einer Kultur sind im allgemeinen sehr stabil. In aller Regel verändern sie sich nur langsam, für die Zeitgenossen kaum merklich, im Rahmen des sozialen Wandels. Einige Sozialwissenschaftler meinen, gegenwärtig bei uns einen deutlichen Wertorientierungswandel, also eine neue Gewichtung und Akzentuierung beobachten zu können. Bei der jüngeren Generation registrieren sie einen Trend zu mehr Aktivität, Kreativität und Eigenbestimmung. Spontaneität, Erleben, Freiheit, persönliche Kommunikation gewinnen an Bedeutung, während normierte und habitualisierte Verhaltensweisen zurückgehen.

Weitaus dramatischere Veränderungen vollziehen sich in der Dritten Welt. Einen ersten Schub brachte dort die (nachgeholte und deshalb viel rasanter verlaufende) Modernisierung und Technisierung mit sich, unweigerlich verbunden mit dem Eindringen westlicher Wertorientierungen, beispielsweise als Hochschätzung von Werten wie Fleiß, Ordnung, Pünktlichkeit, Zuverlässigkeit. Der zweite Schub findet zur Zeit statt als Folge der weltweiten Ausbreitung der Massenmedien und insbesondere des Fernsehens mit seinen genormten, amerikanischem Denken entspringenden Serienprodukten. Die Medien – dies ist impliziert in der These vom „Kulturimperialismus" – zerstören die traditionellen Kulturen und führen weltweit zu einer kulturellen Angleichung, zu einer „Amerikanisierung" oder „Verwestlichung".

*

Den Wertorientierungen lassen sich im übrigen auch die *Religionen* zuordnen, die man aber durchaus auch als ein eigenes kulturspezifisches Strukturmerkmal ausgliedern könnte. Auf diesen äußerst weitläufigen Themenkreis können wir hier nicht im einzelnen eingehen. Lediglich ein Zitat mag ausdrücken, worum es sich dabei handelt: „Während Judentum, Christentum und Islam einem mehr oder weniger strengen Monotheismus huldigen (auch die christliche Dreieinigkeitslehre geht ja von der Substanzgleichheit zwischen Vater, Sohn und Heiligem Geist aus), tendieren die meisten asiatischen Religionen zum Polytheismus, vor allem der Hinduismus, der Mahayana-Buddhismus und auch der synkretistische Islam Javas und anderer indonesischer Inseln, wo nicht nur Allah angerufen, sondern wo gleichzeitig auch den Geistern geopfert wird. Eine bunte Götterwelt tritt dem Gläubigen auch in der daoistischen Kirche entgegen, während der Konfuzianismus gegenläufige Entwicklungen durchgemacht hat: Der 'Himmel', den der Gläubige dort ursprünglich durchaus noch als persönliches Wesen verehrt und dem er Opfer dargebracht hatte, wurde unter dem rationalistischen Einfluß des Mandarinats immer mehr zur unpersönlichen Macht, die schließlich als Korrelat zur Erde und damit als einer von vielen Aspekten des durchgehend dialektischen Yin-Yang-Verhältnisses gesehen wurde, aus dessen Wechselspiel letztlich alle Dinge hervorgehen und in das sie wieder zurückkehren: kein Entstehen ohne Vergehen, kein Hoch ohne Niedrig, kein Gut ohne Böse, keine Herrschaft ohne Beherrschte und kein Himmel ohne Erde – sowie umgekehrt. Während die 'westlichen' Religionen also ihrem Monotheismus durchgehend treu bleiben, neigen die östlichen Glaubenssysteme zu Extremen, indem sie entweder dem Polytheismus oder aber dem unpersönlichen 'Göttlichen' Raum geben."[108]

2.9   Verhaltensmuster: Sitten, Normen, Rollen

Jede Kultur hat eigene Vorstellungen davon, wie ein Mensch sich „richtig"
oder „falsch" verhält. Es gibt kulturspezifische Verhaltensmuster. Und das
heißt: Dieselben Verhaltensweisen können in verschiedenen Kulturen
durchaus verschiedenes bedeuten. Menschliche Verhaltensweisen sind
außerordentlich komplex und vielgestaltig. Im folgenden werden zur
Veranschaulichung einige wenige ausgewählt, die als besonders wichtig
gelten können. Es sind dies

- Sitten, Normen, Riten, Tabus,
- Rollen.

Sitten, Normen, Riten, Tabus

Sitten und Normen sind Regeln, die festlegen, wie sich die Menschen einer
Kultur zu verhalten haben. Während die Wertorientierungen auf einer
recht allgemeinen abstrakten Ebene zu verorten sind, erstrecken sich Sitten
und Normen auf die konkrete Ebene des Alltagsverhaltens.[109] Damit sind
sie oft mit ganz speziellen Situationen verknüpft. Aus einer großen Zahl von
Sitten und Normen greifen wir einige wenige heraus, die verdeutlichen
sollen, wie verschieden die Verhaltensmuster in verschiedenen Kulturen
sein können. Als solche Beispiele dienen hier: Heiratsriten; Sexualverhalten;
Spiele und Spielen; Kaufverhalten; Essen; Spaziergänge; Erziehung.

Bei den *Heiratssitten* gibt es ein sehr breites Spektrum von Erscheinungsformen. In Nordamerika ist es heute nicht ungewöhnlich, wenn ein junger
Mann und eine junge Frau sich begegnen, sich verlieben und heiraten.
Gewiß, diese Freiheit gilt nicht absolut; in den meisten Staaten braucht man
eine Heiratsurkunde, und eine einfache Zeremonie ist unvermeidlich, doch
verglichen mit anderen Kulturen gibt es nur ein Minimum an Kontrolle. In
vielen Völkern ist es üblich, daß die Familienoberhäupter einen Vertrag
über eine Heirat schließen. Sowohl bei den alten Griechen als auch bis vor
kurzem in China kannten sich die Brautleute bis zur Hochzeit überhaupt
nicht. In der westlichen Gesellschaft mit ihrem Ideal der romantischen Liebe
wäre ein Mädchen entsetzt bei dem Gedanken, an ihren künftigen Mann

verkauft zu werden, ohne dabei mitbestimmen zu können. In anderen Kulturen gilt dagegen der Brautkauf als Norm und Regel; nicht selten ist dort ein Mädchen stolz auf den Preis, den die andere Seite zu zahlen bereit ist. In manchen Gesellschaften in Afrika würde ein Mädchen nie mit ihrem Mann mitgehen, bevor er den Brautpreis bezahlt hat.

Sehr unterschiedliche Sitten und Normen finden sich im *Sexualverhalten*. Junge Leute auf Samoa und den Trobriand-Inseln genießen große Freiheiten und gehen zahlreiche Verbindungen ein, von denen eine zur Ehe führt. Große Freizügigkeit herrscht auch im israelischen Kibbuz. Die Crow-Indianer kennen ebenso wie manche „Abendländer" eine „doppelte Moral": Mädchen und Frauen haben „rein" zu bleiben, während Jungen und Männer „wildern" gehen dürfen. Die Bandbreite reicht von den Samoanern, für die Sex eher eine Kunst und Rekreation darstellt, bis zu den frühen Christen, die nicht nur Sex, sondern auch die Ehe für verwerflich hielten.

„Unter den während des Krieges stationierten amerikanischen Soldaten war die Ansicht weit verbreitet, die englischen Mädchen seien sexuell überaus leicht zugänglich. Merkwürdigerweise behaupteten die Mädchen ihrerseits, die amerikanischen Soldaten seien übertrieben stürmisch. Eine Untersuchung, an der u.a. Margaret Mead teilnahm, führte zu einer interessanten Lösung dieses Widerspruchs. Es stellte sich heraus, daß das Paarungsverhalten (courtship pattern) – vom Kennenlernen der Partner bis zum Geschlechtsverkehr – in England wie in Amerika ungefähr dreißig verschiedene Verhaltensformen durchläuft, daß aber die Reihenfolge dieser Verhaltensformen in den beiden Kulturbereichen verschieden ist. Während z.B. das Küssen in Amerika relativ früh kommt, etwa auf Stufe 5, tritt es im typischen Paarungsverhalten der Engländer relativ spät auf, etwa auf Stufe 25. Praktisch bedeutet dies, daß eine Engländerin, die von ihrem Soldaten geküßt wurde, sich nicht nur um einen Großteil des für sie intuitiv 'richtigen' Paarungsverhaltens (Stufe 5-24) betrogen fühlte, sondern zu entscheiden hatte, ob sie die Beziehung an diesem Punkt abbrechen oder sich dem Partner sexuell hingeben sollte. Entschied sie sich für die letztere Alternative, so fand sich der Amerikaner einem Verhalten gegenüber, das für ihn durchaus nicht in dieses Frühstadium der Beziehung paßte und nur als schamlos zu bezeichnen war. Die Lösung eines solchen Beziehungskonfliktes durch die beiden Partner selbst ist natürlich deswegen praktisch unmöglich, weil derartige kulturbedingte Verhaltensformen und -abläufe meist völlig außerbewußt sind. Ins Bewußtsein dringt nur das undeutliche Gefühl: der *andere* benimmt sich falsch."[110]

„Ein Anthropologe beschrieb das Muster des Sexualverhaltens der Bevölkerung auf den Melanesischen Inseln im südwestlichen Pazifik, deren Sexualverhalten mit einem großen Teil unserer Auffassungen nicht übereinstimmt: Da hier der Geschlechtstrieb als mächtiger Impuls, der befriedigt werden muß, angesehen wird, vorehelicher Geschlechtsverkehr jedoch verboten ist, werden junge Frauen und Männer zur Masturbation ermutigt. Um diesen Triebzustand weiterhin zu entspannen, pflegen alle jungen Männer mit Billigung der Gemeinschaft homosexuellen Verkehr. Es gibt jedoch keine Anzeichen für eine spätere sexuelle Inversion, bei der die Männer ihre Geschlechtsgenossen als Sexualpartner vorziehen würden. Die voreheliche Keuschheit wird so streng bewahrt, daß unverheiratete Frauen und Männer völlig getrennt sind und nicht einmal miteinander sprechen oder sich ansehen dürfen, wenn sie Gelegenheit haben, sich zu treffen. Die Folge davon ist ein starkes Schamgefühl, Unschicklichkeit und Schwierigkeiten während der 'qualvollen Anpassungsperiode' zu Beginn ihres Ehelebens (Devanport 1965)."[111]

In hohem Maße kulturell überformt ist die Art und Weise, wie Menschen *spielen*. In seinem berühmten Werk „Homo ludens" zeigt Johan Huizinga anhand einer Fülle von Beispielen, daß dem Spielen einerseits in allen Kulturen gemeinsame Beweggründe und Muster zugrunde liegen, daß aber auf der anderen Seite die konkreten Ausformungen des Spielens und des Spiels kulturspezifisch variieren.[112]

Charakteristisch für die meisten Spiele in Europa und Nordamerika ist es, daß sie eine Wettbewerbskomponente enthalten. Doch ist das nicht überall die Regel. In vielen anderen Kulturen geht es für die Teilnehmer nicht darum, die anderen zu besiegen, sondern jeder gibt einfach sein Bestes.

Viele schlichte Alltagshandlungen, über die man kaum einmal nachdenkt, verlaufen in kulturspezifischen Varianten; so zum Beispiel das *Kaufen*. In den meisten Industrieländern ist dieses Verhalten weithin bestimmt durch feste Preise und ein unpersönliches Verhältnis zwischen Käufer und Verkäufer. Zwar gibt es auch hier unter bestimmten Bedingungen ein Aushandeln, aber doch eher als Ausnahme denn als Regel. Eben dieses Aushandeln – im Deutschen herablassend als „Feilschen" bezeichnet – ist in zahlreichen Kulturen die Normalform des Kaufens, so im arabischen Raum. Feilschen ist dort ein unterhaltsamer, oft spannender und manchmal amüsanter Vorgang mit sehr persönlicher Kommunikation zwischen den Beteiligten. Im einzelnen variieren die zugrunde liegenden Spielregeln von Kultur zu Kultur und häufig auch von Ort zu Ort.[113]

Persönliche Beziehungen stehen auch im Mittelpunkt eines Kaufverhaltens, wie es aus dem Westen Irlands berichtet wird: Ein Bauer bezahlt dort bei seinem Landkaufmann seine Schulden niemals vollständig, auch wenn er finanziell dazu in der Lage ist. Täte er das nämlich, so würde er damit anzeigen, daß er die Beziehung zu diesem Kaufmann zu beenden wünscht. Für ihn sind dies freundschaftliche Verbindungen zwischen realen Personen und nicht eine unpersönliche Beziehung zwischen einem Menschen und einer Institution.[114]

Was die Menschen *essen* und wie die Speisen zubereitet werden, variiert von Kultur zu Kultur; das ist schon fast eine Binsenweisheit. Weniger bekannt ist die Tatsache, daß es ein breites Spektrum in den Tischsitten gibt, in der Art, wann man wo mit wem ißt und trinkt und wie man sich dabei verhält. Margaret Mead beschreibt zum Beispiel den Unterschied zwischen Engländern und Amerikanern beim Frühstück: In England redet der Vater, während die Mutter und die Kinder zuhören; in Amerika dagegen beherrscht die Mutter die Szene, sie paßt auf, daß der Vater wenig sagt, und die Kinder dürfen der Reihe nach reden.[115] Ein weiteres Beispiel: In zahlreichen Ländern Asiens verabschiedet man sich, wenn man in einer anderen Familie zum Essen eingeladen war, sofort nach dem Ende der Mahlzeit. Wer nicht gleich geht, signalisiert damit, daß er nicht satt geworden ist. Wer dagegen in Nordamerika gleich geht, erscheint rüde und unhöflich, denn dort bedeutet dieses Verhalten, daß es dem Gast nur ums Essen ging, nicht aber um die Gesellschaft mit den Gastgebern.[116]

Sogar ein so unscheinbarer Vorgang wie das *Spazierengehen* weist kulturspezifische Aspekte auf: „Wir waren von Deilingen, unserem Heimatort in der Bundesrepublik, her gewohnt, lange Spaziergänge über das Land zu machen, und wie dort begannen auch hier (in Afghanistan) die Felder gleich hinter dem Haus. Aber schon bald merkten wir, daß hier ein Spaziergang über die Felder etwas anderes war als daheim, nämlich vergleichbar einem Spaziergang durch anderer Leute Wohnzimmer. Auf den schmalen Pfaden bewegte sich niemand grundlos, und in die da und dort angrenzenden Gehöfte kam keiner per Zufall. Wie intim die Welt war, in die wir eindrangen, das zeigte nicht nur das gelegentliche Entsetzen der in ihrer engsten Umgebung selbstverständlich unverschleierten Frauen ... Unser sozusagen mutwilliges Spazierengehen schien uns selber kein so recht stichhaltiger Grund – nicht stichhaltiger jedenfalls als der in Deutschland, bei fremden Leuten zu klingeln, um ihre Wohnungseinrichtung zu besichtigen."[117]

*

Zu den kulturspezifischen Sitten und Normen gehört auch die Art und Weise, *wie man die Kinder erzieht*, wie man sie im Prozeß der Sozialisation in die Gesellschaft hineinwachsen läßt. „In vielen technologisch weniger entwickelten Gesellschaften widmet man den Kindern anfangs nachsichtige Aufmerksamkeit, doch sobald das Kind selber gehen und sprechen kann, läßt der Schutz und die emotionale Bindung der Eltern beträchtlich nach. Man überläßt das Kind den Gleichaltrigen oder anderen Personen der Großfamilie. Diese 'Vernachlässigung' von seiten der Eltern mag manchmal ein traumatisches Erlebnis sein, gibt aber dem Kind jene Unabhängigkeit und Kraftquelle, die nötig ist, um sich in einer begrenzten und schwer vorhersehbaren Umwelt zu behaupten ... Man sollte aber die Art der Kindererziehung nicht als instinktgesteuert, sondern als weitgehend kulturbedingt verstehen".[118]

Sitten und Normen variieren oft auch beträchtlich von Subkultur zu Subkultur, manchmal auf engem Raum von einem Dorf zum nächsten. „Portmann erzählte mir einmal, wie eine Bauernfamilie in schwarzer Kleidung in einer kleinen Ortschaft in der Schweiz aus dem Zug stieg und einer der Bauern fragte Portmann: Sagen Sie bitte, ist es hier üblich, daß man erst auf dem Friedhof weint oder schon unterwegs?"[119]

Eine eigene Kategorie von Verhaltensmustern bilden die *Riten und Rituale*. Beide Begriffe werden recht uneinheitlich verwendet. Gemeinsam ist ihnen wohl, daß es sich um Vorschriften handelt, die – mehr oder weniger – dem Bereich des Religiösen und Sakralen zuzuordnen sind. „Während die Religionsphilosophie Kants vor allem auf die Moral, der Islam und der christliche Protestantismus dagegen hauptsächlich auf den Glauben abstellen, zeigt sich in den meisten asiatischen Religionen eine Vorliebe für das Ritual. Wer einmal an einem sonnigen Nachmittag die Shwedagon in Rangoon oder den Drachenberg in Taibei besucht hat, weiß, was hier gemeint ist: In Rangoon übergießt man die 'unter Hitze leidenden' Buddhastatuen mit kühlendem Wasser und vollzieht heiter schwatzend die Umwandlung der Chedi. In Taibei steckt man Weihrauchkerzen vor dem Bild des Examens- oder des Reichtumsgottes in Brand, breitet auf dem Opfertische seine Gaben aus, um den Göttern die Essenz anzubieten, unterhält sich unterdessen mit Freunden und nimmt das Ganze zum Selbstverzehr wieder nach Hause. In Thailand oder Laos beklebt der Gläubige Buddhafiguren mit Blattgold, spendet Weihrauch, bringt Blumengaben, schlägt auf eine Glocke, um auf diese Weise sein 'Musikopfer' zu erbringen, schenkt – für einen geringen Betrag – einem gerade noch eingesperrten Vogel die Freiheit, worauf dieser vom Händler eingefangen und erneut zur 'Befreiung' angeboten wird – die meisten Andachtshandlungen eines buddhistischen Laien erschöpfen sich im Ritual, das weit weniger anstrengend ist als stundenlange Meditation über die Leiderfülltheit allen Seins."[120]

„Allzu leicht vergißt man übrigens, daß sich auch in Europa in Form der Maibaum-, Mistel- oder Feuerrituale (Oster-, Johannis-, Sonnwend- und Winterfeuer) Überreste der alten Baum- und Feuerverehrung erhalten haben, auch wenn sie inzwischen ihres alten Sinnes entkleidet sind. In Asien aber ist dieses alte Erbe noch lebendig, wie die zahllosen Schutzrituale zeigen, deren pittoresken Formen man auf Schritt und Tritt begegnet. Da gibt es unzählige Talismane (von arabisch „telesma", Abwehrzauber): Man trägt an einer Kette um den Hals beispielsweise einen Schweinezahn oder den Samen einer abwehrkräftigen Pflanze (in Europa war dies früher die Alraune), man legt Jade an, die in der daoistischen Tradition die Funktion der Teufelsaustreibung hat, oder man führt, wie z.B. auf den Philippinen, stets ein Anting-anting mit sich, wie es an jeder Straßenecke verkauft wird – bisweilen sogar unmittelbar am Haupteingang der katholischen Kirche. Die Thai bevorzugen Amulette, auf denen Schutzgottheiten abgebildet sind, so z.B. Hra Rod (der Überlebensherr). Talismanfunktion hat auch der javanische Kris, dessen Klinge nach allgemein verbreitetem Glauben eine Seele besitzt, der man sogar Opfer bringt. In weiten Teilen Asiens werden außerdem vor jedem Hauseingang 'Geistermauern'aufgebaut, die die Dämonen daran hindern, in das Haus oder in einen Tempel einzudringen. In der malaiischen Welt dienen Hahnenkämpfe oder Schattenspielaufführungen am Rande einer Hochzeit oder Beschneidungszeremonie dazu, die

Aufmerksamkeit eventuell gerade anwesender Dämonen zu absorbieren und dadurch die Hauptperson der Veranstaltung vor unberechenbaren Attacken zu schützen. Solche Vorstellungen können oft die ganze Nacht andauern. In China werden auch heute noch anläßlich des Neujahrsfestes Türen und Fenster mit Schattenrissen des Kriegsgottes Guan Yu oder einer anderen wehrhaften Person beklebt, deren Aufgabe es ist, ihre Waffen gegen potentielle Eindringlinge einzusetzen."[121]

*

Jede Kultur kennt *Tabus*, also strikte Verbote, die man nicht ungestraft verletzen darf: Gegenstände, die man nicht berührt; Orte, die man nicht betritt; Wörter, die man nicht ausspricht. Tabus variieren in hohem Maße von Kultur zu Kultur. „Blunt zählt sieben Tabuarten auf, die den gläubigen Hindu zu folgenden Fragen nötigen: 1. Mit wem darf ich essen? 2. Wer darf mein Essen zubereiten? 3. Welche Arten von Nahrungsmitteln sind für mich zulässig? 4. Welche Rituale sind bei der Zubereitung zu beachten? 5. Von wem darf ich mir Wasser einschenken lassen? 6. Mit wem darf ich gemeinsam Pfeife rauchen? 7. Welche Gefäße darf ich benutzen? Auch für die Formen des Berührens und die Reinheitsabstufungen bei Nahrungsmitteln gibt es Dutzende von Vorschriften. Je höher die Kastenzugehörigkeit, um so stärker die Tabubindung und soziale Berührungsscheu, die in Heirats-, Speisegemeinschafts- und wohnrechtlichen Beschränkungen ihren Ausdruck findet. Kommt es zur 'Beschmutzung', so unterzieht sich der gläubige Hindu sofort einem Reiningungszeremoniell."[122]

In manchen Kulturen – so beispielsweise bei den Zulus – gilt es als Tabu, den Namen eines engen Verwandten auszusprechen, eine Regel, die im Zusammenhang mit dem Inzestverbot zu stehen scheint. In dieselbe Richtung weist die Tatsache, daß in etlichen Religionen die Gläubigen den Namen ihres Gottes nicht aussprechen dürfen. Um seiner Ehrfurcht Ausdruck zu verleihen, bezeichnet der Gläubige seinen Gott mit vielfältigen Umschreibungen, wie Herr, Allmächtiger oder Vater. Tabuisiert wurden und werden auch bestimmte Berufe, die dann recht- und ehrlos aus der Gesellschaft ausgeschlossen werden. Dazu gehört zuallererst der Henker, der mit dem Tod Geschäfte macht. Er war gezwungen, außerhalb der Stadtmauern am Wasser, dem Element des Todes, zu wohnen. Die Ersatzbezeichnungen „Meister Hämmerlein", „Scharfrichter" oder „Meister Stoffel" zeigen, daß die Menschen es vermieden, seine Tätigkeit beim Namen zu nennen.

Rollen

Die Menschen erwarten von ihren Mitmenschen, daß sie sich in bestimmten Situationen auf eine bestimmte Art und Weise verhalten. Verhaltensformen, die durch Erwartungen der Gruppe an den Einzelnen festgelegt werden, heißen in den Sozialwissenschaften „Rollen". Rollenerwartungen können auf das Individuum starken sozialen Druck ausüben. Wer sich anders verhält, als die geltenden Rollenmuster vorschreiben, „fällt aus der Rolle"; er wird zur Ordnung gerufen, und wenn er nicht folgt, wird er bestraft oder aus der Gruppe ausgeschlossen. Der Begriff „Rolle" ist der Theatersphäre entlehnt: Der Schauspieler „spielt" seine Rolle. Doch endet diese Analogie an einem wichtigen Punkt: Im Theater bedeutet eine Rolle immer Spiel, der Schauspieler gibt etwas vor, was er nicht ist; er täuscht die Zuschauer. Diese wiederum wissen, daß die Rolle gespielt wird und daß der Schauspieler sie „täuscht", und sie sind damit einverstanden; in diesem Bewußtsein liegt sogar ein wesentlicher Reiz des Theatererlebens. Im Alltag dagegen lebt der Mensch zeitweilig ganz in seiner Rolle, und die anderen nehmen diese Rolle ernst. Von „Spiel" kann hier keine Rede sein. Sicher gibt es auch bewußte Täuschung, aber doch eher als Ausnahme.

Rollen, verstanden als Muster von Verhaltenserwartungen, variieren in ihren konkreten Erscheinungsformen von Kultur zu Kultur. Während in zahlreichen Kulturen die verschiedenen Rollen ohne allzu scharfe Grenzen ineinander übergehen und sich häufig überschneiden, lebt der Japaner voll und ganz in seiner jeweiligen Rolle; die einzelnen Rollen sind gegeneinander hochgradig abgeschottet, und wer von einer Rolle in eine andere hinüberwechselt, ändert damit schlagartig seine Einstellungen und Erlebensweisen, so daß der außenstehende Beobachter meinen könnte, er hätte auf einmal einen anderen Menschen vor sich. Diese strenge Aufgliederung in Rollen, die jeweils einer eigenen Ethik folgen, erklärt so manche Verhaltensweisen der Japaner im Zweiten Weltkrieg. Gefangene Alliierte wurden oft unsagbar brutal behandelt. Aus der Sicht der Japaner jedoch erscheint diese Behandlung völlig gerechtfertigt, vor allem dann, wenn die Gefangenen sich weigerten, sich so zu verhalten, wie es der japanische Code für jene vorschreibt, die sich haben gefangennehmen lassen. Briten und Amerikaner fühlten sich auch in der Gefangenschaft noch als Soldaten, doch eben dies schien den Japanern als unerträgliche Provokation. Soldaten sind für sie das eine, Gefangene ein anderes. Wenn ein Gefangener sich verhält wie ein Soldat, dann ist das ein unerträgliches Abweichen von dem Code, der die verschiedenen Rollen bestimmt. Die Japaner kämpften unglaublich tapfer, um einer Gefangenschaft zu entgehen. Wurden sie trotzdem gefangen genommen – etwa wenn eine Granatexplosion sie bewußtlos gemacht hatte –, verhielten sie sich völlig nachgiebig und taten alles, was ihre Feinde verlangten, nicht selten so weitgehend, daß sie getarnte japanische Stellungen verrieten. Für sie hatte sich ihre Identität verändert, sie waren nun nicht mehr Soldaten, sondern Gefangene und mußten dieser neuen Rolle ebenso gerecht werden wie zuvor der alten.[123]

2.10 Soziale Gruppierungen und Beziehungen

Wie eine Gesellschaft sozial strukturiert ist und wie die sozialen Beziehungen verlaufen, ist in weit höherem Maß kulturspezifisch, als wir gemeinhin annehmen. Soziale Gruppierungen und Beziehungen stellen kulturelle Strukturmerkmale dar. Dabei lassen sich diese beiden Aspekte – Gruppierungen (oder Strukturen) und Beziehungen (oder Prozesse) – nur theoretisch-analytisch voneinander trennen; in der Realität sind sie untrennbar miteinander verbunden. In allen sozialen Strukturen laufen ständig Prozesse ab, und Prozesse werden immer durch Strukturen bedingt und mitbestimmt.

Soziale Gruppierungen

Jede Gesellschaft ist in sich in vielfältig gegliedert, und es wäre unmöglich, hier sämtliche Gruppen umfassend und systematisch zu behandeln. Einige mehr oder weniger ausgewählte Exempel sollen andeuten, wie breit das Spektrum kulturspezifischer Gruppierungen ist. Als Beispiele dienen die Themenkreise Familie, Verwandtschaft, Klassen und Kasten, Status, Eliten.

Die *Familie* hat sich in den Industrieländern während der letzten zwei Jahrhunderte in Struktur und Funktion erheblich verändert. Die Großfamilie, in der oft mehrere Generationen gemeinsam unter einem Dach lebten, wurde abgelöst durch die Kleinfamilie, die ihren Mitgliedern relativ viel Handlungs- und Entscheidungsfreiheit bietet. In weiten Teilen der Erde dagegen dominiert nach wie vor die Großfamilie mit ihrem starken Einfluß auf das Denken, Erleben und Verhalten der Mitglieder. Dabei reicht oft die „Familie" viel weiter als das je bei uns der Fall war. In der Großfamilie übt das Familienhaupt eine beträchtliche Kontrolle über die jüngeren Angehörigen aus, oft auch dann noch, wenn diese schon verheiratet sind. Die wirtschaftliche Verantwortung wird von der ganzen Gruppe getragen. Nicht selten leben mehrere verheiratete Paare mit Kindern in einem gemeinsamen Haushalt.

Weltreisende waren oft erstaunt, weil sie bei den „Primitiven" nichts entdecken konnten, was unserer Familie entspricht. Als sie große gemeinsame Haushalte antrafen, in denen Männer, Frauen und Kinder bunt durcheinander lebten mit Beziehungen, die bei uns als anstößig galten, nahmen sie dies als Beweis dafür, daß es sich um Barbaren handelt. Inzwischen wissen wir, daß „primitive" Kulturen andere, eigene Formen von Familien haben und daß es für uns Gründe gibt, unsere eigene Kultur etwas bescheidener zu sehen. „Primitive" Familien gibt es in zahlreichen Varianten und Typen, aber immer sind sie präzise strukturiert, und immer erfassen und umfassen sie die Loyalität und das Alltagsleben ihrer Mitglieder. Für den einzelnen ist das Familieneigentum die Lebensgrundlage, die Vorfahren sind seine Götter, die Älteren seine Regierung, die jüngeren Männer sowohl Schutz als auch Stütze im Alter.[124]

Zwar spielt die Familie überall nach wie vor eine wichtige Rolle im Leben der Menschen, doch gibt es dabei beträchtliche Unterschiede in der Intensität, mit der das Individuum sich seiner Familie verbunden und verpflichtet fühlt. Diese Intensität ist in Mittel- und Nordeuropa wie auch in Nordamerika recht gering, jedenfalls im Vergleich zu vielen anderen Kulturen.

Funktionsunterschiede werden sichtbar, wenn man etwa die japanische Familie mit der westlichen vergleicht. In Japan ist die Familie – wie im Westen – die Primärgruppe und der Ort, wo man Einstellungen und Wertorientierungen lernt. Während es im Westen jedoch die wichtigste Funktion der Kleinfamilie ist, den Nachwuchs auf ein Leben außerhalb der

Familie vorzubereiten, um eine Rolle in der größeren Gesellschaft einzunehmen, betrachten Japaner die Familie als etwas Überdauerndes, unabhängig von Geburt und Tod ihrer Mitglieder. In Japan bereitet man die Kinder nicht auf ein Leben außerhalb vor, sondern man betrachtet die Familie selbst als Grundlage aller sozialen Ordnung.

Die Verwandtschaftsverhältnisse in verschiedenen Kulturen bilden einen strukturellen und begrifflichen Dschungel, in dem sich nur noch Experten wirklich auskennen. Schon bei uns sind diese Strukturen und Beziehungen oft gar nicht zu durchschauen, und nicht selten nehmen wir Zuflucht zu sprachlichen Hilfskonstruktionen wie „mütterlicherseits", „väterlicherseits", „zweiten Grades" u.a. Doch ist das noch recht harmlos im Vergleich zu manchen fremden Kulturen, deren äußerst ausgedehnte und verschlungene Verwandtschaftsverhältnisse unserem Verständnis nur schwer zugänglich sind und sich unserer Terminologie gänzlich entziehen, so daß die Forscher sich gezwungen sehen, ein eigenes Vokabular aufzubauen. Und da es auf diesem Felde keine einheitliche Regelung gibt, ist die Folge eine totale Sprachverwirrung. Die meisten „primitiven" Völker benutzen ganz andere Bezeichnungen und ein anderes klassifikatorisches System als wir, ein System, das uns verquer erscheint. Den Ausgangspunkt bildet die Tatsache, daß in jeder Generation alle Verwandten desselben Geschlechts als *eine* Gruppe bezeichnet werden, unabhängig davon, wie nahe oder wie weitläufig die Verwandtschaft ist. Schwestern und entfernte Kusinen heißen gleichermaßen „Schwestern". Ein Vater, ein Onkel und entfernte männliche Seitenlinien einer Generation heißen allesamt „Vater". Eine Frau nennt ihre eigenen Kinder mitsamt Nichten und Neffen „meine Kinder", und Kinder, Nichten und Neffen rufen sie „Mutter".[125] Bunt durcheinander geht es auch mit Gruppenbezeichnungen wie Sippe, Stamm, Clan, Linie, Volk usw. Wem diese Begriffe in der Literatur begegnen, der muß schon genau hinsehen, um zu verstehen, was damit jeweils gemeint ist.

Man kann darüber streiten, ob es in den modernen Industriegesellschaften noch „*Klassen*" gibt; die Entscheidung darüber hängt wesentlich davon ab, wie man diesen Begriff definiert. Zu welchen Resultaten man dann auch kommen mag, eine Einsicht bleibt davon unberührt: Es gibt noch zahlreiche Kulturen, in denen das Leben weithin durch Klassenstrukuren bestimmt wird. In vielen Ländern werden solche Strukturen strikt beibehalten, ungeachtet moderner egalitärer Ideale. So gehören etwa Bedienstete eindeutig einer niedrigeren Klasse an, und es wirkt unschicklich und störend, wenn man sie in eine Konversation einbezieht (und sie so als gleichgestellt anerkennt). Fremde Besucher sollten von solchen Klassenunterschieden wissen und diese nicht vorschnell verdammen; zum einen, um die Gastgeber nicht zu verwirren, und zum anderen würde die Abschaffung von Dienstpersonal zu massiver Arbeitslosigkeit führen und das Sozialgefüge durcheinanderbringen.

Als ein spezifisches Klassensystem ist das Kastenwesen in Indien zu betrachten. Zwar ist dieses System offiziell abgeschafft, doch liegt es de facto nach wie vor der gesamten Gesellschaftsstruktur zugrunde und überformt in hohem Maße das Leben der Inder. „Der indische Begriff für 'Kaste' geht auf das Wort *jati* zurück, das von jan (gebären) abgeleitet ist; er bedeutet inhaltlich also: Abstammung von gemeinsamen Vorfahren. Die gemeinsame Abstammung kann sich dabei auf verschiedene Ebenen beziehen: auf die Großfamilie, auf eine Sippe, auf mehrere, örtlich zusammengefaßte Sippen, auf ein über eine ganze Region verteiltes Bündel von Sippen – schließlich sogar auf die alles überwölbende Super-Kategorie *varna*, die alle Untereinheiten in eine vierstufige Hierarchie einordnet, die sich ihrerseits als ganze von der Kategorie der Parias (der Unberührbaren) absetzt."[126] In einem solchen System ist es sehr wichtig, daß jede Kaste oder Sub-Kaste für sich bleibt und die Vermischung mit anderen Kasten vermeidet, ganz besonders natürlich mit niedrigeren.

Alle größeren Gesellschaften sind hierarchisch gegliedert. Die Position, die ein Individuum in dieser Rangordnung einnimmt, heißt *„Status"*. Je höher der Status einer Person, desto mehr Prestige und Autorität kommt ihr zu. Die Kriterien variieren von Kultur zu Kultur und innerhalb einer Kultur von Funktion zu Funktion. Als Kriterien können beispielsweise dienen: Alter, Herkommen, Bildungsstand, besondere Kenntnisse auf einem bestimmten Gebiet, der Familienname, das Geschlecht und auch die physische Attraktivität. Menschen, die einen hohen Status besitzen, haben auch bestimmte Rechte, so etwa das Recht, bei einer Zusammenkunft als erster zu sprechen, Anweisungen und Befehle zu erteilen, bei Entscheidungen maßgeblich mitzuwirken.

Hierarchie und Status sind soziale Strukturaspekte, die in fast allen Gesellschaften anzutreffen sind. Doch unterscheiden sich die Gesellschaften und Kulturen zum einen in den Kriterien, die den Status bestimmen, und zum anderen in dem Gewicht, das der Statusfunktion zugemessen wird. Große Bedeutung kommt dem Statusdenken beispielsweise in Japan zu. Dort ist eine sehr rigide Rangordnung festgelegt, die insbesondere dem Prinzip der Seniorität folgt: Ein höherer Status kommt demjenigen zu, der entweder dem Lebensalter oder dem Dienstalter nach der Älteste ist. Ohne das Bewußtsein dieser Rangordnung könnte das Leben in Japan nicht reibungslos ablaufen, denn der Rang ist die soziale Norm, die dort alles durchdringt. Schon die Sitzordnung macht es unmöglich, daß zwei oder mehr Personen als gleichrangig plaziert werden. Welcher Art auch immer eine Zusammenkunft sein mag, die Anwesenden sind immer gezwungen, eine befriedigende Ordnung herzustellen. So sind sich die Japaner der Bedeutung von Rang und Status in höchstem Maße bewußt, und diese Einstellung macht auch vor dem Privatleben nicht halt. Ein im Betrieb Vorgesetzter ist dies, wo immer man ihm begegnet, im Restaurant, zu Hause, auf der Straße. Auch die Frauen beachten untereinander die Rangordnung ihrer Ehemänner.[127]

Besonderes Interesse widmen die Sozialforscher den *Eliten*, also jenen kleinen, aber oft höchst einflußreichen Gruppen, die in der sozialen Rangordnung ganz oben stehen. Eliten bestimmen entscheidend das geistige, häufig auch das politische Leben eines Volkes.

In Entwicklungsländern befinden die Eliten sich oft von ihrem Selbstverständnis her in einer schwierigen, weil zwiespältigen Situation. Viele, die dieser Schicht angehören, fühlen sich einerseits dem Volk und ihrer Kultur zugehörig, zugleich sind sie aber ihrem Volk entfremdet. Zumeist wurden sie in westlichem Denken erzogen, und so orientieren sie sich in ihren Einstellungen, ihren Werthaltungen und ihrem Lebensstil am „Westen"; dennoch bleiben sie ihrer Kultur mit ihren Sitten und Normen unabdingbar verhaftet. Während der Kolonialzeit – und bis heute – wurden zum Beispiel die Angehörigen der indischen Elite weithin nach westlichem, speziell britischem Muster erzogen, und dabei vertraten sie oft die westlichen Denkweisen enthusiastischer als die Briten selbst.

Eine derartige Position zwischen zwei Kulturen ist auch mit dem Begriff des „Marginalmenschen" gemeint. („marginal man", Stonequist 1937). Dessen Problem liegt darin, daß er zwischen zwei soziale Systeme geraten ist, er identifiziert sich mit zwei eigentlich unvereinbaren Bezugsgruppen, will also zwei Rollen gleichermaßen gerecht werden. Daraus resultieren fast immer Unsicherheiten und Ängste.

Sowohl innerhalb als auch zwischen sozialen Gruppen laufen ständig mannigfache Beziehungen ab. Die Erscheinungsformen dieser Prozesse sind kulturell überformt, und es gibt eine Vielzahl kulturspezifischer Möglichkeiten. Auch hier wählen wir – als Beispiele – nur einige wenige Themen aus, nämlich Individuum und Gruppe, Freundschaft, das Gesicht wahren, zur Sache kommen.

Individuum und Gruppe sind wechselseitig auf einander bezogen. Dabei gibt es auf der einen Seite Gesellschaften und Kulturen, in denen der Akzent beim Individuum liegt, also bei einer Selbstbestimmung der Person; und auf der anderen Seite stehen dem Gesellschaften und Kulturen gegenüber, in denen die Unterordnung unter das Kollektiv als angemessenes soziales Verhalten gilt. Zwischen diesen beiden Extremen erstreckt sich eine gleitende Skala von Misch- und Zwischenformen.

Die Menschen des westliche Kulturkreises sind in hohem Maße auf Individualität hin orientiert. Diese Orientierung ist eng verbunden mit dem Kapitalismus, mit Werten wie Stärke und Bestimmtheit, auch mit Protestantismus und Puritanismus. Der Mensch hat zu seinem Glauben und zu seinen Überzeugungen zu stehen. Diese Haltung wird dann freilich nicht selten von anderen Kulturen als stur, arrogant und selbstherrlich empfunden. Allerdings wird auch in westlichen Kulturen ein allzu strikter Individualismus vielfach abgelehnt.

In hohem Maße gruppenorientiert sind beispielsweise die Menschen in Japan, China, Rußland, ganz besonders aber in den meisten afrikanischen Gesellschaften. In der traditionellen chinesischen Kultur gab es kein Wort, das dem westlichen Begriff der „Persönlichkeit" voll entsprach; das überwiegend kollektive Denken setzte sich dann ungebrochen, wenn auch formal verändert im kommunistischen China fort. – Für den Japaner existiert das Individuum primär als Teil eines Gruppenganzen. Die Identifikation mit der Gruppe läßt sich in den Interaktionen des Lebensalltags beobachten. Wenn Familienmitglieder miteinander reden, sprechen sie sich nicht mit Vornamen an, sondern mit Namen, welche die Funktion der Person in der Gruppe bezeichnen, etwa als Schwiegertochter; wenn ein Sohn die Position des Familienoberhauptes anstelle des verstorbenen Vaters annimmt, wird er als Vater angeredet, sogar von der eigenen Mutter. In Japan sind Gruppen etwas

Überdauerndes; Individuen sind temporär und haben keine Existenz außerhalb der Gruppe. Damit werden die wichtigen Beiträge und Funktionen des Individuums nicht geleugnet, aber der Mensch hat sein Selbst der Gruppe unterzuordnen. Individuelle Erfüllung erreicht die Person dadurch, daß sie ihren Platz in der Gruppe findet. Wenn ein Gruppe Erfolg hat, hat auch jedes Mitglied Erfolg. Amerikaner dagegen empfinden selten eine uneingeschränkte Loyalität zu einer Gruppe. Sie bilden schnell neue Gruppen, lösen sie wieder auf, bilden wieder neue, treten Gruppen bei, verlassen sie wieder – Verhaltensweisen, die der Japaner nicht verstehen kann; für ihn heißt eine Gruppe verlassen die Identität verlieren.[128] – Auch die berufliche Sphäre wird in Japan von gruppenorientiertem Denken beherrscht. Sobald eine Person Mitarbeiter eines Betriebes wird, bildet sie einen integralen Bestandteil dieser Gruppe und bleibt dies in der Regel für den Rest des Lebens. Der neue Mitarbeiter ist allen Personen gegenüber Gehorsam schuldig, und er bekommt Gehorsam von denen, die nach ihm eintreten oder die ihm unterstellt sind. Er ist völlig abhängig von seinem Betrieb. Anders als in Amerika, wo das Berufsleben streng getrennt ist von der Familie und anderen sozialen Gruppierungen, ist in Japan der Betrieb eng verknüpft mit dem gesamten Leben seiner Mitarbeiter; er bildet für sie das Zentrum ihres sozialen und wirtschaftlichen Lebens. Die Freizeit verbringt man weitgehend mit Kollegen, im Urlaub geht man in ein betriebseigenes Heim, Gesundheitsdienste und Beratung werden vom Arbeitgeber zur Verfügung gestellt, und private Vorgänge wie Heirat oder Scheidung sind zum Teil Angelegenheiten des Betriebes.

Auch in Afrika herrscht weitgehend Gruppendenken vor. Ein afrikanischer Botschafter in Washington sagte einmal: Die Quelle der größten Mißverständnisse zwischen Amerikanern und Afrikanern liegt in der hohen Wertschätzung des Individualismus bei den Amerikanern. Für euch Amerikaner bedeutet Individualismus Freiheit, die für euch einen positiven Wert hat; für uns Afrikaner bedeutet Individualismus Einsamkeit und somit etwas Negatives.[129]

Gruppenorientiertheit ist in den meisten Fällen verbunden mit einem hohen Maß an Harmoniebedürfnis oder – anders formuliert – mit dem Wunsch, soziale Mißstände, Verstimmungen, Streit und Auseinandersetzungen zu vermeiden. Das heißt: Gruppenorientiertheit bedeutet in der Regel ein konservatives Denken mit dem Wunsch, das Altherkömmliche zu bewahren und sich nicht auf gefährliche Neuerungen einzulassen. Das Bedürfnis, dem Anderen nicht wehzutun, geht in einigen Kulturen so weit, daß es dort unmöglich ist, direkt „nein" zu sagen. Grundsätzlich gilt – wenn auch mit einigen Einschränkungen –, daß kollektivistisch orientierten Kulturen ein „Nein" schwerer fällt als individualistisch orientierten.

Ein weiteres Beispiel für kulturspezifische soziale Beziehungen bietet das Phänomen *„Freundschaft"*. Dieses Wort bedeutet in den USA etwas anderes als in vielen anderen Ländern. Wer zum ersten Mal in die Vereinigten Staaten kommt, ist überrascht und überwältigt vom Ausmaß an Freundlichkeit und Hilfsbereitschaft. Wer länger dort bleibt, bemerkt dann oft einen Mangel an tiefer Bindung, ihm kommt die amerikanische Freundschaft recht oberflächlich vor. Verstehen kann man diese Art von Beziehungen nur aus der Kultur heraus. In einigen Kulturen entwickeln sich Freundschaften langsam; ein Mensch hat nur wenige Freunde, denen er sich aufs engste verbunden fühlt; ein Freund ist eine Freund zu allen Jahreszeiten und bei allen Gelegenheiten. Im amerikanischen Kontext ist das ganz anders. Die meisten Amerikaner haben viele Freunde für verschiedene Situationen. Eine Konsequenz dieser Verhältnisse ist es, daß Freundschaften fast so spezialisiert sind wie berufliche Tätigkeiten. Amerikaner haben Freunde für Sport, Spiel und Freizeit, andere Freunde für gegenseitigen Beistand in schwierigen Lebenslagen, wieder andere für Parties, für politische Gespräche usw.[130]

Das Normalverhalten der Russen auf diesem Gebiet ist gekennzeichnet durch einige wenige tiefe Freundschaften, verbunden mit einer fast totalen Verpflichtung zur Gemeinsamkeit und Ablehnen aller Zurückhaltung und Heimlichkeit gegenüber dem Freund. Wo der Amerikaner sich spezielle Freunde für bestimmte Angelegenheiten oder Interessen sucht, will der Russe den Freund in dessen gesamter Person und Persönlichkeit vereinnahmen.[131]

Das *Gesicht wahren* ist in speziellen Kulturkreisen ein außerordentlich wichtiges Erfordernis in den sozialen Beziehungen. Zwar blamiert sich auch bei uns niemand gern, doch spielt ein solcher Vorgang hier nicht die gewichtige Rolle wie in manchen Kulturen, in denen ein Gesichtsverlust den Kern der Persönlichkeit berührt oder gar verletzt bis hin zur Unerträglichkeit. Diesem Phänomen begegnen wir beispielsweise bei Chinesen, Koreanern und Japanern, stark ausgeprägt aber auch bei Arabern. Im

Anhang II ist ein Bericht wiedergegeben, der zeigt, welche (für uns kaum nachvollziehbaren) Anstrengungen die im Nahostkrieg besiegten Araber unternahmen, um das Gesicht nicht zu verlieren. In mehreren Kulturen – etwa im Fernen Osten und im Vorderen Orient – darf man selbst seinen besten Freund nur unter vier Augen kritisieren. Täte man dies im Beisein anderer Personen, würde der Freund „sein Gesicht verlieren" – eine unverzeihliche Kränkung.

Kulturell überformt ist schließlich auch die Art und Weise, wie man in einem Gespräch „zur Sache" kommt. Europäer und Nordamerikaner pflegen es dabei eher eilig zu haben, ein Verhalten, das Japaner, Araber und auch viele Afrikaner als rüde und unhöflich empfinden. Menschen dieser Kulturen halten es vielmehr für angemessener, erst einmal eine gute persönliche Beziehung zu ihrem Partner aufzubauen; sie nehmen sich Zeit für eine längere Periode des Sich-Kennenlernens und gehen erst danach zum „Eigentlichen" über. Den europäischen und nordamerikanischen Partnern erscheint dieses Vorgehen als Zeitverschwendung.

3. Vorstellungen und Einstellungen

Von vielen Ländern, Völkern und Kulturen haben wir Vorstellungen, Bilder, Images – manchmal nur recht vage und allgemein, manchmal aber auch sehr detailliert und farbig. Und diese Vorstellungen sind in der Regel mit Einstellungen verbunden, das heißt mit wertendem Stellungnehmen. Wenn nun Menschen verschiedener Kulturen einander begegnen, sind fast immer auf beiden Seiten derartige Vorstellungen und Einstellungen mit im Spiel und bestimmen den Begegnungsprozeß mit. Zwar existieren sie „nur" in den Köpfen der Beteiligten, sie sind subjektive Konstrukte, und als solche können sie mehr oder weniger richtig oder falsch sein, sie sagen über objektive Sachverhalte oft nur wenig aus; doch helfen sie dem Menschen bei der Orientierung in seiner Lebenswelt und wirken sich im Verhalten so aus, als seien sie objektiv zutreffend. „The way in which the world is imagined determines at any particular moment what men will do"[132]; „If they believe a situation to be real, they will act as though it is real".[133]

Vorstellungen und Einstellungen hängen eng miteinander zusammen; oft sind sie nur schwerpunktmäßig voneinander zu trennen. Bei den Vorstellungen liegt der Akzent auf dem kognitiven Bereich, bei den Einstellungen mehr auf Bewertungen.

3.1   Vorstellungen von Völkern und Kulturen

„In einem Roman müßte es·sich gut ausnehmen, des Helden Begriffe z.B. von der Erde in einer kleinen Charte vorzustellen. Die Welt würde rund vorgestellt, in der Mitte liegt das Dorf, wo er lebt, sehr groß mit allen Mühlen pp vorgestellt, und dann umher die andern Städte, Paris London sehr klein, überhaupt wird alles sehr viel kleiner, wie es weiter wegkömmt." (Lichtenberg: Aphorismen)

Der Begriff „Vorstellung" umfaßt hier sowohl das Faktenwissen über Länder, Völker und Kulturen als auch deren Images. Das Image einer Nation stellt die Gesamtheit aller Attribute dar, die einer Person in den Sinn kommen, wenn sie an diese Nation denkt.

Im Laufe seiner Sozialisation formt sich der Mensch Vorstellungen von anderen Gruppen, Völkern, Kulturen, also Bilder davon, wie diese Fremden beschaffen sind und worin sie sich von der eigenen Gruppe unterscheiden. Die Quellen und Entstehungsgründe sind in der Regel gar nicht im einzelnen zu erkennen. Nicht selten bestimmen auch Zufälligkeiten ein Image mit. „Im Grunde kann jedes Ereignis bzw. jeder Gegenstand zur Formung eines Images einer anderen Nation beitragen. Sei es, daß eine Flasche italienischen Weines nach Korken schmeckt, der Konsularbeamte Mundgeruch hat oder ein Produkt Made in Germany wieder einmal nicht funktioniert bzw. exzellente Qualität unter Beweis stellt. Sei es, daß eine ausländische Fußballnationalmannschaft unfair spielt bzw. das Spiel so wahrgenommen wird, als ob sie unfairer als das eigene Team spielen würde; wobei in der Regel die zweite Möglichkeit die wahrscheinlichere ist, denn bei der Beobachtung eines Kampfspiels wie Fußball sehen die Anhänger der jeweiligen Teams in aller Regel zwei vollkommen verschiedene Spiele. Die jeweils eigene Mannschaft besteht aus fairen Helden; die gegnerische Mannschaft aus Schurken. Auf Dritte kann das Spiel wiederum ganz andere Effekte haben. Als sich während der Olympischen Spiele in Grenoble die deutsche Eishockeymannschaft mit den Amerikanern prügelte, brachte dies den Deutschen bei den Franzosen, die nicht unbedingt Amerikafans sind, ... einen erheblichen Sympathiegewinn ein."[134]

Images können sehr differenziert und detailliert sein; in vielen Fällen beschränken sie sich jedoch auf einige wenige Merkmale oder Eigenschaften des „Objektes". Solche stark vereinfachten, klischeehaften Vorstellungen nennt man in den Sozialwissenschaften „Stereotype". „Mit Hilfe von Stereotypen ordnet man einzelne Personen ein lediglich aufgrund der Klasse oder Kategorie, zu der diese Personen gehören. Stereotype machen uns zum Beispiel glauben, alle Iren seien jähzornig und rothaarig, alle Japaner seien kleinwüchsig und verschlagen, alle Juden seien schlau und habgierig, alle Schwarzen abergläubisch und faul."[135]

An Beispielen für derartige Stereotype mangelt es nicht; ganze Bücher ließen sich damit füllen: Der Engländer ist nüchtern und traditionsbewußt, der Amerikaner vordergründig und materialistisch, der Italiener leidenschaftlich, musikalisch und unordentlich; die Deutschen gelten bei den anderen als fleißig, gründlich und ehrlich usw. Lessing zeichnet in „Minna von Barnhelm" den Ricault de la Marlinière als flachen Schwätzer, den Major Tellheim dagegen als wahrhaftig und schweigsam.

Anzumerken ist, daß es neben den Stereotypen von fremden Gruppen (Heterostereotype) auch solche von der eigenen Gruppe (Autostereotype) gibt. Darüber hinaus bestehen oft auch noch stereotype Vorstellungen davon, welche Stereotype die anderen von der eigenen Gruppe haben.

Psychologisch sind Stereotype zu verstehen als Entlastung des Ich; sie reduzieren die Komplexität der Realität auf einige wenige leicht überschaubare Grundzüge. Mit Hilfe von Stereotypen wird die Welt leichter handhabbar – unter Verzicht auf alle feineren Schattierungen. Außerdem dienen gemeinsame Stereotype der Identifikation mit der Gruppe und dem sozialen Zusammenhalt.

Damit stellt sich die wichtige Frage, ob und wieweit denn nun Vorstellungen, Images, Stereotype „stimmen", ob sie mit der Realität übereinstimmen. Die Wissenschaft hat darauf bislang keine eindeutige Antwort anzubieten, vor allem weil sie vor schwierigen Methodenproblemen steht, von denen schon im Abschnitt 2.1 über den „Nationalcharakter" die Rede war. Einige Forscher vertreten die Ansicht, in den Stereotypen müsse ein „Körnchen Wahrheit" enthalten sein, denn sonst könnte es sie gar nicht geben. Die Gegenseite ist davon überzeugt (und führt dafür gute Gründe an), daß Stereotype sich ohne jede reale Grundlage entwickeln und somit völlig falsch sein können. Stereotype – so meint diese Seite – sind häufig nichts weiter als neurotische Projektionen. Wie dem auch sein mag, Stereotype sind nur armselige Behelfe, um Menschengruppen zu beschreiben und zu beurteilen.

Menschen mit Stereotypen sind sich zumeist nicht der Tatsache bewußt, wie sehr ihre Wahrnehmung selektiv verzerrt ist und in welchem Maße ihre Stereotypen durch ihre eigenen Wünsche und Bedürfnisse gesteuert werden; die Menschen betrachten ihre Stereotype fast immer als wahr und zutreffend.

Images von Völkern und Kulturen sind im allgemeinen sehr stabil. So werden manche Stereotype nahezu unverändert von Generation zu Generation weitergegeben. Stabilität ist jedoch nicht gleichzusetzen mit Stillstand; auch Images unterliegen einem Wandel. Dabei sind zwei Fälle zu unterscheiden: Zum einen können sich Images ganz allmählich, fast unmerklich verändern im Zuge des sozialen Wandels in einer Gesellschaft. Zum anderen gibt es gelegentlich dramatische Ereignisse, die die internationalen und interkulturellen Images beeinflussen, manchmal sogar in erstaunlich kurzer Zeit. „Man braucht nur daran zu erinnern, wie die Vorstellungen

von den Russen in den Massenmedien der USA aussahen, vor, während und nach dem Zweiten Weltkrieg. Das Vorkriegsbild vom haarigen, gewalttätigen Bolschewiken wurde ersetzt durch das Image vom loyalen Alliierten, der sich nur wenig vom Amerikaner unterscheidet; und als der Weltkrieg dann in einen 'kalten Krieg' überging, kehrte man zum alten Feindbild zurück, wenn auch diesmal nicht ganz so plump, sondern etwas differenzierter."[136]
– „Das amerikanische Stereotyp vom Japaner war 1940 mit Eigenschaften wie intelligent, fleißig, fortschrittlich durchaus positiv, zehn Jahre später dagegen negativ, mit Merkmalen wie nachahmend, schlau, betrügerisch, extrem nationalistisch. Auch das Bild der Deutschen war 1950 noch sehr negativ (u.a. aggressiv, arrogant, extrem nationalistisch)."[137]

Auf einer konkreten Ebene lassen sich diese allgemeinen Einstellungen anhand einer Fülle von Beispielen veranschaulichen. Einige wenige Fälle müssen hier genügen, Fälle, die teils der sozialwissenschaftlichen Literatur, teils aber auch impressionistisch-essayistischen Erfahrungsberichten entnommen sind.

Über die Images – Selbst- wie Fremdbilder – lesen wir bei Scheuch u.a. folgendes: „Deutsche Idealisten – insbesondere vor dem Ersten Weltkrieg – zeigten sich überzeugt, daß es 'wahre deutsche Tugenden' gebe, die Grundpfeiler der deutschen Kultur darstellten. Zu diesen Tugenden zählte beispielsweise der Jurist Otto von Gierke: 'Die seit der germanischen Urzeit von Geschlecht zu Geschlecht vererbte Treue. Das strenge Pflichtbewußtsein. Der Ernst der Lebensauffassung. Der schlichte und gerade Sinn, die Wahrhaftigkeit und die Gerechtigkeit. Der Mut, der die Furcht nicht kennt. Und als der tiefste Born unserer Kraft die religiöse Gewißheit, der Glaube an ein höheres Ziel des Lebens und an das Walten Gottes in den Schicksalen der Menschen.' Nach zwei verlorenen Weltkriegen waren die Deutschen anderer Meinung. Für ihre besten Eigenschaften hielten Bundesdeutsche Fleiß, Tüchtigkeit und Strebsamkeit, erst mit weitem Abstand folgten Ordnungsliebe und Zuverlässigkeit. Die vielzitierte deutsche Treue kam 1965 mit gerade 6% auf einen vierten Platz. Mut und Tapferkeit nannten nur 3%; damit rangierten diese Tugenden auf dem abgeschlagenen achten Platz. So führte Anfang der sechziger Jahre die Gallup-Kette Repräsentativbefragungen in einigen Ländern Asiens und Lateinamerikas zu den 'typischen' Eigenschaften anderer Völker durch. Gefragt wurde nach dem Bild des 'typischen' Russen, Nordamerikaners, Deutschen und Engländers. Die nachstehende Tabelle gibt

wieder, wie der 'typische Deutsche' in den erfaßten Ländern gesehen wurde.
Frage: „Es wird oft behauptet, daß die Deutschen auf der ganzen Welt
unbeliebt sind. Was denken Sie, ist der Grund dafür?"

	1955 %	1956 %	1959 %	1969 %	1974 %	1975 %	1980 %
Unsere negativen Eigenschaften, darunter:	45	46	51	60	60	62	61
– vom Krieg, vom Dritten Reich her	13	14	21	38	32	27	36
– Überheblichkeit, Rechthaberei, wenig kontakt freudig zu Ausländern	16	16	15	13	19	26	17
– zu strebsam	8	7	7	4	3	6	6
– schlechtes Benehmen (im Ausland)	8	5	7	6	7	8	4
Unsere positiven Eigenschaften, darunter:	25	25	19	20	18	17	22
– Fleiß, Tüchtigkeit, (Konkurrenz-) Neid der anderen	20	20	16	18	16	15	19
– durch Hetze, falsche Propaganda	3	3	2	1	1	1	2
– Intelligenz	1	1	-	-	-	-	-
– Die Deutschen sind nicht unbeliebt	14	13	10	9	15	7	9
– andere Erklärung	2	4	3	2	3	5	4
– keine Angaben	14	16	20	14	11	16	11
	100	104	103	105	107	107	107

Von den Lateinamerikanern wurde der 'typische' Deutsche als besonders
fleißig beurteilt, galt aber als weniger 'gründlich' als der Engländer, auch
weniger 'gebildet' und etwa in gleicher Weise 'intellektuell' wie die Engländer
und Nordamerikaner... Das Bild des Deutschen ist also von Land zu Land
sehr unterschiedlich. Ebenso differenziert waren auch die Stereotypen der
anderen erfaßten Nationen... Unser Image ist also viel weniger unfreundlich,
als wir glauben. Dennoch ist die große Mehrheit der Deutschen davon
überzeugt, auf der ganzen Welt nicht sehr beliebt zu sein. Aber diese Form
der Paranoia findet sich auch bei den anderen Völkern, wie etwa den
Amerikanern."[138]

In vielen anderen Ländern gilt „Tüchtigkeit" als eine besonders markante
Eigenschaft der Deutschen, wobei anzumerken ist, daß dieses Wort kaum
adäquat in einer anderen Sprache wiederzugeben ist (ähnlich wie „Gemütlichkeit" oder „Heimat"). Unter den südlichen Nachbarn Deutschlands sind

häufig die Klischees des etwas schwerfälligen, ernsthaften und langweiligen Deutschen verbreitet. Die im Umgang eher unverkrampften Südländer tun sich schwer mit der „Höflichkeit und Förmlichkeit". Das Leben in Deutschland wird als „freudlos" und manchmal sogar „inhuman" gesehen.

Eine empirische Untersuchung in Indien ging der Frage nach: Welche Images haben indische Studenten von US-Amerikanern, Sowjetrussen, Engländern, Arabern und Deutschen (in der alten Bundesrepublik)? Außerdem wurde auch das Selbstbild der Inder erfaßt. Hier einige Ergebnisse: „Mehr als die Hälfte aller Befragten hielt die Sowjets, die Amerikaner, Chinesen und Westdeutschen für fleißig und hart arbeitend; diese Nationen galten auch als progressiver im Unterschied zu Indern und Arabern. Doch gab es dabei insgesamt keine bemerkenswerten Unterschiede im Hinblick auf die Anteile von positiven und negativen Attributen. 'Friedliebend' schrieben mehr als zwei Drittel den Indern zu, ein Merkmal, das sonst bei anderen Nationen kaum einmal genannt wurde. Für Inder taucht 'materialistisch' nur selten auf, wohl aber für Amerikaner, Deutsche, Sowjets und Engländer (in dieser Reihenfolge). Wer als materialistisch gilt, wird in der Regel nicht als 'rückständig' eingestuft. Deutsche, Engländer und Russen wurden mehrheitlich als 'tapfer' und 'selbstdiszipliniert' bezeichnet, die Amerikaner als 'dominant', Engländer und Araber als 'heuchlerisch'. Nur ganz selten erhielten die Araber die Attribute 'fleißig', 'intelligent', 'praktisch', 'friedliebend' ... Die wichtigsten Faktoren, die diese Images mitbestimmen, waren Religion und Einkommen, wobei zu berücksichtigen ist, daß viele Hindus den moslemischen Arabern von vornherein ablehnend gegenüberstehen. Der Faktor Einkommen hängt eng zusammen mit dem Bildungsstand, mit der Mediennutzung und mit der Wahrscheinlichkeit, schon in Kindheit und Jugend mit Menschen anderer Nationen in Kontakt zu kommen ... Schließlich hat offenkundig auch die politische Orientierung Einfluß auf diese Images, ganz besonders ausgeprägt bei jenen Individuen, die einer linken Ideologie und linken Parteien anhängen."[139]

Das Bild, das die Süd-Koreaner von den Japanern haben, ist immer noch von der Vergangenheit geprägt. In einer Untersuchung mit Wortassoziationstests verbanden die Koreaner Japan mit „Herrschaft", „Krieg" und „Militarismus". Wegen seiner Stärke und geographischen Nähe achtet man Japan, jedoch nicht als Freund oder Verbündeten, sondern aus einer gewissen kritischen Distanz heraus.[140]

Das Image von den Deutschen bei den US-Amerikanern war und ist seit dem Zweiten Weltkrieg recht ambivalent. In einem Forschungsbericht aus dem Jahr 1989 heißt es u.a.: „Daß nach Ansicht vieler Amerikaner 'kein Volk schwerer auf einen Nenner zu bringen ist als die Deutschen', dürfte einer der Gründe sein für die in den Vereinigten Staaten weit verbreitete 'alte Neigung, den Deutschen alles zuzutrauen'. So glaubt beispielsweise Pächter, daß die Deutschen den Amerikanern immer ein 'Rätsel' geblieben seien, 'da sie Charaktere von so unterschiedlicher Richtung hervorgebracht haben' und dabei 'von einem Extrem zum anderen' gingen. Dieses 'Unberechenbare im deutschen Charakter' und das 'janusartige Gesicht der Deutschen', die 'zwei Seelen in ihrer Brust hätten', führte Craig auf die 'fehlende Logik im Handeln der Deutschen zurück'... Bei einer näheren Analyse zeigt sich allerdings, wie zwiespältig das 'Deutschlandbild' der Amerikaner ist, denn bei einer Reihe von Meinungsumfragen wurden die Deutschen zwar meist als das 'zweitähnlichste Volk nach den Briten' eingestuft, gleichzeitig aber bei den am meisten unsympathischen Völkern auf Platz drei eingeordnet... Allerdings scheint auch ein Unterschied zu bestehen zwischen der Einstellung zu den 'Deutschen als Volk' und den 'Deutschen als Einzelperson'. So ergab sich beispielsweise bei den von Koch-Hillebrecht und Jones/Ashmore durchgeführten Untersuchungen, denen die 'soziale Distanz' als Meßkategorie zugrunde lag, daß ein 'Deutscher' als Schwiegersohn, Familienmitglied oder Mitbürger außerordentlich sympathisch erschien und in diesem Bereich nur noch von den Engländern und Kanadiern übertroffen wurde... Mittlerweile scheinen sich allerdings derartige Stereotype einer 'typisch-deutschen' militaristischen Aggressivität und politischen Unberechenbarkeit ebenso abzuschwächen wie die bis Ende der 60er Jahre bestehende Vorstellung eines undemokratischen und autoritären Familienlebens in Deutschland, das die Entwicklung von zivilem Ungehorsam nicht ermögliche. Stapf/Strorbe/Jonas stellten nach Abschluß ihrer Studentenbefragung auch insgesamt fest, 'daß sich die Bundesrepublikaner gleichsam zu einem Volk ohne Eigenschaften entwickelt haben'. So ermittelten sie bei der Analyse der ausgefüllten Eigenschaftslisten nur eine geringe Polarisierung der Eigenschaftsbeziehungen, die zusätzlich ein Indiz dafür sein könnte, daß sich das Deutschlandbild der Amerikaner gegenwärtig in einem Wandel befindet".[141]

Außer sozialwissenschaftlichen Forschungsergebnissen liegt eine unüberschaubare Fülle von essayistisch-impressionistischen Berichten vor, in denen die Verfasser aus subjektiver Sicht ihre Vorstellungen und Eindrücke von fremden Völkern und Kulturen darlegen. Hier eine kleine Auswahl:

Ein Afrikaner sieht die Europäer etwa so: Sie unterscheiden sich von uns nicht nur durch ihre Hautfarbe, sondern auch durch ihre Art, sich auszudrücken, ihre Gewohnheiten und durch ihr ganzes Wesen. Es gibt welche, die sind gut, freundlich und geduldig. Sie wissen, was gut und böse ist, und sie versuchen, unsere Sitten zu verstehen. Dann gibt es aber auch Hitzköpfe, die sich kaum die Zeit nehmen, uns kennenzulernen. – Die Weißen haben eine faszinierende Art, ihre Angelegenheiten zu erledigen. Sie wollen alles genauestens geregelt haben. Nicht so wie viele Schwarze, die sich erst einer Sache zuwenden, dann eine zweite in Angriff nehmen und am Schluß dann doch nichts erledigen. Die Weißen sind äußerst buchstabengläubig. Sie können kaum etwas im Kopf behalten, wenn sie es nicht aufgeschrieben haben. Jedes Mal, wenn ich kam, mußten sie sich Notizen machen, bevor sie sich mit meinen Wünschen beschäftigen konnten. Manchmal gingen zwanzig und mehr Männer mit Beschwerden zu den Weißen, und nur weil die Klagen alle in einem Buch notiert wurden, gingen sie nicht vergessen. – Die Weißen verbringen die meiste Zeit in ihren Büros und zu Hause. In ihren Häusern sieht man immer irgendwelche Dienstboten den Boden kehren oder die Zimmerdecke abstauben. Ende des Monats erhalten sie dann eine große Summe Geld. Ich finde das eine Verschwendung für das bißchen Arbeit. – Gut ist, wie sie ihre Häuser und Gärten pflegen, aber wir könnten dort nie eine Blume pflanzen, wo eigentlich Yams und andere zur Ernährung notwendige Feldfrüchte wachsen sollten. Sie scheinen sich besonders für Dinge zu interessieren, von denen sie nicht leben können. Warum ist es wohl wichtiger für sie, ihren Augen statt ihrem Magen zu genügen? – Außerdem geben sie ihr Geld nicht richtig aus. Sie bezahlen zum Beispiel diejenigen, die für sie das Essen kochen und doch auch einen Teil davon bekommen. Uns erscheint das lächerlich, wenn doch eine Frau, eine Schwester oder ein Bruder da ist, der das für einen tun kann.

Die Indianer wurden von den Weißen Nordamerikas oft mit Hilfe von (vorwiegend negativen) Stereotypen beschrieben. Generell betrachtete man sie als unzivilisiert und den Weißen unterlegen. „Manchmal behaupteten weiße Schreiber schlicht, die Indianer seien kriegerisch, roh, faul, einfach, unzuverlässig und dergleichen mehr ... Wenn Indianer Weiße töteten, war das ein 'Massaker', während Weiße die Indianer lediglich 'bekämpften'. Weiße schützten Heim und Familie vor der 'Bedrohung' und 'Gefahr' durch die Wilden. Aber nur selten werden die Indianer bezeichnet als ihr Land und Leben verteidigend gegen die ständig vordringenden Weißen."[142]

Anzumerken bleibt noch: Images von Völkern und Nationen lassen sich auch systematisch aufbauen und pflegen. Zahlreiche Regierungen und andere Institutionen machen von derartigen Public-Relations-Maßnahmen Gebrauch[143], meist um das eigene Land in anderen Ländern aufzuwerten, manchmal aber auch, um bei der eigenen Bevölkerung Feindbilder von anderen Nationen aufzubauen. Über die Effekte derartiger Bemühungen ist bislang nur wenig bekannt. Einig ist man sich weitgehend darüber, daß es meist eines langwierigen und mühsamen Prozesses bedarf, um ein positives Image aufzubauen, ganz besonders natürlich dann, wenn zunächst ein ausgeprägtes negatives Images vorherrscht.

3.2   Einstellungen gegenüber Völkern und Kulturen

Als „Einstellungen" bezeichnet man die wertenden Stellungnahmen zu Personen, Gruppen, Sachverhalten, Objekten. In der Fachliteratur begegnen wir in dieser Bedeutung auch den Begriffen „Meinungen", „Attitüden", „Überzeugungen", die jeweils für bestimmte Teilaspekte stehen.

Was bei den Vorstellungen die Stereotype sind, sind bei den Einstellungen die *Vorurteile.* Ein Vorurteil ist „eine ablehnende oder feindselige Stellungnahme gegen eine Person, die zu einer bestimmten Gruppe gehört, nur weil sie zu dieser Gruppe gehört und weil deshalb von ihr vorausgesetzt wird, daß sie die anfechtbaren Eigenschaften hat, welche dieser Gruppe zugeschrieben werden."[144]

Vorurteile gibt es nicht nur gegenüber Nationen und Völkern, sondern auch gegenüber Teilgruppen, Subkulturen, Minderheiten in der eigenen Gesellschaft, so zum Beispiel gegenüber Hippies, Juden, Zigeunern, Homosexuellen, Obdachlosen. In diesen Zusammenhang gehören auch die wechselseitigen negativen Einstellungen zwischen Bayern und Preußen, Badenern und Württembergern.

Vorurteile werden im Laufe des Sozialisierungsprozesses erlernt, und zwar aus verschiedenen Quellen, bei denen zweifellos im Normalfall das Elternhaus an erster Stelle steht. Vorurteile entstehen also in den meisten Fällen nicht durch interkulturelle Begegnungen, sondern durch das Übernehmen bereits vorhandener Vorurteile. „Negative Vorurteile und feindliche Gefühle gegenüber Andersgearteten und Andersdenkenden nähren sich aus dem Bedürfnis nach Ordnung und Gesichertsein. Sie begründen sich aus der dem Menschen eigenen Disposition, vorsichtig, distanziert und mißtrauisch zu sein gegenüber Unbekanntem, Neuartigem und allen Einflüssen, welche die tägliche Routine und die eingespielten Denk- und Verhaltensmuster stören könnten. Dahinter verbirgt sich die Angst, daß die Öffnung nach außen, das Gewährenlassen des Neuen, Andersartigen Besitzstände schmälert, Sand ins Getriebe der 'guten' und 'bewährten' Normalität streut, Stabilität und Ordnung gefährdet und sozialen Wandel mit zweifelhaftem Ausgang fördert."[145]

Verschiedene Persönlichkeitstypen neigen in unterschiedlichem Maße zu Vorurteilen, wobei zu berücksichtigen ist, daß Personen, die sich stark von Vorurteilen leiten lassen, sich dieser Tatsache überhaupt nicht bewußt sind, sondern ihre Einstellungen für sachlich voll berechtigt halten. – Besonders durch Vorurteile bestimmt ist die „autoritäre Persönlichkeit", ein Typus, der nach dem Zweiten Weltkrieg unter dem Eindruck der nazistischen Rassenideologie von Adorno und Mitarbeitern konzipiert und untersucht wurde. Autoritäre Persönlichkeiten lassen sich skizzenhaft so beschreiben: Sie kommen aus relativ affektarmen Familien, in denen die Eltern strikten Gehorsam gegenüber den konventionellen Verhaltensmustern verlangen. Dort bietet sich wenig Gelegenheit für eine spontane Entwicklung des Selbst. Sexualität und Aggression sind tabu. Kinder in derartigen Familien entwickeln ein nachgiebiges, unterwürfiges Verhalten und unterdrücken feindselige Gefühle den Eltern gegenüber. So entsteht eine Spaltung zwischen den bewußten und den unbewußten Segmenten der Persönlichkeit. Solche Individuen sehen schließlich die Welt nur noch als gefährlich und bedrohlich; Sicherheit liegt im Konformismus mit den konventionellen Verhaltensmustern. Vorurteile spielen eine funktionale Rolle als Stütze des Selbstbildes und als äußere Zielscheibe, als Feindbild. Das Individuum, das sich im Grunde schwach und unsicher fühlt, legt großen Wert auf Macht und Stärke, verachtet schwache Outgroups und bewundert starke Führer. Besonders entmutigend ist dabei die Tatsache, daß diese Vorurteile weiterbestehen, solange die Bedingungen in der Familie sich nicht ändern. Personen mit starken Vorurteilen sind Ermahnungen oder einer Erziehung zu Toleranz kaum zugänglich.[146]

Wie zahlreiche sozialwissenschaftliche Studien belegen, gibt es deutliche Unterschiede je nachdem, ob es sich um abstrakt-allgemeine Vorurteile handelt oder ob es um die Einstellungen gegenüber Individuen in der direkten persönlichen Begegnung geht. Ein und dieselbe Person kann auf der allgemeinen Ebene ein überzeugter Antisemit oder ein Franzosenhasser sein und auf der Ebene der konkreten Begegnung einen Juden oder Franzosen durchaus akzeptieren und ganz normal mit ihm umgehen. Offensichtlich fällt es Menschen leichter, ganze Gruppen abzulehnen als sich einer Einzelperson gegenüber ablehnend zu verhalten. Die Einzelperson wird dann häufig als „Ausnahme" interpretiert, die es schließlich ja auch gibt.

Einstellungen (wie auch Vorstellungen) gegenüber anderen Völkern, Nationen, Kulturen sind in aller Regel sehr stabil. Aufgrund umfangreicher Untersuchungen kommen Karl Deutsch und Richard Merritt zu dem Schluß: „Fast nichts in der Welt scheint imstande zu sein, in den meisten Ländern die Einstellung von mehr als 40 Prozent der Bevölkerung zu verändern, nicht einmal in zehn oder zwanzig Jahren. Ereignisse, welche die übrigen 60 Prozent beeinflussen könnten, sind äußerst selten, und auch dann nur bei besonderen Konstellationen der Bedingungsfaktoren. Die meisten spektakulären politischen Ereignisse verändern die Einstellungen von höchstens einem Fünftel bis zu einem Drittel der Bevölkerung, und auch das nur unter bestimmten Voraussetzungen und bei Kumulation."[147]

Damit ist gesagt, daß es natürlich auch Einstellungsänderungen gibt, aber eben meist nicht so dramatisch und so schnell, wie man annehmen könnte. Ein Beispiel für ein Umschlagen von positiven zu negativen Einstellungen bietet der Fall der Chinesen in Kalifornien: „Zu Beginn ordnete sich das Rassenvorurteil der industriellen Notwendigkeit unter. Die Chinesen gehörten zu den 'wertvollsten unserer neu aufgenommenen Bürger', sie waren 'unsere ordentlichsten und fleißigsten Bürger', 'die besten Einwanderer in Kalifornien'; sie waren 'sparsam', 'unauffällig', 'langsam', 'inaggressiv', 'friedlich'; sie zeigten 'allseitige Fähigkeiten' und eine über jedes Lob erhabene 'Anpassungsfähigkeit'. Als eine Reihe von Jahren verging, brachten die vielfältigen Aktivitäten der Chinesen in den Städten sie wieder in einen Konkurrenzkampf mit den weißen Arbeitnehmern in einer zunehmend großen Zahl von Berufen ... Die Chinesen waren nun ein 'fremdes Volk', 'unassimilierbar', 'an ihren eigenen Sitten und Gesetzen festhaltend'. Sie 'schlugen keine Wurzeln in Amerika', sie 'schafften Gold nach Hause', sie 'wollten zurück nach China'. Allein ihre Anwesenheit 'senkte den Lebensstandard', sie 'verdrängten den weißen Arbeiter'. Sie waren 'ihrer Sippe verhaftet', waren 'gefährlich' aufgrund ihrer geheimen Gesellschaften, 'kriminell', 'undurchschaubar in ihren Aktionen', 'falsch und servil', 'hinterlistig und bösartig', niedriger stehend von einem intellektuellen und moralischem Gesichtspunkt aus. Sie waren 'schmutzig und abstoßend in ihren Gewohnheiten' und ihre 'unhygienischen Wohnviertel machten die Nachbarschaft unbewohnbar'. Sie waren 'unerwünscht als Arbeiter und Bewohner des Landes'".[148]

Sowohl bei den Vorstellungen als auch bei den Einstellungen liegt die Annahme nahe, persönliche Begegnungen seien geeignet, die Images und Attitüden gegenüber anderen Völkern und Nationen entscheidend zu verändern. Dieser Frage, die für die Problematik der interkulturellen Begegnung höchst bedeutsam ist, sind Sozialwissenschaftler in mehreren empirischen Untersuchungen nachgegangen. Die Ergebnisse sind nicht ganz eindeutig und nicht so klar und einfach, wie man es sich wünschen möchte. Wie so oft in den Sozialwissenschaften muß man erkennen, daß die Antwort auf eine scheinbar einfache Frage lautet: Das kommt ganz auf die jeweiligen Bedingungen an – und das heißt: auf die Konstellation der beteiligten Faktoren.

„Wie die Forschung zeigt, kann der *Kontakt* zwischen antagonistischen Gruppen bessere Beziehungen zwischen den Gruppen begünstigen und bestehende Feindschaften vermindern, wenn – und nur wenn – viele andere Faktoren dem förderlich sind; das bloße Einanderausgesetztsein hilft nicht und intensiviert eher bestehende Haltungen. Veränderungen als Ergebnis von Kontakten sind am wahrscheinlichsten, wenn der Kontakt eher lohnend als nachteilig ist, wenn er einem wechselseitigen Interesse oder Ziel dient und wenn die Teilhabenden empfinden, daß der Kontakt das Resultat ihrer eigenen Entscheidung war."[149]

Übrig bleibt somit die Einsicht: Je nach den Bedingungskonstellationen können persönliche Kontakte die Einstellungen zu anderen Völkern (a)

verbessern, (b) unberührt lassen, (c) bestätigen und verstärken, (d) ver-
schlechtern. Jedenfalls sollte man nicht a priori erwarten, daß Kontakte allein
schon in der Lage wären, negative Einstellungen und Vorurteile aufzubre-
chen. Im übrigen verhindern negative Einstellungen oft schon im Vorfeld,
daß es überhaupt zu Kontakten kommt.

Vorstellungen und Einstellungen bestimmen zwar häufig auch das Verhalten der Menschen gegenüber Fremden mit, sie tun dies aber keinesfalls
immer einfach und direkt, sondern oft auf recht komplexe Art und Weise.
„Die Grundeinsicht der Sozialwissenschaften über die Beziehungen zwischen Attitüden und Verhalten besagt: Positive Attitüden garantieren keineswegs auch ein entsprechend positives Verhalten. Es gibt so viele Faktoren,
die das Verhalten der Menschen mitbestimmen, daß eine einfache Relation
zwischen Attitüden und Verhalten ein dürftiges Modell wäre im Hinblick auf
die viel komplexere Realität ... Zu den Faktoren, die dabei mitwirken,
gehören u.a.: (1) Wissen: Jemand mag bereit sein, mit den Mitgliedern von
Outgroups zu interagieren, aber er weiß nicht, wie er den Kontakt herstellen
und was er sagen soll. (2) Sozialer Druck: Positive Attitüden für Outgroup-
Kontakte können unwirksam bleiben, weil die Ingroup solche Kontakte
mißbilligt. (3) Frühere Erfahrungen: Mitglieder der eigenen Gruppe haben
früher einmal schlechte Erfahrungen mit Angehörigen der Outgroup gemacht,
und so geht man weiteren Kontakten aus dem Wege."[150]

3.3   Zu den Einflüssen der Medien auf Vorstellungen und Einstellungen

Das Thema dieses Abschnittes ist außerordentlich weitläufig, vielschichtig
und komplex. Im hier gegebenen Rahmen können nur die wichtigsten
Aspekte in ihren Grundzügen dargestellt werden.

Vorstellungen und Einstellungen entstehen beim Individuum im Verlaufe
der Sozialisation. Beim Hineinwachsen in seine Gesellschaft erwirbt sich der
Mensch mancherlei Wissen über fremde Länder und Völker, er übernimmt
Images und Stereotype, Attitüden und Vorurteile. Dabei wirken zahlreiche
Einflußfaktoren mit, so vor allem: Familie, Kirche, Schule, die Gruppe der
Gleichaltrigen (Peer-Group) und nicht zuletzt die Medien der Massenkom-
munikation.

Medien sind technische Mittel, die der Verbreitung von Aussagen in der Öffentlichkeit dienen; sie reichen vom Buch über Plakate, Zeitungen und Zeitschriften, Film, Hörfunk und Tonträger bis zu Fernsehen und Videokassetten. Den Medien fällt eine Funktion zu, die für den einzelnen wie für die ganze Gesellschaft von größter Bedeutung ist: Medien vermitteln Sekundärerfahrung, und dadurch erweitern sie den Bereich dessen, was dem Menschen an Wissen, Einsichten, Kenntnissen, Erfahrungen zur Verfügung steht. Durch Sekundärerfahrung überwindet der Mensch die Beschränkung auf das Hier und Jetzt. Als Gegenstück zur direkt erfahrbaren „Nahwelt" erschließt er sich eine „Fernwelt" in Raum und Zeit. So gesehen sind die Medien großartige Instrumente, um mehr von der Welt zu erfahren, als durch Primärerleben möglich ist. Was wüßten wir denn von fernen Ländern und vergangenen Zeiten, gäbe es keine Medien?

Schon in früheren Zeiten haben die damals vorhandenen Medien – Buch, Zeitung, Zeitschrift, Flugblatt – die internationalen und interkulturellen Vorstellungen und Einstellungen mitgeformt, nicht nur durch Nachrichten, sondern mehr noch durch Reiseberichte, Erzählungen, Literatur; man denke etwa an die Märchen aus Tausendundeiner Nacht, an Marco Polos Beschreibungen des fernen Osten, Onkel Toms Hütte, Karl Mays Abenteuerromane mit Skipetaren und Indianern, Rudyard Kiplings Indienbücher. Mit den modernen „Massen"medien hat sich der Umfang derartiger Aussagenangebote gewaltig ausgeweitet, und diese Aussagen erreichen – zumindest potentiell – in den meisten Ländern die gesamte Bevölkerung. Die Menschen beziehen heute einen großen Teil ihres Weltbildes, ihrer Images und Attitüden aus den Medien. Besonders starke Einflußmöglichkeiten schreibt man dabei dem Fernsehen zu, zum einen, weil dieses Medium dem Zuschauer suggeriert, Augenzeuge zu sein, zum anderen, weil das Fernsehen in vielen Ländern von einem großen Teil der Bevölkerung extensiv genutzt wird.

Die Einflüsse der Medien auf Vorstellungen und Einstellungen verlaufen nun keineswegs so einfach und durchsichtig, wie man zunächst annehmen mag.[151] Auch die Kommunikationswissenschaftler erkannten erst in einem langen und mühsamen Lernvorgang, daß die Prozesse der Medienwirkungen außerordentlich komplexe Phänomene darstellen, die der empirischen Erforschung große Schwierigkeiten bereiten.

Die Wirkungsproblematik beginnt schon bei den Aussagen selbst, also bei dem, was die Medien „veröffentlichen". Wie diese Angebote beschaffen sind, weiß man zwar mit Hilfe zahlreicher systematischer Inhaltsanalysen recht genau,[152] doch ist es vielfach unklar, wie sich das so geartete Angebot tatsächlich bei den Rezipienten auswirkt. Eine Grunderkenntnis der Inhaltsanalysen besagt: Die Medien liefern keineswegs ein Bild von der Welt, wie sie wirklich ist, das Medienangebot zeigt kein schlichtes Abbild der Realität. Die Medienrealität weicht von der „wirklichen Wirklichkeit" beträchtlich ab, und zwar durchaus nicht zufällig, sondern in ganz bestimmten Richtungen. So sind bei uns in der Fernsehfiktion – um einige wenige Beispiele zu nennen – Frauen, ältere Leute, Arbeiter, Arbeitslose deutlich unterrepräsentiert; Männer, Ärzte, Rechtsanwälte kommen überdurchschnittlich häufig vor; bestimmte Minderheiten erscheinen fast gar nicht im Fernsehen; Gewaltkriminalität spielt auf dem Bildschirm eine bei weitem größere Rolle als in der Realität – kurz, wann und wo immer wir die beiden Welten messend miteinander vergleichen können, kommen wir zu dem Ergebnis: Die Medienrealität ist eine Welt für sich, eine Welt, in der die Akzente der Beachtung und damit auch der Gewichtung deutlich anders gesetzt sind als in der objektiven Realität. Die Gründe für derartige „Verzerrungen" liegen darin, daß beim Entstehen von Medienaussagen immer zwei Faktoren mit am Werk sind: Selektion und Gestaltung. Was die Medien bringen, kann nur eine Auswahl aus vielen Möglichkeiten darstellen; und das Ausgewählte muß immer in eine bestimmte Form gebracht, es muß gestaltet werden. Selektion und Gestaltung wiederum werden in hohem Maße bestimmt durch die Erwartungen und Vorlieben des Publikums, das offensichtlich in den Medienangeboten nicht so sehr das „Normale" des Alltagslebens, sondern gewisse „Verzerrungen" bevorzugt.

Nun könnte man annehmen, die „verzerrte" Medienrealität wirke sich entsprechend „verzerrt" auf die Vorstellungen und Einstellungen der Rezipienten aus; wenn die Medienaussagen so und so beschaffen sind – so dieser Kurzschluß –, dann müssen sich auch genau diese inhaltlichen „Verzerrungen" als Wirkungen bei den Rezipienten wiederfinden. Tatsächlich galt dieses einfache Wirkungsmodell längere Zeit auch in der Kommunikationswissenschaft. Doch hat man diesen linearen, monokausalistischen Ansatz schon bald als unzulänglich und irreführend erkannt und durch wesentlich komplexere Modelle ersetzt. Zum einen weiß man heute, daß am

Wirkungsprozeß sehr viele (untereinander interdepedente) Faktoren beteiligt sind; und zum anderen legt man der Wirkungsforschung ein neues Bild vom Menschen zugrunde. Man versteht nun den Rezipienten nicht mehr als passiven, schutzlosen Empfänger von Medienaussagen, sondern als Person, die sich aktiv, selektiv, projektiv, interpretierend, bedeutungzuweisend und oft auch widerspenstig am Prozeß der Massenkommunikation beteiligt. Diese neue Auffassung stellt der Medienwirkungsforschung – am Rande vermerkt – eine Reihe schwieriger und bislang nur zum Teil gelöster Aufgaben, vor allem in Hinblick auf die Untersuchungsmethoden. Zu bedenken ist auch, daß die Medien nicht die einzige Quelle von Information und Sozialisation, sondern lediglich *eine* Quelle unter zahlreichen anderen darstellen. Bei dieser Sachlage ist es äußerst schwierig und manchmal unmöglich herauszufinden, woher die Vorstellungen und Einstellungen gegenüber Völkern und Kulturen stammen.

Images und Attitüden gegenüber anderen Nationen und Kulturen werden häufig unbeabsichtigt, ganz beiläufig vermittelt, einfach dadurch, daß die Handlung in einem fremden Land mit einer eigenen Kultur spielt. Dabei fließen oft genug Stereotype, klischeehafte Darstellungen und Vorurteile mit ein, ohne daß damit eine Beeinflussung beabsichtigt wäre. Zum einen wissen die Produzenten, daß derartige Vereinfachungen beim Publikum gut ankommen, und zum anderen ersparen Klischees und Stereotype lange und umständliche Expositionen: Mit Hilfe einiger weniger Merkmale oder Eigenschaften weiß der Rezipient sofort, mit welchem „Typ" er es zu tun hat. Die ständige Wiederholung kann dann die schon vorhandenen Images und Attitüden bestätigen und verstärken. Man sieht es ja in den Medien oft genug: Die Franzosen sind große Liebhaber, die Nordamerikaner sind oft rücksichtslose Geschäftsleute, die Menschen in der Südsee wohnen in Grashütten, mexikanische Fischer gehen ihrem Handwerk nach wie in Urzeiten, Indianern kann man nie trauen.[153] Unterschwellig, also ohne erkennbare belehrende und informierende Absichten, tragen somit auch Unterhaltungssendungen wie Spielfilme, Serien, Quiz und Talk-Shows zur Prägung von Images und Attitüden bei, nicht zu vergessen Sportübertragungen und -berichte und schließlich auch die Werbung. Ja, sogar Opern, Operetten und Schlager vermitteln nicht selten bestimmte Images von den Menschen in anderen Ländern; Beispiele gibt es genug, so u.a. Boris Godunow, Madame Butterfly, der Rosenkavalier, das Land des Lächelns, der Zigeunerbaron und viele Lieder über Frankreich im allgemeinen und Paris im besonderen. Unsere Vorstellungen etwa von „den" Russen, „den" Amerikanern und „den" Chinesen werden oft durch derartige Kulturprodukte beeinflußt.

Beabsichtigte Medienwirkungen stehen meist im Dienste pädagogischer, politischer oder wirtschaftlicher Ziele und Interessen. So auch die beabsichtigte Beeinflussung von internationalen und interkulturellen Vorstellungen und Einstellungen. Dabei können sich die Beeinflussungsversuche auf die eigene Bevölkerung (Ingroup) oder nach außen (Outgroup) richten. Wenden sich die Medien an die eigene Bevölkerung, dann geschieht dies oft unter politischer Perspektive: Es soll der Bevölkerung ein bestimmtes – positives oder negatives – Image von einem anderen Land oder Volk vermittelt werden. Nach außen hin steht eine solche Öffentlichkeitsarbeit fast immer im Dienste der Imagepflege: Man will ein möglichst positives Bild vom eigenen Land, von seinen Menschen und seiner Kultur vermitteln und negative Vorstellungen und Einstellungen abbauen. Derartige Bemühungen haben jedoch nur dann Erfolgschancen, wenn die „Botschaft" der Mentalität der Zielgruppe entspricht. Schon kleine Fehler oder Unstimmigkeiten können die Glaubwürdigkeit beeinträchtigen, und nicht selten haben sie einen „Bumerang-Effekt" zur Folge; sie bewirken gerade das Gegenteil von dem, was man eigentlich erreichen wollte.

Alles in allem sollte man jedoch die Aussichten, mit Medienkampagnen die internationalen Vorstellungen und Einstellungen zu beeinflussen, nicht zu hoch einschätzen. So dürfte es kaum gelingen, nur auf diese Weise tief verwurzelte und seit Jahrhunderten tradierte Images und Attitüden entscheidend zu verändern und etwa eingefahrene Feindbilder abzubauen, wie sie beispielsweise zwischen Indern und Chinesen, Tamilen und Singhalesen, Türken und Griechen, Serben und Kroaten bestehen. Einflußmöglichkeiten sind nach den Erkenntnissen der Kommunikationsforschung vor allem dann gegeben, wenn es lediglich darum geht, schon vorhandene Vorstellungen und Einstellungen zu verstärken.

*

Seit Jahrzehnten fordern die Länder der Dritten Welt eine „Neue Welt-Informations- und Kommunikationsordnung". Sie fordern eine ausgewogene und gerechte Behandlung der Entwicklungsländer in der weltweiten Massenkommunikation. Dieser Problemkreis hat seine Bedeutung auch für die Thematik der internationalen und interkulturellen Begegnung.

Oft wird den Medien der Industrieländer vorgeworfen, sie vernachlässigten die Geschehnisse in der Dritten Welt, und wenn sie darüber berichten, dann geschehe dies einseitig und verzerrt. Diese These ist durch zahlreiche Inhaltsanalysen abgesichert, bedarf jedoch einer etwas differenzierteren Betrachtung. Zum einen richtet sich in aller Welt das Interesse und die Aufmerksamkeit immer schon stärker auf das Geschehen in den großen Industrieländern, die letztendlich ja auch einen weitaus stärkeren Einfluß auf die gesamte Weltpolitik ausüben als viele Länder der Dritten Welt. Und zum anderen haben die nationalen Nachrichtenagenturen, die mittlerweile auch in den meisten Entwicklungsländern etabliert sind, sich diesen Gepflogenheiten weitgehend angepaßt. Dennoch bedarf es bewußter Anstrengungen, um hier zu einer ausgewogenen Berichterstattung zu kommen.

Doch ist es nicht nur die Ungleichgewichtigkeit, die in der internationalen Berichterstattung vorherrscht, kritisiert werden auch die Inhalte der Informationen: Berichte über Entwicklungsländer konzentrieren sich auf negative Ereignisse, also auf Katastrophen, Kriege, Gewalt, Korruption, Hungersnöte, und sie lassen positive Aspekte wie Erfolge in der Wirtschaftspolitik außer acht, ebenso Hintergrundinformationen, die zeigen, warum ein Land diese oder jene Ziele erreicht oder auch nicht erreicht hat. Derartige Forschungsergebnisse liegen in großer Zahl vor. Beispiel: Untersucht wurde im Jahr 1977, wie die renommierte Neue Zürcher Zeitung über Schwarzafrika informierte. Hier einige Passagen aus dem Forschungsbericht: „Als erstes fallen dabei die vielen Ausgaben auf, in denen man vergeblich nach Informationen über Schwarzafrika sucht ... Die NZZ informiert nicht in zwei Dritteln ihrer Wochennummern über Schwarzafrika, das immerhin 33 unabhängige Länder umfaßt ... Diese Zahlen legen den Schluß nahe, daß die NZZ, wahrscheinlich stellvertretend für die meisten Zeitungen und Massenmedien, Schwarzafrika nur eine geringe Beachtung schenkt. Wir glauben außerdem, daß dieses geringe Angebot an Informationen auch der Nachfrage entspricht ... Abschließend würden wir also behaupten, daß die NZZ nur sehr wenig und unregelmäßig über Schwarzafrika berichtet und wenn, dann vorwiegend über die Länder, die in bezug auf Eigeninteressen von Bedeutung sind ... So ist es auch nicht weiter erstaunlich, daß die meisten Informationen im politischen Auslandsteil stehen, der den internationalen Beziehungen besonderes viel Platz einräumt. Einen fast ebenso hohen Informationswert haben Sensationen und negative Ereignisse."[154]

Ferner wird den Industrienationen und ganz besonders den USA ein „Kulturimperialismus" vorgeworfen: Mit einer Flut von „westlichen" Medienprodukten überschwemmen die Industrieländer die Dritte Welt mit (im doppelten Sinn) billigen Sendungen, Filmen, Serien. Diese Produkte sind eigentlich für die Menschen in Entwicklungsländern etwas Fremdes, sie entsprechen nicht den dortigen kulturellen und psychologischen Gegebenheiten. So wird die kulturelle Identität und die traditionelle Kultur dieser Länder zerstört. Überall breiten sich „westliche" Denk- und Verhaltensweisen, Einstellungen und Wertorientierungen aus. Die Welt wird „amerikanisiert".[155]

So plausibel diese These klingt, ganz so einfach verhält es sich in der Realität nicht. Zunächst einmal ist darauf hinzuweisen, daß die Medien in der Dritten Welt die „westlichen" Produkte gerne abnehmen, nicht nur weil diese billiger sind als Eigenproduktionen, sondern auch weil in den meisten Ländern der Dritten Welt den Menschen derartige Angebote gefallen – möglicherweise ein Anzeichen dafür, daß sie – aus welchen Gründen auch immer – schon weitgehend für „westliche" Einflüsse offen sind.

Gewichtiger noch ist jedoch ein kulturhistorisches Argument, das die Gültigkeit der These vom Kulturverfall in entscheidenden Punkten einschränkt: In der Diskussion wird fast immer so getan, als seien interkulturelle Einflüsse a priori etwas Schädliches. Wer sich mit Kulturgeschichte befaßt hat, wird dem nicht zustimmen können. Die Geschichte bietet eine Fülle von Beispielen für fruchtbare Einflüsse von Kultur zu Kultur: Das alte Ägypten hat auf das antike Griechenland eingewirkt, Griechenland auf Rom, China auf Japan und Korea, die Araber auf Europa, Europa auf Nordamerika, und nun also Nordamerika auf uns. Den Zeitgenossen sind solche Einflüsse oft bedenklich erschienen. Aus unserer heutigen Sicht haben sich viele dieser „fremden" Impulse außerordentlich positiv ausgewirkt. Und so ist wohl die Frage berechtigt, ob die gegenwärtige „Amerikanisierung" wirklich nur negativ zu beurteilen ist.

Auch aus kommunikationswissenschaftlicher Sicht ist es notwendig, die These von der Überfremdung durch amerikanische Fernsehprodukte zu differenzieren und zu relativieren. Diese These geht nämlich von einem Kurzschluß aus, dem wir auch sonst begegnen; es handelt sich um den direkten unmittelbaren Schluß vom Medieninhalt auf Medienwirkungen. Weil die Fernsehinhalte „amerikanisch" sind, müssen auch die Menschen, die diese Programme sehen, in exakt demselben Sinne „amerikanisch" werden. Das ist ein Schluß, der eine Reihe von wichtigen Faktoren außer acht läßt, Faktoren, die von der Kommunikationswissenschaft als unerläßlich betrachtet werden, wenn man die Prozesse der Massenkommunikation angemessen verstehen will. Dem Kurzschluß liegt die Vorstellung von einem passiven Publikum zugrunde, das sich willenlos und hilflos von den Medien beeinflussen läßt. Dieses Modell hat die Kommunikationswissenschaft schon vor geraumer Zeit als unzulänglich, ja irreführend aufgegeben. Statt dessen verstehen die Forscher heute den Rezipienten als einen Menschen, der aktiv mit den Medien und ihren Angeboten umgeht, der prüft und auswählt, Sinn und Bedeutung zuweist und die Medienaussagen auf der Basis bereits vorhandener Meinungen, Attitüden und Werthaltungen auf eine eigene Weise interpretiert. Das heißt aber auch, daß oft genug Widerstände und Gegenkräfte mit im Spiel sind, die verhindern, daß es zu einer direkten, unmittelbaren Beeinflussung kommt.

Was im übrigen die empirischen Belege für den Kulturimperialismus betrifft, so läßt sich kurz und bündig sagen: Behauptet wird viel, bewiesen ist wenig. Selbst wenn die „Verwestlichung" – zumindest in den Metropolen der Dritten Welt – als Tatsache zu akzeptieren ist, dann ist damit noch nicht gesagt, welcher Anteil dabei den Medien zuzuschreiben ist. Und damit ist auch nicht gesagt, daß diese Einflüsse unbedingt nur negativ zu beurteilen sind.

4. In einer fremden Kultur

Wenn Menschen verschiedener Kulturen sich begegnen, treffen unterschiedliche Weltsichten aufeinander. Damit werden Mißverständnisse, Fehlinterpretationen, Schwierigkeiten unvermeidlich, zumal jeder Partner es für selbstverständlich hält, daß seine Weltsicht die einzig „richtige" und „normale" ist.

„Anläßlich des Vertrages von Lancaster im Jahre 1744 ... wiesen die weißen Vertreter darauf hin, es gäbe in Williamsburg ein College mit finanziellen Mitteln für das Studium junger Indianer. Die anwesenden Indianerhäuptlinge könnten also ihre Söhne dorthin schicken, diese würden dort lernen können genauso wie die weißen Studenten. – Der Sprecher der Indianer erwiderte: Wir sind davon überzeugt, daß Ihr es mit Eurem Vorschlag gut meint, und wir danken Euch dafür. Aber wie Ihr wißt, haben verschiedene Völker unterschiedliche Ansichten und so werdet Ihr verstehen, daß Eure Art von Erziehung nicht dieselbe ist wie unsere. Wir haben da unsere Erfahrungen: Einige unserer jungen Männer haben schon an Euren Universitäten studiert; doch als sie dann wieder zu uns zurückkehrten, waren sie schlechte Läufer, sie hatten keine Ahnung, wie man in Wäldern überlebt, sie waren unfähig, Kälte oder Hunger zu ertragen, noch wußten sie, wie man eine Hütte baut, ein Tier fängt, einen Feind tötet ... Kurz: sie taugten zu nichts mehr. Wenn wir nun Euer freundliches Angebot ablehnen, so erwidern wir es zugleich: Mögen die ehrenwerten Herren aus Virginia uns ihre Söhne schicken, wir werden diese in allem unterrichten, was wir wissen; und wir werden Männer aus ihnen machen."[156]

Im zweiten Kapitel wurden zehn Strukturmerkmale herausgearbeitet, in denen sich Kulturen voneinander unterscheiden, und das dritte Kapitel handelte von den Vorstellungen und Einstellungen gegenüber anderen Kulturen. Vor diesem Hintergrund stellt sich nun die Frage, wie sich diese Grundlagen und Voraussetzungen auswirken, wenn Menschen verschiedener Kulturen einander begegnen, wenn sich also interkulturelle Interaktion und Kommunikation vollzieht.

Interkulturelle Begegnungen kommen auf vielfältige Weise zustande. Sandhaas hat das als „Typologie" in einem sehr differenzierten Schema verdeutlicht:[157]

Typen interkultureller Begegnung	Subjekt des Lernprozesses	Kulturelle Herkunft von Lernaufgaben und Wissen	Ziel des interkulturellen Lernprozesses
Ausländerstudium	ausländischer Student	deutsches bzw. industriegesellschaftliches Kultursystem	Aneignung von Wissen und Werten aus deutschem System
Auslandsstudium	deutscher Student	fremdes Kultursystem (Hochschul- und Wissenschaftssystem)	Kennenlernen bzw. Aneignen von (...) des fremden Systems
Training von technischem Personal/ Experten aus dem Ausland	ausländischer Auszubildender bzw. Praktikant/ Experte	deutsches Kultursystem (Technik und Wissenschaft)	Aneignen von industriegesellschaftlichem Know-how
Geschäftstätigkeit/ Management im Ausland	deutscher Geschäftsmann/ Manager	jeweilige Auslandskultur	Kennenlernen fremdkultureller Werte und Verhaltens (z.B. Verhandlungsstil)
Diplomatische Auslandsvertretung	deutscher Diplomat und andere Botschaftsangehörige	Kultur des Auslands	Erlernen des kulturspezifischen Verhaltens Kennenlernen der ausländischen Kultur
Dolmetschen bei internationalen Organisationen und multinationalen Konferenzen	deutscher Dolmetscher/ Übersetzer	Kulturen der teilnehmenden Nationen	Herstellung von Kommunikation zwischen Menschen unterschiedlicher Sprachen
Technische Zusammenarbeit im Ausland	deutscher Experte/ Fachmann	deutsche (technisch-wissenschaftliche) und fremde Kultur	Zusammenarbeit zwischen Menschen verschiedener Kulturen
Unterrichten/ Lehren an Auslandsschulen/ Hochschulen/ Goethe-Instituten	deutscher Lehrer/ Dozent	deutsche Kultur/ Kultur des Gastlandes	Vermitteln von Wissen aus deutscher Kultur oder deutscher Sprache an Mitglieder fremder Kulturen
Arbeits- und Studienaufenthalte	deutscher Student und/ oder junger Berufstätiger	fremde Kultur und eigene Kultur	Erfahren fremder Kultur zwecks Verbesserung interkultureller Kompetenz
Entwicklungshilfe/ -zusammenarbeit	deutscher Entwicklungshelfer	Kultur des Entwicklungslandes	Einheimischen zu 'helfen'
Emigration aus Deutschland (im 19. Jhdt. oder 3. Reich)	z. B deutscher Auswanderer bzw. Asylsuchender	Kultur des Einwanderungs- bzw. Asyllandes	Integration in neue Kultur
Immigration nach Deutschland (Migration oder Asyl)	ausl. Einwanderer (eingebürgerte Gastarbeiter), Asylanten (Vietnamesen)	deutsche Kultur	Integration in deutsche Kultur

Typen interkultureller Begegnung	Subjekt des Lernprozesses	Kulturelle Herkunft von Lernaufgaben und Wissen	Ziel des interkulturellen Lernprozesses
Gastarbeiter in Deutschland	Ausländischer Arbeiter	Herkunfts- und deutsche Kultur	Lebenkönnen in Deutschland
Interkulturelle Erziehung von Gastarbeiterkindern in Kindergärten und Schulen	Kinder der ausländischen Arbeiter	Herkunfts- und deutsche Kultur	Lebenkönnen in Deutschland (bikulturelle oder multikulturelle Personalität)
Mission im Ausland	deutscher Missionar	deutsche (christliche) und fremde Kultur	'Missionierung' von Mitgliedern fremder Kultur
Feldforschung in fremden Kulturen	deutscher Forscher	Fremdkultur	Verstehen der Fremdkultur und partiell in ihr Lebenkönnen
Tourismus im Ausland	deutscher Tourist	Kultur des Gastlandes	Beachtung/ Akzeptierung der Gastlandkultur
Tourismus/ Fremdenverkehr in Deutschland	ausländischer Tourist	deutsche Kultur	Beachtung/ Akzeptierung der deutschen Kultur
Schüleraustausch im Ausland	deutscher Schüler	Kultur des Auslandes	Kennenlernen fremder Kultur
Interkulturelle Ehen	ausländische Partner	deutsche Kultur	Integration und Assimilation
Partnerschaft zwischen Gruppen (Kommunen, Schulen) verschiedener Nationalitäten	alle Partner/ Teilnehmer	aus allen beteiligten Kulturen und aus interkulturellen Erfahrungen	internationale und interkulturelle Verständigung
Arrangierte inter- und multikulturelle Begegnungen (intern. Schulen und milit. Einrichtungen, Camps)	alle Teilnehmer	aus allen beteiligten Kulturen und aus interkulturellen Erfahrungen	intra- und internationale und interkulturelle Verständigung
Praktika bei Familien aus anderen ethnischen Gruppen als der eigenen	i.d.R. deutscher Student, Praktikant	Minderheitskultur innerhalb der eigenen Nation	intranationale und interkulturelle Verständigung
Ethnische Minderheiten in Majoritätskultur (Juden, Zigeuner, Dänen, ehemalige 'Gastarbeiter' mit deutscher Staatsbürgerschaft)	Mitglieder der Minderheitskultur – Mitglieder der Mehrheitskultur	deutsche Mehrheitskultur und Minderheitskultur	Integration/ Assimilation oder Bi- oder Multikulturalismus

Nicht alle diese „Typen" sind für die Zwecke des vorliegenden Buches gleichermaßen wichtig. Wie in der Einleitung dargelegt, konzentrieren wir uns hier vielmehr auf jene Fälle, in denen jemand für eine längere Zeit – in der Regel einige Jahre – in ein anderes Land geht, um dort einen „Auftrag" zu erfüllen. In Ermangelung eines besseren Begriffes bezeichnen wir die Person, die dies tut, als „Experten". Nun gibt es freilich auch bei Experten – wie das Schema von Sandhaas zeigt – wiederum unterschiedliche Erscheinungsformen; es ist etwas anderes, etwa als Forscher oder als Wirtschaftsexperte oder als Entwicklungshelfer tätig zu sein; doch können wir hier auf diese Varianten nicht eingehen. Wir beschränken uns vielmehr auf die allgemeinen, alle „Experten-Typen" übergreifenden Aspekte.

Erörtert werden in diesem Kapitel zunächst die Eigenschaften und Fertigkeiten, mit denen der Experte in eine fremde Kultur hineingeht und die seinen Aufenthalt in der Fremde mitbestimmen. Danach werden jene Probleme untersucht, die sich bei interkulturellen Begegnungen aufgrund der kulturspezifischen Strukturmerkmale ergeben. Dem schließen sich die Probleme an, die aus dem Aufeinandertreffen unterschiedlicher Vorstellungen und Einstellungen resultieren. Sodann geht es um die Entwicklungen und Prozesse im Verlauf eines längeren Auslandsaufenthaltes. Und schließlich werden die wichtigsten Auswirkungen derartiger Aufenthalte behandelt.

4.1   Der Besucher: Eigenschaften und Fertigkeiten

Wie sich der Aufenthalt in einer fremden Kultur gestaltet, hängt weitgehend vom Besucher selbst ab. Als Person und Persönlichkeit bringt er zahlreiche Eigenschaften und Merkmale, aber auch erlernte Fertigkeiten mit. Mit anderen Worten: Der Experte bringt sich selber als wesentlichen Faktor in den Verlauf seines Aufenthaltes ein.

Eigenschaften, Merkmale

Jede Person weist zahlreiche Eigenschaften oder Merkmale auf, die in ihrer Gesamtkonstellation die Persönlichkeit des Individuums bilden. Dabei sind diese Eigenschaften zu verstehen als Dispositionen, die in einer konkreten Situation das Verhalten der Person bestimmen. Nun ist es an dieser Stelle weder möglich noch nötig, auf sämtliche denkbaren Eigenschaften einzugehen. In der Praxis von Auslandsaufenthalten haben sich einige wenige als besonders relevant erwiesen, die hier kurz erörtert werden sollen, nämlich: Intelligenz; Toleranz; Stärke der Persönlichkeit; Fähigkeit und Bereitschaft zu positiven sozialen Beziehungen; Aufgabenorientierung.

Intelligenz ist – kurz gefaßt – die Fähigkeit, neue Probleme mit Hilfe des Denkens zu lösen. Eben diese Aufgabe stellt sich in besonderem Maße jedem, der sich als Experte in einer fremden Kultur aufhält. Ein solcher Aufenthalt ist dadurch gekennzeichnet, daß sich der Besucher ständig mit Neuem konfrontiert sieht, mit unerwarteten Verhaltensweisen, Denkmustern und Wertorientierungen. All das fordert die Intelligenz des Experten heraus.

Zur Intelligenz gehört auch die Fähigkeit, differenziert und relativierend zu denken. Der Experte muß bereit und in der Lage sein, sich von stereotypen Vorstellungen und emotional belasteten Einstellungen zu lösen und die Gastkultur mitsamt ihren Menschen in ihrer Vielfalt und Eigenheit zu erkennen und anzuerkennen.

Intelligenz ist auch Voraussetzung für Selbstkritik, die vom Besucher in der Fremde zu erwarten ist. Selbstkritik bedeutet, daß der Mensch sich von sich selbst distanziert und sich von außen, gleichsam mit den Augen anderer sieht und versteht.

Eng damit verbunden ist die Fähigkeit zu *Toleranz*, die gerade in der interkulturellen Begegnung in hohem Maße gefordert ist. Tolerant denken heißt hier, die eigene kulturbedingte Sichtweise zurückstellen und – soweit überhaupt möglich – die Sichtweise der Gastkultur zu praktizieren. Intolerante Menschen sind gekennzeichnet durch Vorurteile und Stereotype und durch einen ausgeprägten Ethnozentrismus; in vielen Fällen sind sie „autoritäre Persönlichkeiten".

Mit Toleranz lassen sich fremdartige und zunächst schwer verständliche Erfahrungen in der Gastkultur verarbeiten. Wie anders könnte man beispielsweise dem Stierkampf gerecht werden, der uns als Tierquälerei erscheint, aus einheimischer Sicht aber als traditioneller Ritus zu verstehen ist. Ähnliches gilt für weitere Praktiken, die wir allzu leicht herablassend verurteilen, wie etwa Feilschen, Korruption und Vetternwirtschaft. Derartige Gepflogenheiten bekommen aus einem toleranten Blickwinkel, aus der Perspektive „von innen" einen anderen, eher positiven Stellenwert. Freilich, den Bemühungen, eine fremde Kultur aus sich heraus zu verstehen, sind Grenzen gesetzt. Nur bedingt ist es dem durch seine eigene Kultur geprägten Menschen möglich, sich in eine andere Kultur hineinzuversetzen (siehe Abschnitt 1.6).

Im übrigen ist anzumerken: Verstehen heißt nicht immer verzeihen. Man kann zum Beispiel aus der Sicht der islamischen Fundamentalisten das Todesurteil über den Schriftsteller Salman Rushdie verstehen, ohne es zu billigen. Mit anderen Worten: Auch wenn man etwas Fremdes versteht, werden dadurch nicht die eigenen Wertmaßstäbe außer Kraft gesetzt.

Wichtig für die Bewältigung von Problemen, die sich dem Experten in der Fremde stellen, ist des weiteren die *Stärke der Persönlichkeit*. Diese „Stärke" äußert sich in einem positiven, in sich ruhenden Bild von sich selbst, in einem positiven Selbstwertgefühl und in einem sicheren und gelassenen Auftreten ohne Arroganz und Überheblichkeit.

Einen besonders gewichtigen Faktor stellt die *Fähigkeit* dar, *positive soziale Beziehungen aufzubauen*. Es gibt kontaktfreudige und kontaktscheue Persönlichkeiten; es gibt Menschen, die mehr zu flüchtigen und andere, die mehr zu dauerhaften Beziehungen neigen; es gibt Personen, die mit allen gut Freund sind, und andere, die nur ganz wenige tiefere Bindungen eingehen. Diese Eigenheiten der Person gewinnen in der interkulturellen Begegnung besondere Bedeutung.

Schließlich muß der Experte in der Lage sein, sich auf *seinen Auftrag zu konzentrieren*, weitaus mehr, als das zu Hause erforderlich ist. Der Auftraggeber erwartet von ihm ein nahezu totales Engagement, verbunden mit einem überdurchschnittlichen Maß an Fleiß, Ausdauer, Zuverlässigkeit und Verantwortungsbewußtsein. Allerdings kann ein totaler Einsatz auch unerwünschte Effekte mit sich bringen: Nicht selten geht eine starke Aufgabenorientierung auf Kosten des Privatlebens, und außerdem leiden darunter oft die sozialen Beziehungen zu Partnern und Mitarbeitern.

Nun sind alle diese Eigenschaften oder Merkmale zwar als relativ konstante Verhaltensdispositionen zu verstehen, doch kommen sie aktuell immer nur in bestimmten konkreten Situationen zum Zuge. Die jeweilige *Situation* stellt somit einen wichtigen Bedingungsfaktor dar. Diese Tatsache wurde lange Zeit in der Forschung vernachlässigt, oft nahm man sie gar nicht zur Kenntnis. Man sah nur die „Persönlichkeit" mit ihren „Merkmalen". Heute dagegen schreibt man dem Einfluß der Situation große Bedeutung zu und sucht deren Anteil am Verhalten in die Forschung mit einzubeziehen – auch bei der Untersuchung von Aufenthalten in der Fremde.

Will man überhaupt zwischen Eigenschaften und *Fertigkeiten* unterscheiden, dann allenfalls in dem Sinne, daß Eigenschaften als tief verwurzelte Merkmale der Persönlichkeit zu verstehen sind, Fertigkeiten dagegen als erlernte Kompetenzen. Als solche Fertigkeiten sind für den Einsatz von Experten besonders nennenswert der Sachverstand, die Sprachenkenntnisse und die Bereitschaft, gute soziale Beziehungen aufzubauen.

Sachkompetenz ist für alle Formen von Experteneinsätzen eine unabdingbare Voraussetzung, die ja bereits im Begriff des Experten enthalten ist. Erweist sich ein Experte in der Fremde als nicht hinreichend kompetent, so ist die Erfüllung seines Auftrages gefährdet, und zudem verliert er bei den einheimischen Mitarbeitern schnell seine Glaubwürdigkeit. Sachkompetenz ist nicht unbedingt gleichzusetzen mit extremer Spezialisierung, die ja oft einen eingegrenzten Horizont bedeutet. Sachkompetenz ist nur dann eine positive Fertigkeit, wenn sie verbunden ist mit einem hohen Maß an Offenheit.

Sprachenkenntnisse sind bei vielen Experteneinsätzen unbedingt notwendig. Wobei noch zu betonen ist, daß diese Kenntnisse nicht nur der Verständigung mit Einheimischen dienen, sondern auch einen eigenen Zugang zum Verstehen der Gastkultur öffnen, zu deren Geschichte und Gesellschaft, Sitten und Bräuchen, Denkweisen und Wertorientierungen. – Nun ist das Erlernen einer Fremdsprache ein mühsamer und langwieriger Vorgang, so daß sich manchem Experten – vor allem bei einem kürzeren Einsatz – die berechtigte Frage stellt, ob sich dieser Aufwand lohnt. Oft reicht es völlig aus, wenn man die wichtigsten Worte und Redewendungen der Gastsprache kennt; und in zahlreichen Ländern kann man sich mit den einheimischen Partnern auch mittels einer der großen Weltsprachen verständigen.

Die Einheimischen wissen es im allgemeinen zu schätzen, wenn Fremde ihre Sprache beherrschen. Manchmal fragen sie sich aber auch, welche vielleicht hintergründigen Motive den Besucher veranlaßt haben mögen, eine solche Mühe auf sich zu nehmen. Manche Kulturen sind davon überzeugt, kein Ausländer könne ihre Sprache wirklich ganz erlernen und begreifen. So etwa die Japaner, die letztlich alle Anstrengungen Fremder, ihre Sprache zu beherrschen, für vergeblich halten. Die Franzosen legen so großen Wert auf sprachliche Perfektion, daß es ihnen wehtut, wenn Ausländer unvollkommen französisch sprechen.

Positive soziale Beziehungen aufzubauen wurde soeben als eine Fähigkeit, als Merkmal der Persönlichkeit behandelt. Dem ist nun anzufügen: Diese Fähigkeit ist durch Lernen, durch Schulung und Training zu verbessern; und in diesem Sinne stellt sie dann auch eine Fertigkeit dar. Eine derartige Schulung ist ein wesentlicher Bestandteil vieler Kurse, die der Vorbereitung auf einen Auslandsaufenthalt dienen (mehr dazu im Fünften Kapitel). – Nach Argyle kann man durch gezieltes Lernen die folgenden Komponenten sozialer Beziehungen verbessern: soziale Wahrnehmung, Ausdruck beim Sprechen, Gesprächsführung, Sicherheit des Auftretens, Ausdrücken von Emotionen, Umgang mit Ängsten, Verbindlichkeit und Wärme in der zwischenmenschlichen Begegnung.[158]

4.2 Begegnungsprobleme aufgrund kulturspezifischer Strukturmerkmale

Kulturen unterscheiden sich voneinander in einer Reihe von spezifischen Merkmalen. Zehn derartige kulturspezifische Merkmale wurden im zweiten Kapitel herausgearbeitet. Diese Betrachtungsweise soll nun in diesem Abschnitt fruchtbar gemacht werden für die Frage, was geschieht, wenn sich Menschen verschiedener Kulturen begegnen, also in der interkulturellen Kommunikation und Interaktion. Im folgenden mustern wir noch einmal kurz die zehn Strukturmerkmale unter dem Aspekt der Schwierigkeiten, die bei der interkulturellen Begegnung aus kulturspezifischen Verschiedenheiten resultieren können.

Nationalcharakter

Der Mensch ist geprägt durch seine Zugehörigkeit zu einer Nation. Das Ergebnis dieser Prägung bezeichnet man als „Nationalcharakter"; gemeint sind die Gemeinsamkeiten der Eigenschaften all jener, die durch ihre

Nationalität auf eine gleichartige Weise geformt sind. Davon handelte der Abschnitt 2.1. Dort wurde allerdings deutlich, daß dieses Konzept nur schwer zu fassen und zu operationalisieren ist. Bislang ist es nicht gelungen, den Nationalcharakter empirisch voll in den Griff zu bekommen. Kompliziert wird die Sachlage noch dadurch, daß man heute das Konzept vom Charakter oder von der Persönlichkeit ergänzt und erweitert durch den mitwirkenden Faktor „Situation".

Andererseits ist kaum daran zu zweifeln, daß es – auch wohl in differenzierten Großgesellschaften – gewisse Gemeinsamkeiten gibt, die bei den meisten Menschen anzutreffen sind.

Wenn Menschen mit unterschiedlichem Nationalcharakter einander begegnen und miteinander kommunizieren, können sich leicht aus diesen Verschiedenheiten Mißverständnisse, Fehlverhalten und Reibungen ergeben. Allerdings, auf der generellen, allgemeinen Ebene liegen darüber wenige Erkenntnisse vor. Hier müßte man schon auf einer konkreten Ebene ansetzen und fragen, was geschieht, wenn etwa Inder und Chinesen, Franzosen und Engländer, Deutsche und Spanier aufeinander treffen. Doch ist dies nicht mehr die Ebene, auf die sich unsere allgemeinen Überlegungen beziehen.

Wahrnehmung

Menschen verschiedener Kulturen unterscheiden sich voneinander in der Art und Weise, wie sie die Welt wahrnehmen. Wahrnehmung ist also als ein kulturspezifisches Strukturmerkmal zu verstehen (siehe Abschnitt 2.2). Und das heißt: Aus verschiedenen kulturbedingten Wahrnehmungsunterschieden können bei interkulturellen Begegnungen Kommunikationsprobleme resultieren.

Wahrnehmen wird in hohem Maße gesteuert durch die Bedeutsamkeit der Objekte für den Wahrnehmenden. Und eben diese Bedeutsamkeit variiert von Kultur zu Kultur. Für Eskimos ist es wichtig, Schnee und Eis hochdifferenziert wahrzunehmen (und zu benennen); für Araber dagegen ist die Farbe des Sandes oder das Alter eines Kamels bedeutsam. Diese Unterschiede im Beachten und Bemerken besagen in der interkulturellen Begegnung: Was dem einen Partner wichtig und beachtenswert erscheint, ist für den anderen gleichgültig. Das kann zu Befremden, manchmal auch zu Fehlverstehen führen.

Merkwürdig und befremdlich mutet es häufig auch an, wenn die Menschen einer anderen Kultur den Farben eine andere Symbolik zuschreiben, als wir es in unserer eigenen Kultur gewohnt sind, zumal wir die eigene Symbolik häufig als naturgegeben, als in der Farbe selbst angelegt betrachten. Weiß in China als Trauerfarbe, Grau bei einigen Indianerstämmen als „freudige" Farbe – derartige Zuschreibungen wollen uns nicht einleuchten, sie erscheinen uns abwegig.

Auch im taktilen Bereich kann sich ein gewisses Befremden einstellen, wenn man feststellt, daß der Partner, der einer anderen Kultur angehört, in einer anderen taktilen Wahrnehmungswelt lebt. So vermeiden beispielsweise Engländer der Oberschicht nach Möglichkeit Berührungen mit anderen, während in mediterranen, arabischen und südamerikanischen Ländern enge Körperkontakte als normal und angenehm gelten. Häufig halten sich im Vorderen Orient junge Männer die Hände, was von westlichen Beobachtern oft vorschnell als Zeichen von Homosexualität ausgelegt wird. – Der östliche Bruderkuß erscheint manchem Westler eher abstoßend und unappetitlich.

Wer jemals im Vorderen Orient, in Indien, in Südfrankreich war, der weiß, was Gerüche bedeuten. Mit Knoblauchdunst, Räucherstäbchen, offenen Garküchen fallen diese olfaktorischen Wahrnehmungen nicht selten dem Besucher auf die Nerven. Umgekehrt mag den Menschen dort der amerikanische Keimfreiheits- und Geruchsfreiheitsfanatismus merkwürdig und unverständlich erscheinen.

Zeiterleben

Wie sich die Menschen die Zeit vorstellen, also welche Zeitkonzepte sie haben und wie sie mit Zeit umgehen, variiert beträchtlich von Kultur zu Kultur. Zeiterleben ist ein kulturspezifisches Strukturmerkmal (siehe Abschnitt 2.3).

Probleme in der interkulturellen Begegnung können entstehen, wenn unterschiedliche Zeitkonzepte aufeinandertreffen. So zum Beispiel, wenn der eine Partner aus einer betont vergangenheitsorientierten Kultur kommt, der andere dagegen aus einer zukunftsorientierten. Iraner oder Chinesen einerseits, Nordamerikaner auf der anderen Seite haben es in diesem Punkt nicht leicht, miteinander zurechtzukommen. Wer vorwiegend in die Zukunft hineindenkt, der plant, spart, disponiert, organisiert, investiert; was vergangen ist, ist vergangen. Wer dagegen eher in der Vergangenheit lebt, bringt wenig Verständnis für ein solche Zukunftsorientierung auf. Einem frommen arabischen Muslim mag es geradezu als frevelhaft erscheinen, die Zukunft vorwegzunehmen, denn nur Allah kennt die Zukunft.

Gibt es also Konfliktmöglichkeiten schon auf der eher abstrakten Ebene der Zeitkonzepte, so setzen sich die Begegnungsschwierigkeiten – auf andere Weise – beim konkreten Umgang mit Zeit fort. Als ein gutes Beispiel dafür kann die „Pünktlichkeit" dienen. Pünktlichkeit ist ein westliches Konzept; dieses ergibt einen Sinn erst, wenn man sich die Zeit als einen kontinuierlichen, linear ablaufenden Prozeß vorstellt, den man in gleich große, exakt meßbare Einheiten zerlegen kann. Nur auf der Basis westlicher Konzepte von Zeit war die moderne Technisierung und Industrialisierung möglich, eine Entwicklung, die ohne ein hohes Maß an Pünktlichkeit kaum denkbar ist. So ist denn auch dieses Konzept heute weit verbreitet – zum mindesten in den Metropolen; in vielen ländlichen Gegenden der Dritten Welt dagegen ist dieses Denken den Menschen nach wie vor fremd. Aber auch da, wo Pünktlichkeit ein vertrautes Konzept ist, gibt es durchaus kulturspezifische Unterschiede, und wenn man die nicht kennt, kann es zu Mißverständnissen kommen. So insbesondere bei privaten Einladungen und Verabredungen. Unterschiedliche Pünktlichkeitsbegriffe kann es aber auch im offiziellen Bereich geben, so zum Beispiel in der Wirtschaft, in der Diplomatie, in multikulturellen Organisationen. In einigen Ländern Südamerikas läßt man einen offiziellen Besucher eine Stunde oder noch länger warten – ein Verhalten, das Europäern und Nordamerikanern seltsam erscheint. Wenn jedoch der Besucher empört das Feld räumt, fühlt sich nun der Einheimische beleidigt...

Raumerleben

Die Art und Weise, wie Menschen sich den Raum vorstellen und wie sie mit Raum umgehen, variiert von Kultur zu Kultur (siehe Abschnitt 2.4).

Wenn nun Menschen mit unterschiedlichen Raumkonzepten und verschiedenen Raumumgangsformen einander begegnen, kann dies zu Schwierigkeiten führen. Einige Beispiele:

Mißverständnisse, wenn nicht gar Konflikte können entstehen, wenn die Partner unterschiedliche Vorstellungen vom privatem Raum mitbringen und damit auch von Abgeschlossenheit oder Offenheit. Wenn die Nordamerikaner ihre Türen in Wohnung und Büro gerne offen stehen lassen, empfinden die Deutschen das nicht selten als einen Mangel an Ordnung, während die Amerikaner damit signalisieren, daß sie nichts zu verbergen haben und daß jedermann willkommen ist. Geschlossene Türen bedeuten: Man legt Wert auf Privatheit und will nicht gestört werden. Treffen nun verschiedene Vorstellungen von privatem Raum aufeinander, so sind Reibungsflächen gegeben und Konflikte programmiert. Als beispielsweise amerikanische Manager mit deutschen zusammenarbeiten sollten, entstand Unbehagen auf beiden Seiten: Offene Türen gaben den Deutschen das Gefühl, allem ungeschützt ausgesetzt zu sein; geschlossene Türen erzeugten bei den Amerikanern den Eindruck, gegen sie sei eine Verschwörung im Gange. Offene und geschlossene Türen bedeuteten für jede Gruppe etwas durchaus anderes.

Auch im kulturspezifischen Umgang mit Raum sind Schwierigkeiten keine Seltenheit. Beispiele in Fülle bieten die Bücher von Edward T. Hall.[159] Wenn etwa zwei Gesprächspartner beieinander stehen, variiert die Distanz zwischen ihnen kulturspezifisch. In manchen Kulturen hält man einen großen Abstand, in anderen Kulturen rückt man dicht aneinander – Verhaltensweisen, die den Beteiligten normalerweise überhaupt nicht bewußt sind. Wenn nun die Partner aus verschiedenen Kulturen mit unterschiedlichen Distanznormen kommen, ergibt sich für beide ein unangenehme Situation. Dem einen erscheint (halbbewußt) die Distanz zu groß, er rückt dichter heran; das aber empfindet der andere als zu große Nähe, er weicht zurück. Nun wiederum rückt der erste nach, der zweite weicht weiter zurück – und so fort, bis die Gesprächspartner schließlich irgendwo an einer Wand ankommen. Dabei ist beiden ständig unbehaglich zumute.

Mißmut kann ferner dadurch entstehen, daß ein Besucher die kulturspezifische Respektsdistanz – etwa gegenüber einem Minister, einem Wirtschaftsboss oder gar einem König – nicht kennt und deshalb auch nicht beachtet. Wenn nun der Besucher etwas von der Respektsperson will, so vielleicht die Genehmigung für eine Reise durch das Land, für Hilfskräfte, für Material – können seine Chancen durch eine solche „Verfehlung" beträchtlich sinken.

Denken

Eine weitere Begegnungsproblematik ergibt sich aus der Frage: Was geschieht, wenn kulturspezifisch verschiedene Arten und Formen des Denkens aufeinandertreffen? Schwierigkeiten und Fehlinterpretationen sind auch hier zu erwarten, zumal jeder Partner *seine* Art des Denkens für normal und richtig hält und annimmt, alle anderen müßten genauso denken wie er selber. Mißverständnisse ergeben sich etwa, wenn es um die Begegnung geht zwischen logischem und prälogischem Denken, zwischen induktivem und deduktivem, abstraktem und konkretem, alphabetischem und analphabetischem Denken.

Besonders gut lassen sich diese Verschiedenheiten demonstrieren an dem Widerspruch zwischen induktiven und deduktiven Denkansätzen. Das westliche (europäische und nordamerikanische) Denken ist weitgehend von Induktion bestimmt, bei dem man vom Einzelnen und Besonderen zum Allgemeinen und Übergeordneten fortschreitet. Demgegenüber gehen sowohl die meisten Südamerikaner als auch vor allem die Russen in der Regel von vorgefaßten Vorstellungen, von einem „Überbau" aus, und von da leiten sie Schlußfolgerungen für die konkrete Realität ab. Wenn nun beide Seiten aufeinandertreffen, liegen Kommunikationsprobleme nahe. So sind denn auch im „Kalten Krieg" viele Verhandlungen zwischen Amerikanern und Sowjetrussen an diesen verschiedenen Denkformen gescheitert, oft ohne daß den Beteiligten die eigentlichen Gründe der Verständigungsschwierigkeiten bewußt waren.

Mißverständnisse können auch daraus resultieren, daß der Besucher die kulturspezifischen Formen des Aberglaubens der Gastkultur nicht kennt und somit auch nicht respektiert. Wenn er aber diese Formen kennt, sollte er sich davor hüten, gegenüber Einheimischen sich darüber abfällig oder spöttisch zu äußern. Aberglaube kann sehr tief sitzen und höchst kritikempfindlich sein.

Sprache, sprachliche Verständigung

Wenn man die Sprache eines Gastlandes nicht eigens erlernt hat, fühlt man sich in der Gastkultur merkwürdig isoliert und hilflos. Doch sind hier die Grenzen zwischen Verstehen und Nichtverstehen keineswegs immer eindeutig und klar. Auch Holsteiner und Oberbayern haben da manchmal miteinander ihre Schwierigkeiten, fühlen sich aber letztendlich doch ein und derselben Kultur zugehörig. Dennoch bilden in aller Regel verschiedene Sprachen eine Trennungslinie.

Kommunikation gilt als erfolgreich, wenn in einem Gespräch der Angesprochene das "richtig" versteht, was der Aussagende mit seiner Aussage mitteilen will, was er also „meint". Auf den ersten Blick scheint das ein einfacher Vorgang zu sein; doch erweist sich dieser Prozeß bei genauerem Hinsehen als außerordentlich komplex; und das bedeutet in vielen Fällen interkultureller Begegnung ein Mißverstehen oder ein Nichtverstehen. Der Unterschied zwischen diesen beiden Konzepten liegt darin, „daß bei Nichtverstehen kein gemeinsames System von ʻSprachsymbolenʼ der Kommunikationspartner perzipiert wird, wogegen bei Mißverstehen zwar ein gemeinsames System von Sprachsymbolen besteht, diese allerdings unterschiedlich interpretiert werden."[160] Die Problematik des Verstehens setzt schon bei den Begriffen ein. Die menschliche Sprache ist durch Symbole gekennzeichnet, die als Abstrakta gleichartige Sachverhalte zusammenfassen. Wo jedoch bei dieser kategorialen Abstraktion die Grenzen gezogen werden, was also als zusammengehörig betrachtet wird und was nicht, das variiert von Kultur zu Kultur. Und das heißt: In der interkulturellen Begegnung benutzen die Kommunikationspartner unterschiedliche Begriffssysteme.

Kompliziert wird die Sachlage dadurch, daß Begriffe außer ihrer denotativ-lexikalischen Bedeutung auch noch ein konnotatives Umfeld haben, bestehend aus Assoziationen, Emotionen, Wertungen. Selbst wenn sich also auf der denotativen Ebene eine hinreichende Einigkeit über das mit einem Begriff Gemeinte erreichen läßt, bleiben oft noch konnotative Unterschiede übrig, die eine Verständigung stören und beeinträchtigen können, ohne daß die Beteiligten sich dieser Störquelle bewußt sind.

Ein weiterer Aspekt: In unserer Zeit wachsender internationaler Verflechtungen haben sich zahlreiche Begriffe in verschiedensten Sprachen etabliert; überall spricht man heute von Demokratie, Kapitalismus, Sozialismus,

Politik, Parlament, Nation, Technik, Sport, Kultur. Man sollte meinen, diese Tatsache erleichtere die internationale und interkulturelle Verständigung; doch oft ist gerade das Gegenteil der Fall: Ohne daß die Beteiligten es merken, haben die äußerlich identischen Begriffe häufig sehr unterschiedliche konnotative und nicht selten auch denotative Bedeutungen angenommen; die sprachliche Gleichheit verdeckt dann semantische Verschiedenheiten. In seinem Buch „Visitors to the United States" zeigt dies Wedge an einer ganzen Reihe von Beispielen. „Demokratie" bedeutete – als das Buch in den sechziger Jahren erschien – etwas sehr Verschiedenes in den Vereinigten Staaten und in der Sowjetunion: Zwar hielten die Sowjets theoretisch viel von diesem Konzept, hatten aber davon eine sehr enge Vorstellung. Die westliche Form von Demokratie galt für sie als Mittel der Unterdrückung und Ausbeutung. Im sowjetischen Verständnis war Demokratie als „Diktatur des Proletariates" voll vereinbar mit einem Einparteiensystem, das die Arbeiter- und Bauernklasse repräsentiert. Da es innerhalb dieser Klasse keine Konflikte gibt, besteht auch keine Notwendigkeit einer politischen Opposition. – Ein weiteres höchst problematisches Wort ist „Kapitalismus". In Westeuropa wie auch in Japan hat es eine weitgehend neutrale Bedeutung. In der Sowjetunion dagegen und in zahlreichen marxistisch orientierten Ländern Afrikas und Lateinamerikas hing das Etikett „Kapitalist" wie ein Bleigewicht am Image der USA. Für viele Menschen dort war Kapitalismus gleichbedeutend mit Ausbeutung, Imperialismus und Kolonialismus – wobei das Schwierigste darin liegt, daß es in der Geschichte nicht selten tatsächlich derartige Zusammenhänge gegeben hat und daß diese Zusammenhänge in der Erinnerung haften geblieben sind. Jedes Land hört in das Wort „Kapitalismus" verschiedene Bedeutungen hinein, je nach seinem eigenen ökonomischen System, dem Stande seiner nationalen Entwicklung und manchen anderen, nur schwer faßbaren Bedingungen. Generell wiegen die negativen Konnotationen vor, die nur wenig mit dem tatsächlichen ökonomischen System in den USA (und in anderen kapitalistischen Gesellschaften des Westens) zu tun haben.[161]

Als sich im Zweiten Weltkrieg große amerikanische Truppenkontigente in Großbritannien aufhielten, kam es zu starken Spannungen zwischen Amerikanern und Engländern. Margaret Mead – eine führende amerikanische Anthropologin – versuchte damals, den Hintergründen dieser Schwierigkeiten auf die Spur zu kommen. Einen Grund fand sie in der Tatsache, daß zahlreiche wichtige Worte im englischen Englisch eine andere Bedeutung haben als im amerikanischen Englisch.[162] Dafür zwei Beispiele: Während des ganzen Krieges sprach man von den USA und England als „Partnern", ein Wort, das in beiden Ländern gebräuchlich ist. Aber die Briten assoziieren das Wort, wenn es auf internationale Beziehungen angewandt wird, mit dem Konzept des Sports, mit dem Tennispartner, den man für die Dauer des Spiels als gleichgestellt betrachtet, dessen Erfolge man anerkennt und dessen Verluste man respektiert. Der Amerikaner, der die internationalen Beziehungen vorwiegend als Geschäft betrachtet, assoziiert das Wort „Partner" mit Geschäftspartnerschaft, in der die Beziehungen gewöhnlich asymmetrisch sind, ein Partner stellt die Mittel zu Verfügung, der andere das Wissen, aber keiner geht eine soziale Beziehung mit dem anderen ein, die solange dauert, bis sie durch Meinungsverschiedenheiten oder Tod beendet wird, und es gibt keinerlei Verpflichtungen, den Partner zu loben oder zu bedauern. – In England bedeutet „compromise" etwas Gutes; man betrachtet eine Übereinkunft, einen Kompromiß positiv als etwas, das beiden Seiten zugute kommt. Die Amerikaner dagegen sehen darin eine Lösung, bei der beide Seiten verlieren.

Übrigens gab es auch im amerikanischen und im (sowjet)russischen Verständnis Unterschiede in der Bedeutung des Begriffes "Kompromiß": In der Sowjetunion paßte das Konzept vom Kompromiß wenig in die Weltsicht. Das Denken war weithin bestimmt durch Absolutismus, Dogmatismus, Zentralismus, Ideologie. Diesem Rahmen fügt sich ein „Kompromiß" schwerlich ein. Demgemäß verwendeten die Sowjets von sich aus diesen Begriff höchst selten, und wenn, dann fast immer in negativer, abwertender Bedeutung. Denn wo es ein absolutes „Richtig" gibt, verliert ein Kompromiß seinen Sinn. Aus dieser Sicht wäre ein Kompromiß ein Zugeständnis an den Gegner, also eine verlorene Schlacht. Wenn dann in Verhandlungen die Sowjets nicht umhin konnten, gewisse Zugeständnisse zu machen, legten sie großen Wert auf die Feststellung, daß sich damit an ihrer Grundposition nichts geändert habe und daß alle ihre Prinzipien nach wie vor gelten. Zahllose Verhandlungen und Gespräche zwischen Ost und West hatten unter diesen Bedeutungsdifferenzen zu leiden, und nicht selten scheiterte die Verständigung an dieser Klippe.[163]

Wie im Abschnitt 2.6 dargelegt, hängt die Sprache einer Kultur eng zusammen mit der Weltsicht eben dieser Kultur. Auch daraus können

Verständigungsschwierigkeiten resultieren. Auszugehen haben wir von der Grundregel: Je bedeutsamer, je wichtiger ein Lebensbereich, um so feiner wird er sprachlich ausdifferenziert. Verschiedene Sprachen stellen somit unterschiedlich feine oder grobe Begriffssysteme zur Verfügung, und das kann sich als Kommunikationsbarriere auswirken. So eignen sich nicht alle Sprachen gleich gut dazu, bestimmte Gedanken in die angemessene sprachliche Form zu fassen. „Mir erzählte ein indischer Freund, ein Philosophieprofessor, er habe niemals über philosophische Probleme in Hindi nachgedacht. Er fühlt sich außerstande, moderne philosophische Fragen, die er in Englisch studiert hatte, nun auch in Hindi zu formulieren"[164].

Häufig resultieren Benennungsschwierigkeiten daraus, daß eine Kultur bestimmte Konzepte oder Sachen von einer anderen Kultur übernimmt, ohne dafür eine eigene Bezeichnung zu haben. Entweder „erfindet" man dann neue Begriffe, oder man importiert mit der Sache auch die Bezeichnung aus dem Herkunftsland. So sprechen wir Deutschen von Sport und Fairneß, von Computer, Manager, Bungalow und Sauna, während andere Kulturen deutsche Begriffe übernommen haben, so etwa Kindergarten und Rucksack, Weltanschauung, Sauerkraut und Gemütlichkeit, Stammtisch und Schrebergarten.

In diesem Zusammenhang sind einige Begriffe zu erwähnen, die so kulturspezifisch sind, daß es unmöglich erscheint, sie angemessen in ein andere Sprache zu transformieren. Wie wollte man zum Beispiel das chinesische „tao" oder das altgriechische Wort „polis" wirklich voll sinngemäß im Deutschen ausdrücken?

Von der Schwierigkeit, in einer fremden Sprache den richtigen Ton zu treffen, wissen Werbeleute und Propagandisten zu berichten. So beschreibt Davison, wie schwer sich im Zweiten Weltkrieg die „Feindpropaganda" damit tat, die Soldaten der Gegenseite richtig anzusprechen und wie negativ es sich auswirkte, wenn man sich dabei vergriff: „Amerikanische Soldaten amüsierten sich im Zweiten Weltkrieg häufig, wenn sie Flugblätter des Feindes lasen: Oft lagen diese Flugblätter in ihrem Englisch völlig daneben. Entweder war die Sprache förmlich und gestelzt, oder die deutschen Propagandisten versuchten erfolglos, den Slang der GI's zu treffen... Doch ist anzunehmen, daß die Propaganda in der Gegenrichtung auch nicht viel besser war, obwohl die amerikanischen Propagandisten ständig zu erfahren suchten, wie die deutschen Landser sprachen... Die Amerikaner hatten unter ihren Soldaten einen Druckfachmann, der sich viele Jahre mit der deutschen Typographie beschäftigt hatte und nun in der Lage war, 'typisch deutsche' Flugblätter zu drucken. Bisweilen machten die Propagandisten beider Seiten absichtlich leichte Sprachfehler, um so daran zu erinnern, daß sie zur gegnerischen Seite gehörten."[165]

Manchmal kann sich eine fehlerhafte Übersetzung folgenschwer auswirken: „Wie der 'Honolulu Advertiser' im Mai 1974 berichtete, gab es große Aufregung wegen eines Wortes, das aus dem Italienischen ins Englische falsch übersetzt worden war. Der Fehler führte zu der irrigen Annahme, die Kapuziner–Mönche wollten ihr traditionelles Zölibat-Gelübde aufgeben. 29,6 Prozent der Mönche hatten gesagt, sie wünschten einen 'intimo rapporto' mit Frauen; doch in der Übersetzung eines internationalen Nachrichtendienstes wurden daraus sexuelle Beziehungen".[166]

Kommunikationsprobleme ergeben sich nicht selten auch daraus, daß verschiedene Kulturen in ihrer Sprache in unterschiedlichem Maße auf Klarheit und Eindeutigkeit bedacht sind. In den meisten westlichen Ländern gilt das Ideal einer klaren, rationalen, direkt auf das Ziel hinsteuernden Rede, nicht selten ohne viel Rücksicht darauf, was der Partner dabei empfindet. In anderen Kulturen, besonders ausgeprägt in Japan, legt man größten Wert auf Harmonie und sucht alles zu vermeiden, was den Partner verletzen könnte. Deshalb gilt es als ungehörig, dem anderen unverblümt „die Wahrheit zu sagen" oder ihm etwas rundweg abzuschlagen. Ein direktes „Nein" kommt kaum einmal vor; man ersetzt es durch ein „Vielleicht", meist verbunden mit feinen nicht-verbalen Hinweisen, die signalisieren, daß dieses „Vielleicht" eine Absage bedeutet. So mag der Amerikaner dem Japaner als taktlos, rüde und unsensibel erscheinen, während der Amerikaner den Japaner für umständlich, entscheidungsschwach und unaufrichtig hält – wobei auch hier wiederum jeder Beteiligte davon überzeugt ist, *seine* Art zu kommunizieren sei „selbstverständlich" die einzig richtige.

Interkulturelle Verständigungsschwierigkeiten können schließlich auch daraus resultieren, daß es in fast allen Gesellschaften verschiedene Sprachebenen gibt, also zum einen die (meist offiziell anerkannte) Hochsprache und zum anderen mehrere Ebenen der Alltagssprache, wiederum oft noch in sich aufgegliedert in zahlreiche Dialekte. Nicht selten haben dabei die Mitglieder ein und derselben Kultur große Mühe, einander zu verstehen –

so etwa Niederdeutsche und Oberbayern. Wer nun als Fremder in eine ihm fremde Kultur hineinkommt, findet sich häufig in diesem sprachlichen Dschungel überhaupt nicht zurecht. Denn selbst wenn er die offizielle Landessprache gelernt hat, kann er sich mit den Einheimischen oft weder in deren Alltagssprache noch gar in den Dialekten verständigen. Oft bleibt nichts anderes übrig, als auf eine gemeinsame andere Sprache auszuweichen, etwa auf Englisch oder Französisch oder Spanisch. – Doch selbst wenn ein Besucher dies und jenes aus der Alltagssprache oder gar aus dem Slang der Gastkultur aufgegriffen hat, sollte er mit diesem Wissen äußerst vorsichtig umgehen; diese Sprachebene ist besonders reich an Vieldeutigkeiten, und dies zu durchschauen ist für Fremde meist unmöglich. Es besteht hier also immer die Gefahr, daß sich der Besucher im Ton vergreift, oft zum Mißfallen der Einheimischen.

Nichtverbale Kommunikation

Die nichtverbale Kommunikation ist zu wesentlichen Teilen kulturspezifisch überformt (siehe Abschnitt 2.7). Damit sind Schwierigkeiten bei der interkulturellen Begegnung programmiert, zumal auch hier wieder jede Seite davon überzeugt ist, daß *ihre* Formen die einzig richtigen und die Formen der anderen abwegig sind. Einige Beispiele:

Bei Japanern ist Lachen oft nicht Ausdruck von Freude, sondern von Verlegenheit, eine nichtverbale Kommunikationsweise, die Europäern und Nordamerikanern fremd ist und von ihnen mit Befremden registriert wird.

Blickkontakt, also ein direkter Blickwechsel mit dem Kommunikationspartner, hat in verschiedenen Kulturen eine unterschiedliche Bedeutung und ist je eigenen Regeln unterworfen. In den meisten westlichen Ländern „gehört es sich", dem Partner bei einem Gespräch in die Augen zu schauen. Wer das nicht tut, setzt sich dem Verdacht aus, er habe etwas zu verbergen, er sei unaufrichtig. Freilich kann umgekehrt ein allzu langes und intensives Anstarren als aufdringlich und taktlos empfunden werden, insbesondere wenn es um Kontakte zwischen Männern und Frauen geht. In etlichen anderen Kulturen sind direkte Blickkontakte verpönt, so beispielsweise von Untergebenen gegenüber Vorgesetzten oder sonstigen Respektspersonen, aber auch vor allem von Frauen gegenüber Männern. In manchen Kulturen

– etwa im Vorderen Orient – darf die Frau nur dem eigenen Mann direkt in die Augen schauen.

Wer zum ersten Mal Indern begegnet, ist meist irritiert durch eine Kopfbewegung, die in der indischen nichtverbalen „Sprache" Zustimmung, also ein „Ja" bedeutet, von Europäern aber häufig als Kopfschütteln und damit als Verneinung interpretiert wird.

Verwirrung kann auch leicht entstehen bei der Frage, ob man sich bei der Begrüßung und beim Abschied die Hände schütteln soll oder nicht. Das Händeschütteln, eine vorwiegend europäische Verhaltensweise, war vielen Kulturen zunächst durchaus fremd, hat sich dann aber im Zeitalter des Kolonialismus weit verbreitet. Daraus können in der interkulturellen Begegnung Unsicherheiten und Verstimmungen resultieren. So mag ein Japaner, der die europäische Sitte kennt, dem deutschen Gast die Hand entgegenstrecken, um ihn zu ehren, während der Deutsche, der etwas von der japanischen Sitte weiß, zu einer höflichen fernöstlichen Verbeugung ansetzt. Schließlich fühlen sich beide verletzt und beschämt.

Zu den nichtverbalen Kommunikationsformen gehören auch die paralinguistischen Aspekte, also die Art und Weise, *wie* die Menschen miteinander reden. Diese Formen können von Kultur zu Kultur variieren, und das heißt: sie können in der interkulturellen Begegnung zu Schwierigkeiten führen. So gibt es beispielsweise Völker, die gerne und viel reden, oft nur um des Redens willen, zum Beispiel Araber; die Menschen anderer Kulturen dagegen sind eher wortkarg und sprechen nur, wenn sie wirklich etwas „zu sagen haben." Die einen erscheinen den anderen geschwätzig, die anderen erscheinen den einen stur und muffelig.

Manchmal kann schon eine kleine Variation in Tonfall und Betonung Mißverständnisse zur Folge haben. Ein Beispiel: „So fragt eine pakistanische Bedienung im Schnellrestaurant vom Flughafen Heathrow bei manchen Speisen nach, ob die Gäste noch Soße dabei haben wollen. Dazu stellt sie nur die einfache kleine Frage 'Soße?' ('gravy?'). Aber sie sagt es in der Intonation ihrer Muttersprache und da geht bei einer Frage nicht die Stimme nach oben, wie es im Englischen oder Deutschen der Fall ist, sondern leicht nach unten. Daraus schließen die Kunden anstelle des wohlgemeinten 'Möchten Sie noch Soße dazu?' etwa so was wie 'Nun nehmen Sie schon Soße!' Solche Mißverständnisse sind natürlich kaum zu erkennen. In Seminaren mit dem Personal und den Vorgesetzten wurde diese Art von Problemen dann diskutiert und alle Teilnehmer wurden für die Wichtigkeit der kulturellen Unterschiede sensibilisiert."[168]

Auch das Schweigen kann kulturspezifisch Verschiedenes bedeuten. Japaner sehen das Schweigen weitaus mehr als Kommunikationsinstrument an als Europäer und Amerikaner. Außerdem können Japaner miteinander oft und lange schweigen und sich dabei sehr behaglich fühlen, während in Europa und Nordamerika ein etwas längeres Nichtssagen bald zu Unsicherheit und Verlegenheit führt. Europäern ist das Schweigen der Japaner unheimlich, während die Japaner ihre europäischen und nordamerikanischen Partner häufig als allzu redselig kritisieren.

Wertorientierungen

Wie im Abschnitt 2.8 dargelegt, sind die Werte, an denen sich die Menschen orientieren, kulturspezifische Strukturmerkmale. Mit anderen Worten: Menschen verschiedener Kulturen unterscheiden sich darin, was sie für gut und schlecht, erstrebenswert oder unwert halten. Es liegt auf der Hand, daß daraus in der interkulturellen Begegnung Verständigungsprobleme resultieren können, und dies um so mehr, als die meisten Menschen sich der Kulturbedingtheit ihrer Grundeinstellungen nicht bewußt sind; vielmehr gehen sie „selbstverständlich" davon aus, daß ihre Art und Weise, sich an bestimmten Werten in einer bestimmten Rangordnung zu orientieren, die einzig normale und richtige ist und daß die Partner der interkulturellen Begegnung die Welt eigentlich ebenso sehen und beurteilen müßten wie sie selbst.

So können Schwierigkeiten entstehen etwa dadurch, daß in der Begegnung unterschiedliche Grundauffassungen aufeinandertreffen darüber,

– was der Mensch ist und wie er sein sollte,
– wie die Beziehungen des Menschen zu anderen Menschen, aber auch zur Natur, zu Gottheiten und anderen „überirdischen" Kräften, Gewalten, Einflußgrößen beschaffen sind und sein sollen,
– welche Bedeutung man der Zeit als solcher und speziell der Vergangenheit, der Gegenwart und der Zukunft zumessen soll,

– ob der Mensch dem Schicksal, der „Vorsehung", dem göttlichen Willen untergeordnet ist oder ob er über einen Spielraum für eigene Aktivität, für Selbstbestimmung und verantwortliches Handeln verfügt.

Diese zunächst eher allgemeinen und abstrakten Überlegungen haben durchaus auch konkrete und praktische Bedeutung, so beispielsweise im Hinblick auf die Leistungsorientierung. Der Experte, der aus einem westlichen Land in ein Land der Dritten Welt geht, ist in der Regel stark leistungsorientiert. Für ihn sind Einsatz, Pünktlichkeit, Präzision, Sorgfalt, Verantwortungsbewußtsein selbstverständliche Voraussetzungen für Erfolg. Die Einheimischen betrachten diese Einstellung oft mit Mißtrauen, wenn nicht gar mit Unverständnis; ihnen erscheinen die Experten aus dem Westen als dogmatisch, betriebsam, übereifrig und kalt. Daraus können sich leicht Begegnungsschwierigkeiten entwickeln. Der Besucher sollte sich dieses Sachverhaltes bewußt sein, und häufig ist es zweckmäßiger und zieldienlicher, wenn er bei der Zusammenarbeit mit Einheimischen sich nicht allzu leistungsorientiert präsentiert.

Die Einstellungen zu Aktivität, Arbeit und Leistung sind oft eng verbunden mit den Vorstellungen von Status und Autorität. In vielen nicht-westlichen Ländern bedeutet ein höherer Status, daß man nicht mehr selber Hand anlegt, sondern die Handarbeit denen überläßt, die den eigenen Status nicht erreicht haben. Natürlich sind solche Ansichten auch in westlichen Ländern nicht unbekannt – man denke an den Begriff der "White-Collar-Workers". Doch gilt es im „Westen" immer noch durchaus als ehrenhaft, wenn ein Vorgesetzter, der es eigentlich nicht mehr nötig hätte, in Notfällen selber mit anpackt. In zahlreichen Ländern der Dritten Welt liefe er dabei Gefahr, das „Gesicht zu verlieren", und das heißt: Status und Prestige einzubüßen.

Schwierigkeiten bei der interkulturellen Begegnung entstehen häufig dadurch, daß die Beteiligten verschiedene Auffassungen von Gesetzen und Vorschriften, von Recht und Ordnung haben. In manchen Ländern warten die Menschen an Verkehrsampeln unbeirrt solange, bis für sie Grün kommt, in anderen Ländern dagegen überquert man auch bei Rot unbekümmert die Straße, wenn der Verkehr es erlaubt. Vorschriften und Regelungen lassen sich also sowohl streng formal als auch praktisch und pragmatisch auslegen. Wenn diese beiden Auffassungen aufeinander treffen, resultieren nicht selten daraus Konflikte. Von einem solchen Fall berichtet Hall in seinem instruktiven Buch „The silent language": In den USA geriet ein hispanischer Polizist in große Schwierigkeiten, weil seine Ansichten über das Befolgen von Geschwindigkeitsbegrenzungen deutlich von denen der „Americanos" abwichen.[169] Einige Passagen aus diesem Bericht sind als Anhang lll wiedergegeben.

Verhaltensmuster

Besonders deutlich sichtbar und dennoch schwer durchschaubar, weil äußerst komplex, sind die kulturspezifisch unterschiedlichen Verhaltensmuster, also Sitten, Normen, Bräuche, Riten, Rollen usw. (siehe Abschnitt 2.9). Komplex sind diese Verhaltensmuster vor allem deshalb, weil sie für sich allein genommen meist wenig sinnvoll erscheinen und ihre Bedeutung und ihren Stellenwert erst im Kontext, im jeweiligen Gesamtzusammenhang gewinnen. Auf dieser Art von Komplexität – in Verbindung mit dem Ethnozentrismus und den kulturellen Selbstverständlichkeiten – beruhen denn auch die vielen Mißverständnisse und Fehlinterpretationen bei der Deutung von Verhaltensweisen in einer anderen Kultur. Auch hier wieder einige Beispiele:

„Der britische Professor, der als Gast an der Ain Shams Universität in Kairo Literaturwissenschaft lehrte, legte in einer Vorlesung gerade ein Gedicht aus; damit war er gedanklich so beschäftigt, daß er sich auf seinem Stuhl zurücklehnte, seine Füße auf den Tisch legte und so den Studenten seine Schuhsohlen zeigte. Nun ist diese Geste in moslemischen Kulturen die schlimmste Beleidigung. Die Kairoer Zeitungen brachten den Vorfall und die anschließenden Studentendemonstrationen mit großen Schlagzeilen heraus. Sie deuteten dieses Verhalten als typisch britische Arroganz und forderten, der Professor sollte nach Hause geschickt werden."[170] Er hatte, wenn auch nichtsahnend, ein Tabu der Gastkultur verletzt. Die Verletzung von Tabus wiegt in fast allen Kulturen so schwer, daß ein Nichtwissen nicht als Entschuldigung akzeptiert wird.

Nun geht es im Alltag nur relativ selten um Tabus; viel häufiger entstehen Mißverständnisse und Fehlinterpretationen in ganz „normalen" Situationen. So etwa, wenn Mitteleuropäer das „Feilschen", die „Korruption", die „Vetternwirtschaft", die „Faulheit" und „Unzuverlässigkeit" in anderen

Kulturen herablassend verurteilen. Derartige Vor-Urteile müssen bei den Betroffenen zwangsläufig auf Unverständnis, wenn nicht gar auf Empörung treffen.

Barrieren und Mißverständnisse kommen häufig dadurch zustande, daß der Besucher seine eigenen altgewohnten Verhaltensmuster unbesehen auch in der fremden Kultur anwendet und sein Verhalten damit, ohne es zu wissen, in einen anderen Kontext hineinstellt. Dadurch bekommt das Verhalten eine andere, neue Bedeutung, so zum Beispiel „Komplimente machen, wo 'es sich nicht gehört'; duzen, wo man besser siezen sollte; Fragen stellen, wo sie als aufdringlich empfunden werden; 'Süßholz raspeln', wo Entschlossenheit angezeigt wäre – die Palette solcher Fehlgriffe aufgrund der Übertragung eigenkultureller Konventionen ist nahezu unerschöpflich."[171] Derartigen Mißgriffen kann man nur durch ein intensives Studium der einheimischen Verhaltensmuster begegnen.

Ein Faktor, der in hohem Maße das Verhalten der Menschen mitbestimmt, der aber lange Zeit in der Wissenschaft nur wenig beachtet wurde, ist die jeweilige *Situation*. Allzu großes Gewicht legte man auf die „Persönlichkeit" oder den „Charakter" der Beteiligten als entscheidende Determinante ihres Verhaltens und übersah dabei, daß derselbe Mensch in unterschiedlichen Situationen sich auf höchst unterschiedliche Art und Weise verhalten kann.

Auch in der Lehre von der interkulturellen Begegnung hatte man zunächst die Bedeutung des Faktors „Situation" unterschätzt. Inzwischen hat man umgedacht. So zählt Brislin fünfzehn Aspekte auf, die als Situationsmomente den Aufenthalt in der Fremde mitsteuern:

– Aspekte der Umwelt wie z.B. das Klima, das sich auf die verfügbaren Energien eines Experten auswirkt
– Die Zahl der Personen, die in einer konkreten Situation anwesend und beteiligt sind; eine einfache Überlegung besagt: Je mehr Personen an einer Interaktion teilhaben, um so weniger Aufmerksamkeit kommt dem einzelnen zu
– Direkte persönliche oder technisch vermittelte Kommunikation zwischen den Beteiligten
– Der Status des Partners: Es ist beispielsweise leichter, einer Person mit niedrigem Status etwas abzuschlagen als einem Menschen mit hohem Prestige

- Die Verhaltensweisen des Partners
- Individuelle Bekanntschaft oder Anonymität des Partners
- Strukturierte oder unstrukturierte Situation; strukturiert bedeutet, daß der Experte weiß, wie er sich zu verhalten hat; in unstrukturierten Situationen muß er erst einmal selbst eine Struktur herstellen
- Zeitliche Begrenzungen
- Überbesetzung oder Unterbesetzung; Überbesetzung kann zu Langeweile führen, Unterbesetzung zu Überanstrengung
- Vorhandensein einer Nische, in welcher der Experte eine klare und positive Rolle finden kann
- Vorhandensein oder Abwesenheit eines Modells, an dem sich ein Neuangekommener orientieren kann
- Zugeschriebene Macht: Nicht selten werden Experten so behandelt, als verfügten sie über Macht, obwohl sie zu Hause ganz normale Durchschnittsbürger sind
- Verantwortung nur für sich selbst oder auch für andere
- Gute oder schlechte Position als „Führer" in den Beziehungen zu „Untergebenen"
- Vertraute oder fremde Situation.[172]

Allerdings fragt sich, wieviel eine Liste dieser Art wirklich weiterhilft. Zum einen werden hier aus einer großen Zahl von denkbaren Situationsvariablen nur einige herausgegriffen; und zum anderen stehen in diesem Katalog die genannten Situationsfaktoren unverbunden nebeneinander, also ohne Rücksicht auf ihre Zusammenhänge.

Wer als Fremder in der Fremde lebt, sollte sich nicht nur über das eigenartige Verhalten der Menschen in der Gastkultur wundern, sondern auch bedenken, daß sein eigenes Verhalten den Einheimischen mindestens ebenso merkwürdig und abwegig erscheint. Freilich, fremden Besuchern bringen die Menschen des Gastlandes in aller Regel einen gewissen Bonus, einen Goodwill entgegen etwa in dem Sinne: Der weiß es eben nicht besser. Doch nutzt sich dieser Bonus recht schnell ab: Nun müßte er es eigentlich begriffen haben.

Im Abschnitt 2.10 wurde gezeigt, wie schwierig es ist, die sozialen Gruppierungen und Beziehungen einer fremden Kultur zu durchschauen und zu verstehen. Nun wird sicher nicht jeder Besucher, nicht jeder Experte hier volle Einblicke und Durchblicke haben müssen. Einige Kenntnisse sind freilich wohl immer vonnöten, will man grobe Mißverständnisse und Fehlinterpretationen in der interkulturellen Begegnung vermeiden. Hier einige kurze, unsystematisch herausgegriffene Aspekte und Beispiele:

In vielen Kulturen, insbesondere in Asien, ist es äußerst wichtig, die etablierte Hierarchie zu kennen und zu respektieren, praktisch formuliert: den richtigen „Dienstweg" einzuhalten. „Einer der schlimmsten Fehler, der einem Europäer unterlaufen kann, ist das Überspringen eines Glieds der Hierarchiekette. Während sich ein Deutscher manchmal aus Gründen der Schnelligkeit und um der Sache willen direkt an den zuständigen Sachbearbeiter wendet, beachtet man in metakonfuzianisch organisierten Unternehmen stets genauestens den Dienstweg, auch wenn dies noch so zeitraubend sein mag. In den theravadabuddhistischen und malayo–islamischen Gesellschaften geht es auf den Dörfern zwar höchst egalitär zu, zwischen Bauernschaft und Bürokratie dagegen entwickelt sich sogleich wieder ein steiles Gefälle, das sich sowohl in Verhaltens- als auch in Sprachformen niederschlägt. In den beiden verwandten Sprachen Thai und Laotisch ist es beispielsweise unmöglich, in neutraler Weise das 'Ich' oder 'Du' zu verwenden; vielmehr verändern sich solche Ausdrücke je nachdem, ob es sich beim Adressaten um eine über- oder untergeordnete Person handelt ... Was den beruflichen Status anbelangt, so stehen Mönche oder Beamte äußerst hoch im Ansehen, während Kaufleute in der Tradition niedrig eingestuft werden. Ein laotisches Sprichwort lautet 'Zehn Kaufleute sind nicht so viel wert wie der Diener eines Gelehrten.' Auch der Bauer steht in seinem Ansehen noch hoch über dem Kaufmann."[173]

Während man bei Geschäftsbeziehungen in Europa und Nordamerika meist schnell „zur Sache" zu kommen sucht, legt man in Japan (und etlichen anderen asiatischen Kulturen) großen Wert darauf, zunächst einmal gute persönliche Beziehungen zu den Partnern aufzubauen. Deshalb dauert es dort eine gewisse Zeit, oft finden mehrere Treffen statt, bis die Kontakte so weit gereift sind, daß man zu Geschäftsfragen übergehen kann. Wer diese

Fragen zu eilig und zu direkt ansteuert, gilt in den Augen japanischer Partner als rüde und unhöflich. Europäer und Amerikaner müssen dort also Geduld und Gleichmut lernen.

Wenn ein Experte übermäßig ethnozentrisch orientiert ist, kommt es oft gar nicht erst zu echten Kontakten mit Einheimischen. Ein solcher Experte sieht sich gerne in der Rolle des Missionars, der zwar predigt, aber im Grunde von seinen Zuhörern nichts wissen will; echte soziale Beziehungen hat er nur zu seinen Landsleuten, und dabei vor allem zu jenen, die ebenso denken wie er selbst.

In vielen Fällen interkultureller Begegnung werden die sozialen Beziehungen mitgesteuert durch *interpersonale Attribution*: Der Unsicherheit, wie der Partner wohl auf die eigene Aktion reagiert, versucht man dadurch zu entgehen, daß man dem Anderen bestimmte Eigenschaften, Einstellungen, Absichten, Motive unterstellt, diese dann als Fakten nimmt und das eigene Verhalten an diesen vermeintlichen Fakten ausrichtet, die in Wirklichkeit nur eigene Konstrukte sind.[174] Diese Konstrukte können nun richtig oder falsch sein. Und es liegt auf der Hand: Richtige Attributionen fördern die zwischenmenschlichen Interaktionen, falsche Attributionen resultieren oft in Mißverständnissen. Das Problem dabei ist nur dieses: Aus ihrer subjektiven Sicht fehlen den Beteiligten meist die Kriterien, um ihre Zuschreibungen als richtig oder falsch zu erkennen. – Normalerweise haben bei Partnern aus *einer* Kultur die Attributionen eine relativ große Wahrscheinlichkeit für sich, zu „stimmen", soweit jedenfalls, daß man grobe Mißverständnisse vermeiden kann. Stammen jedoch die Beteiligten aus verschiedenen Kulturen, werden die Attributionen oft recht unsicher, und dies umso mehr, je größer die Kulturdistanz ist. Fehleinschätzungen und Fehlinterpretationen sind dann die Folge. Besonders problematisch ist dabei dies: Die Beteiligten durchschauen zumeist ihre eigenen Attributionen nicht; jeder unterstellt statt dessen allzu leicht dem Anderen Voreingenommenheit und böse Absichten. Und tatsächlich spielen bei diesen sozialen Prozessen Stereotype und Vorurteile nicht selten eine gewichtige Rolle: Gerade in der interkulturellen Begegnung kommunizieren wir oft gar nicht mit dem Anderen als Person und Individuum, sondern mit dem Kollektiv-Image, das wir uns vom „Nationalcharakter" der Partnerseite gebildet haben.[175]

Die wichtigste und oft auch schwierigste Aufgabe im sozialen Bereich stellt sich dem Besucher mit der Notwendigkeit, gute Beziehungen zu den

Menschen der Gastkultur aufzubauen und zu pflegen. Besonders schwierig ist diese Aufgabe zum einen, weil es für einen Fremden in einer fremden Kultur nahezu unmöglich ist, in kurzer Zeit die sozialen Gruppierungen und sozialen Netze kennenzulernen, und zum anderen ist es ebenso unmöglich, die der Gastkultur eigenen unendlich vielen, feinen und komplexen Spielregeln des Miteinander-Umgehens zu beherrschen, zumal diese Spielregeln nicht nur durch die beteiligten Personen, durch deren Persönlichkeit, Status, Alter, Geschlecht usw., sondern auch durch die jeweilige Situation und Konstellation bestimmt werden.

Eine spezielle Form sozialer Beziehungen zwischen Menschen verschiedener Kulturen stellen die *„Interkulturen"* dar, manchmal auch *„Dritte Kulturen"* genannt. Gemeint ist damit folgendes: Kommunikation zwischen Menschen verschiedener Kulturen kommt, wie die Erfahrung zeigt, nicht wahllos und zufällig zustande, sondern überwiegend zwischen Personen gleicher Art. Interkulturelle Kommunikation findet in der Regel zwischen Partnern statt, die gleiche oder ähnliche Merkmale aufweisen und die innerhalb der Struktur ihrer Kultur an sehr ähnlichen Stellen lokalisiert sind. Der Wissenschaftler wird in einer anderen Kultur vor allem Kontakte mit dortigen Wissenschaftlern finden, der Künstler mit Künstlern, der Kaufmann mit Geschäftsleuten usw. Hier entwickelt sich also – gleichsam horizontal – über die Grenzen zwischen Kulturen hinweg eine neue Dimension der Gleichartigkeit. Und zweifellos können die Gemeinsamkeiten hier manchmal – wenn auch innerhalb bestimmter Grenzen – stärker und verbindender wirken als die anders gelagerten Gemeinsamkeiten *innerhalb* einer Kultur. Ein deutscher Wissenschaftler versteht sich in mancher Hinsicht mit einem Wissenschaftler aus Japan, Nigeria, Venezuela besser als mit einem deutschen Arbeiter, und ebenso können Techniker, Militärs und sonstige Experten sich oft mit ihresgleichen aus anderen Kulturen besser verständigen als mit dem „einfachen Mann" des eigenen Landes.

Ein Experte, der in einer fremden Kultur mit seiner Arbeit beginnt, erlebt natürlich diese unerwartete Übereinstimmung zunächst als höchst positiv. Doch tragen Interkulturen immer nur so weit, wie der gemeinsame Boden reicht, und diese Gemeinsamkeit erstreckt sich oft nur auf den sachlich-fachlichen Bereich. Außerhalb dieses Bereiches können die kulturspezifischen Unterschiede jederzeit wieder aufbrechen. Der Verfasser erinnert sich noch gut zweier indischer Freunde, mit denen er im Rahmen seines Einsatzes prächtig zurechtkam. Als er dann jedoch in deren Familien eingeladen wurde, begegnete er zwei völlig „anderen", „fremden" Personen. Am nächsten Tag im „Dienst" lief alles wieder problemlos.

Wie sich die interkulturellen Begegnungen gestalten, hängt unter anderem davon ab, aus welcher Kultur die Experten kommen und in welche Kultur sie gehen. Um jedoch nicht im Uferlosen zu landen, reduzieren wir hier die mögliche Vielfalt von Kombinationen auf zwei Grundtypen, nämlich auf Industrieländer und Entwicklungsländer. Aus dieser einfachen (alle feineren Schattierungen vernachlässigenden) Gegenüberstellung ergeben sich vier Grundformen interkultureller Begegnungen: Der Besucher geht

- aus einem Industrieland in ein Industrieland,
- aus einem Industrieland in ein Entwicklungsland,
- aus einem Entwicklungsland in ein Industrieland,
- aus einem Entwicklungsland in ein Entwicklungsland.

Für unsere Fragestellung erscheinen davon nur zwei dieser Konstellationen wirklich relevant, nämlich die Fälle Industrieland-Entwicklungsland und Entwicklungsland-Industrieland. Dabei ergeben sich jeweils ganz bestimmte, mehr oder weniger „typische" Konstellationen der interkulturellen Begegnung.

Wenn ein Experte aus einem „fortschrittlichen" Industrieland kommt und in ein „rückständiges" Entwicklungsland geht, fällt ihm in der Regel die Position und Rolle des Sachkundigen, des Überlegenen, des Lehrers und Beraters zu. Äußerlich sichtbar dokumentiert sich dieser Sachverhalt darin, daß die meisten Experten dieser Art in ihrem Lebensstil – also etwa in Wohnung und Konsumverhalten – ähnlich auftreten wie die dünne Oberschicht des Gastlandes. – Insgesamt erwarten die Einheimischen vom Experten nicht nur besondere Kenntnisse, Fertigkeiten und Leistungen, sie erwarten von ihm auch, daß er sich „einwandfrei" verhält, daß er also nicht gravierend gegen die Gepflogenheiten in der Gastkultur verstößt. Das bedeutet auch: Westliche Experten in Entwicklungsländern tun gut daran, sich mit Kritik und Ratschlägen zurückzuhalten, also nicht ständig den Einheimischen vorzuhalten, diese seien „zurückgeblieben" und „unterentwickelt" – zumal sich mittlerweile die Einsicht durchzusetzen beginnt, daß die eigenständige Kultur, auch und gerade weil sie nicht „modern" ist, einen Wert eigener Art darstellt. Doch ist diese Einsicht Experten aus Industrieländern oft noch fremd. Häufig sind hier nach wie vor simple und altbekannte sozialpsychologische „Mechanismen" am Werk. So verstehen sich diese Besucher oft in übersteigertem Maße als Repräsentanten ihres Heimatlandes; nicht selten identifizieren sie sich mit „ihrem" Land und „ihrem" Staat draußen stärker als zuvor in der Heimat. Das ist zumeist auch den Einheimischen verständlich und wird von ihnen akzeptiert; allerdings gibt es da Grenzen: Man nimmt es dem Experten übel, wenn er keinerlei Kritik an seinem Land duldet und wenn er ständig durchblicken läßt, „zu Hause" sei alles besser als im Gastland.

Ganz anders stellt sich die Lage dar, wenn der Besucher aus einem Entwicklungsland kommt und sich für einige Zeit in einem Industrieland aufhält. Schon vom wirtschaftlichen Gefälle her, nicht selten aber auch aus rassistischer Perspektive, wird ihm die Rolle des Lernenden, des Unterlegenen, des „Minderwertigen" zugeschrieben. Und so behandelt man ihn von oben herab, teils gutmütig-herablassend, teils aber auch ablehnend und aggressiv. Der Besucher fühlt sich dann gedemütigt und in seiner Würde verletzt; er reagiert mit Ressentiments und Gegenaggressionen, zumal der Besucher aus einem Entwicklungsland meist zu Hause der Oberschicht angehört, dort hohes Prestige genießt und oft auch materiell gut gestellt ist.

Für Menschen aus Entwicklungsländern sind somit Aufenthalte in Industrieländern meist belastend und bedrückend. Auf der anderen Seite gibt es eine beträchtliche Zahl von Fällen, in denen Besucher aus Entwicklungsländern im Gastland „hängenbleiben" und nicht mehr in die Heimat zurückkehren. Handelt es sich dabei um qualifizierte Kräfte, so spricht man von einem „Brain Drain" als einem Verlust für das Herkunftsland. Die Gründe dafür, nicht mehr zurückzugehen, können sehr verschiedener Art sein; sie reichen von persönlichen Bindungen über berufliche Erwägungen bis hin zu Angst vor der politischen Situation im Heimatland. Die wichtigsten Aspekte des Brain Drain faßt Brislin folgendermaßen zusammen:

„Bestimmte Faktoren... erhöhen die Wahrscheinlichkeit, daß der Besucher aus einem Entwicklungsland nicht in die Heimat zurückkehrt, sondern in dem Gastland, einem Industrieland, bleiben möchte:

– Unsicherheit über die Zukunft: In vielen Ländern der Dritten Welt wechseln häufig die Regierungen, und da die eine Regierung diese, die andere Regierung jene Gruppen favorisiert, ist der Besucher unsicher, was ihn bei der Rückkehr ins Heimatland erwartet.

- Manchmal gehören die Besucher in ihrer Heimat Minoritäten an, die von den dort Herrschenden unterdrückt werden; in der Gastkultur fühlen sie sich freier und sicherer.
- In der Gastkultur bieten sich günstige berufliche Möglichkeiten an, über die das Herkunftsland nicht verfügt.
- Der Besucher findet im Gastland mehr und bessere Kontakte mit den dortigen Einheimischen als mit seinen Landsleuten.
- Nicht selten heiratet der Besucher eine einheimische Frau, und wenn dann Kinder da sind, sehen die Eltern für ihre Kinder bessere Chancen im Gastland.[176]

4.3   Vorstellungen und Einstellungen als Begegnungsprobleme

Bei der interkulturellen Begegnung tritt jeder Beteiligte seinem Partner mit vorgeprägten Vorstellungen und Einstellungen gegenüber. Fast immer sind bereits bestimmte Images, Einstellungen, Stereotype und Vorurteile vorhanden; und sie bestimmen in hohem Maße mit, wie im konkreten Fall die Prozesse der interkulturellen Kommunikation und Interaktion verlaufen.

Wie im dritten Kapitel dargelegt, sind diese interkulturellen und internationalen Vorstellungen und Einstellungen oft tief verwurzelt; sie werden im Prozeß der Sozialisation über Generationen hinweg weitergegeben und erweisen sich dabei meist als zählebig; man denke etwa an die lange Feindschaft zwischen Deutschen und Franzosen, Indern und Chinesen, Serben und Kroaten. Andererseits zeigt gerade das Beispiel der Deutschen und Franzosen, daß sich Images und Vorurteile durchaus auch grundlegend verändern können – allerdings immer nur dann, wenn sich die Rahmenbedingungen, die gesellschaftlichen Faktorenkonstellationen ändern.

Vorstellungen und Einstellungen beeinflussen also in hohem Maße die interkulturelle Begegnung mit, nicht selten in negativer Richtung, dann nämlich, wenn es sich bei den Vorstellungen um Stereotype und bei den Einstellungen um Vorurteile handelt. Die schlimmen Auswirkungen derartiger Prädispositionen sind hinreichend bekannt. Bei fast allen Kriegen und Unruhen unseres Jahrhundert waren und sind diese Faktoren – oft entscheidend – mit im Spiel.

Für den Experten in der Fremde ergibt sich aus diesen Überlegungen und Erfahrungen die Konsequenz, sich seiner eigenen Vorstellungen und Einstellungen bewußt zu werden, sie rational zu analysieren und dadurch zu ihnen eine kritische Distanz zu gewinnen. Und ebenso muß er versuchen, die Images und Vorurteile der Einheimischen gegenüber seiner eigenen Kultur und Nation zu erkennen und zu verstehen.

4.4 Prozesse und Entwicklungen während des Aufenthaltes

Es ist fast banal: Wer sich länger in einer fremden Kultur aufhält, verändert sich im zeitlichen Verlauf. Natürlich würde er sich, wäre er zu Hause geblieben, ebenfalls verändern, aber auf andere Art und Weise. Wird ihm doch in der Fremde die Aufgabe abverlangt, mit vielen neuen, vom Gewohnten abweichenden Eindrücken zurechtzukommen; er durchläuft einen Prozeß der „Anpassung". Was das bedeutet, wird im Abschnitt 4.4.1 erörtert. Die weiteren Abschnitte handeln von zwei besonders problematischen Phasen dieses Prozesses: Im Abschnitt 4.4.2 geht es um den „Kulturschock" am Beginn des Aufenthaltes und im Abschnitt 4.4.3 um die „Rückanpassung".

4.4.1 Anpassung

Wer in eine fremde Kultur hineinkommt, ist vom ersten Augenblick an neuen Eindrücken ausgesetzt, die nicht mit dem übereinstimmen, was sich der Besucher bis dahin an Erfahrungen, Denkweisen, Einstellungen und Verhaltensnormen in kulturspezifischer Art und Weise angeeignet hatte. In der neuen physischen und sozialen Umwelt greifen die alten Deutungsmuster nicht mehr; was auch immer man tut, es erscheint falsch und unangebracht; die Menschen des Gastlandes verhalten sich merkwürdig und nicht selten unverständlich. So entsteht beim Besucher eine große Unsicherheit, das Gefühl, den Boden unter den Füßen zu verlieren.

„Angenommen, du kommst mit dem Flugzeug in einem fremden Land an. Wird man dich am Flughafen abholen? Wenn ja – was bedeutet das? Wenn nicht – was bedeutet das? Bist du richtig gekleidet? Erwarten diejenigen, die dich abholen, irgend etwas Spezielles? Sollst du am Ausgang schnell oder langsam gehen, lächeln oder eine ernste Miene aufsetzen? ... Sollst du die Hände schütteln? Oder dich verbeugen? Oder die Abholer umarmen? Wenn niemand da ist: Sollst du dich selber um ein Hotel bemühen? Oder lieber warten, ob nicht vielleicht doch noch jemand kommt? Die Anzahl der Möglichkeiten geht ins Unendliche, bis du vielleicht den Punkt erreicht hast, an dem dir alles egal ist und du dich in die Entschuldigung flüchtest, du hättest einen langen Flug hinter dir und du seist zu müde für alle diese Fragen. Aber auch dieser Ausweg hat seine Tücken, denn er bedeutet lediglich, daß es dir am liebsten wäre, man ließe dich in Ruhe".[177]

Verwirrungen dieser Art führen manchmal zu Resignation, in der Regel jedoch zu neuen Anstrengungen, das Unbekannte zu bewältigen mit dem Ziel, durch Lernen und Neuorientierung die innere Sicherheit zurückzugewinnen. Für diesen Prozeß, der sich streng genommen über den gesamten Auslandsaufenthalt hinzieht, finden sich in der Fachliteratur verschiedene Bezeichnungen; man spricht dort von „Enkulturation", „Akkulturation", „Assimilation", von „interkulturellem Lernen" und von „Anpassung". Wir entscheiden uns hier für diesen Begriff „Anpassung" (englisch: adaptation). Freilich, dieses Wort hat in der deutschen Umgangssprache manchmal den Beigeschmack von Nachgeben, Schwäche und Konformismus. Diese wertende Komponente schließen wir hier aus. „Anpassung" bedeutet im folgenden wertneutral, durch Veränderungen bei sich selbst mit einer neuen Umgebung zurechtzukommen, das gestörte Gleichgewicht zwischen Person und Umwelt wieder herzustellen. Interkulturelle Anpassung ist somit zu verstehen als ein Lernprozeß zur Bewältigung von Problemen, die sich aus der Begegnung mit einer fremden Kultur ergeben.

Angesichts der Tatsache, daß sich Kulturen in zahlreichen Dimensionen, Faktoren oder Strukturmerkmalen voneinander unterscheiden, stellt sich die Frage, ob es überhaupt sinnvoll erscheint, eine allgemeine, die verschiedenen Kulturen übergreifende Lehre von den Anpassungsprozessen zu entwerfen. Verlaufen die Prozesse nicht in jeder Kultur auf je eigene Weise? Auf einer konkreten Ebene ist das sicher der Fall. Doch lehrt die Erfahrung, gestützt durch etliche wissenschaftliche Untersuchungen, daß auf einer etwas generelleren Ebene die Anpassungsvorgänge überall erstaunlich gleichartig verlaufen, unabhängig davon, in welcher Kultur sich diese Prozesse vollziehen. Nur von dieser allgemeinen Ebene ist hier die Rede. Wenngleich sich die Wissenschaft mit der interkulturellen Anpassung bislang nur in bescheidenem Maße befaßt hat, liegen doch einige brauchbare Einsichten vor. Nach Taft lassen sich vier Grundaspekte erkennen:

–   Der Besucher fügt sich als Persönlichkeit in die fremden kulturellen Bedingungen ein.
–   Beim Akzeptieren neuer Bezugsgruppen identifiziert er sich in hohem Maße mit der Gastkultur; subjektiv stellt sich das Gefühl ein, dieser Kultur nicht mehr als ein Fremder gegenüberzustehen, sondern ihr persönlich verbunden zu sein.
–   Der Besucher erwirbt eine „kulturelle Kompetenz", die sowohl Sprachenkenntnisse umfaßt als auch die Fähigkeit, sich – im Sinne der Gastkultur – „richtig" zu verhalten.
–   Durch „Rollenakkulturation" kommt eine Konvergenz zustande zwischen den Attitüden und Wertorientierungen, die der Besucher aus seiner Kultur mitgebracht hat, und denen der Gastkultur.[178]

In der Zeit ablaufende Vorgänge lassen sich – den Historikern als Problem wohlbekannt – in Perioden oder *Phasen* einteilen. So hat man auch versucht, im Prozeß der Anpassung an eine fremde Kultur bestimmte Zeitabschnitte zu unterscheiden. Doch ist diese Phasen-Theorie noch recht jungen Datums und kann noch nicht als wissenschaftlich gesichert gelten.

Nach Oberg sind vier Anpassungsphasen zu unterscheiden:

–   Am Beginn des Auslandsaufenthaltes erlebt der Besucher das Neue als höchst positiv, gewissermaßen als einen „honeymoon".
–   Dann distanziert sich der Besucher von der Gastkultur bis hin zu feindlichen Gefühlen, oft verbunden mit einer verstärkten Zuwendung zu Landsleuten, die im Gastland leben.
–   In der dritten Phase verbessern sich die Beziehungen zum Gastland; man beginnt, sich in der Fremde zurechtzufinden, oft im Zusammenhang mit zunehmenden Sprachkenntnissen.

– Die Anpassung ist weithin gelungen, die Ängste sind überwunden; die Gastkultur wird akzeptiert; der Aufenthalt wird als subjektive Bereicherung, als Erweiterung des Gesichtskreises erlebt.[179]

Gullahorn und Gullahorn haben den Ablauf der Anpassung in Form einer Kurve darzustellen versucht. Demnach ist die Anpassung an eine fremde Kultur gekennzeichnet durch einen Wechsel von Hoch und Tief, von Auf und Ab in der Befindlichkeit des Besuchers.[180]

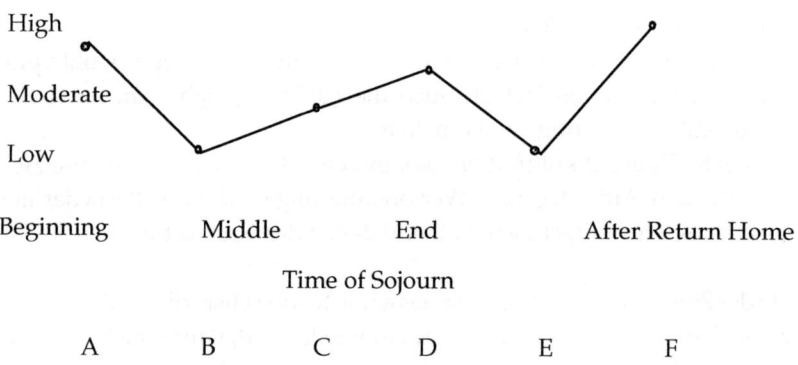

Feelings of Satisfaction with Sojourn

High

Moderate

Low

Beginning   Middle   End   After Return Home

Time of Sojourn

A   B   C   D   E   F

Diese Kurve beschreibt den Anpassungsprozeß etwa folgendermaßen: Der Anfang ist gekennzeichnet durch Enthusiasmus, durch eine allgemeine positive Erregung. Beim Punkt B setzt dann eine Frustration ein, eine Ernüchterung, die Erkenntnis, daß die altgewohnten Muster nicht mehr ausreichen, um die neuen Probleme zu lösen. Am Punkt C beginnt die positive Anpassung: Der Besucher distanziert sich von seinen negativen Erfahrungen, er beginnt, die Gastkultur zu „begreifen". Hat er den Punkt D erreicht, fühlt er sich fast „wie zu Hause". Betont negativ erlebt er dann beim Punkt E die Zwänge der Rückanpassung; erst wenn er diese Anforderung bewältigt hat, ist er wieder sozial integriert.

Andere Wissenschaftler gliedern den Phasenablauf etwas anders, behalten jedoch das Grundschema im wesentlichen bei. Einige Forscher, die das

Phasenkonzept empirisch überprüften, konnten keine Belege für derartige Verlaufskurven finden.[181] Sie erklären diesen Befund damit, daß die individuellen Varianten zu groß sind, um zu Generalisierungen dieser Art zu kommen. Außerdem sei es möglich, daß die Experten mittlerweile besser auf ihren Einsatz vorbereitet sind und deshalb die Fremde von vornherein positiver erleben.

*

Probleme eigener Art bringt die Anpassung im sozialen Bereich mit sich. Oft hängt der neu angekommene Besucher sozial „in der Luft"; und das bedeutet: Er braucht soziale Auffangnetze. Ein solches stellt zunächst – wenn vorhanden – die eigene Familie dar. Sie kann ihm in der neuen Umwelt Sicherheit und Geborgenheit bieten. Sie kann allerdings auch zur Belastung werden. Nicht selten fühlt sich die Frau des Experten, während er seinem Auftrag nachgeht, isoliert und einsam. Auch die Kinder kommen oft mit den neuen Lebensbedingungen in Schule und Nachbarschaft nicht zurecht. So mancher Experteneinsatz ist an diesen Schwierigkeiten schon in der Anfangsphase gescheitert; die ganze Familie kehrte schnell in die Heimat zurück.

Ein weiteres Auffangnetz bilden die Landsleute, die schon längere Zeit im Gastland leben und sich dort gut auskennen. Sie sind meist gerne bereit, dem Neuankömmling mit Rat und Tat beizustehen. Freilich, auch hier sind soziale Schwierigkeiten nicht auszuschließen. Die „alten Hasen" fühlen sich dem „Neuen" überlegen und lassen ihn das durchaus spüren; sie beobachten mißtrauisch, ob der „Neue" bereit ist, sich der „Kolonie" einzufügen. Manchmal besteht bei verunsicherten Neuangekommenen die Gefahr, ihre „Kolonie" zur Flucht aus der Gastkultur zu benutzen, als Ausweg, um der mühsamen Begegnung mit Einheimischen zu entgehen.

Eine eigene Komponente im Anpassungsprozeß stellen die affektiven oder emotionalen Erfahrungen dar. Allerdings, diese Komponente wurde bislang von der Forschung nur wenig beachtet, und wo das geschieht, hat man meistens nicht die ganze Bandbreite emotionaler Möglichkeiten im Blick, sondern nur einige wenige Affekte, die sich durch ihre negative Tönung auszeichnen. Das sind vor allem Frustrationen, Unsicherheiten und Ängste. Diese einseitige Sicht mag ihren Grund darin haben, daß derartige Affekte für den Experten in der Fremde eine starke Belastung darstellen. Diese Belastung ist in der Regel in der Anfangsphase am größten, sie kann sich als ein „Kulturschock" auswirken (siehe Abschnitt 4.4.2) und manchmal zum Abbruch des Einsatzes und fluchtartiger Heimkehr führen. Solchen potentiellen Reaktionen kann man bis zu einem gewissen Grade mit einer planmäßigen, durchdachten Vorbereitung entgegenwirken (siehe fünftes Kapitel).

Die wichtigste affektive Komponente im Anpassungsverlauf, insbesondere in der Anfangszeit, ist zweifellos das Erleben der Unsicherheit, hervorgerufen durch die Vielzahl von Erfahrungen, die die gewohnten Muster und Selbstverständlichkeiten erschüttern. Starke Ängste äußern sich in verschiedenen Symptomen, so etwa in Übelkeit, Kopfschmerzen, Herzklopfen, Durchfall, Schlafstörungen, Magenbeschwerden. Manchmal kommt es zu einer „leichten Paranoia", das heißt zu einer fast zwanghaften Vorstellung, die Einheimischen hätten es allesamt darauf abgesehen, den Fremden zu ärgern und ihm Schwierigkeiten zu bereiten. In schweren Fällen von Ängsten ist zweifellos eine ärztliche Behandlung notwendig. Im allgemeinen helfen ansonsten Gespräche mit Angehörigen und Freunden. Normalerweise gehen die Ängste mit fortschreitender Anpassung von selber zurück.

Ängste und Unsicherheit sind negative, belastende Affekte. Sie können sich dennoch unter bestimmten Voraussetzungen positiv auswirken, indem sie die Person zum Handeln motivieren. Die Psychologen gehen von der Regel aus: Starke Ängste wirken im allgemeinen lähmend, moderate Ängste dagegen eher stimulierend.

Anpassung ist zweifellos als ein positiver, nützlicher und zweckdienlicher Prozeß zu betrachten. Gelegentlich kommt es jedoch zu einer Überanpassung, dann nämlich, wenn ein Besucher in seinem Bestreben, sich den Gepflogenheiten des Gastlandes anzupassen, übers Ziel hinausschießt, so etwa wenn er es den Einheimischen in Kleidung, Sprache, Gestik, Wohnweise usw. gleichzutun sucht. Die Einheimischen honorieren diese Überanpassung keineswegs, ihnen erscheint ein solches Verhalten eher läppisch und lächerlich, für sie fällt der Besucher „aus der Rolle".

Aus den Forschungsergebnissen über die interkulturellen Anpassungsprozesse leitet Brislin, einer der führenden Wissenschaftler auf diesem Gebiet, einige Empfehlungen ab, die den Besuchern helfen sollen, sich ohne allzu große Schwierigkeiten in der Fremde zurechtzufinden:[182]

– Der Besucher sollte sich nicht scheuen, über sich selbst zu reden, denn dieses Reden stärkt das Bewußtsein, Individuum und Persönlichkeit zu sein; und dieses Bewußtsein hilft ihm, mit den Schwierigkeiten in der fremden Kultur zurechtzukommen.

– Der Besucher sollte zu seinen einheimischen Partnern kollegiale Beziehungen auf der Basis gegenseitiger Achtung und Gleichberechtigung herstellen. Dabei muß er selbst die Initiative ergreifen, denn oft warten die Partner darauf, angesprochen und gefragt zu werden.

– Der Besucher sollte seine einheimischen Partner auffordern und ermuntern, eigene Beiträge zum Erreichen der gemeinsamen Ziele zu leisten.

– Der Besucher sollte auch in der Fremde seinen Interessen und Vorlieben nachgehen, nicht zuletzt als Gegengewicht und Ausgleich gegenüber der oft recht einseitigen Arbeit im Rahmen seines Auftrags.

– Der Besucher sollte auch außerhalb seines Auftrags soziale Kontakte mit Einheimischen suchen und pflegen. Dabei ist zumeist gar kein großer Aufwand nötig; oft genügt schon eine gemeinsame Tasse Kaffee, um eine nähere Bekanntschaft einzuleiten.

*

Zwei Phasen im Anpassungsprozeß verdienen besondere Beachtung, nämlich der Beginn und der Abschluß. In der Anfangsphase erlebt so mancher Experte einen „Kulturschock", und am Ende des Auslandsaufenthaltes stellt sich das Problem der „Rückanpassung".

4.4.2 Kulturschock

Die erste Zeit in der Fremde ist besonders belastend. Unzählige neue Eindrücke stürmen auf den Besucher ein; verwirrende Eindrücke, denn sie stimmen nicht mit den bis dahin für selbstverständlich gehaltenen Verhaltensmustern, Denkweisen und Wertorientierungen überein. Die altgewohnten Muster werden erschüttert, und man ist zunächst nicht imstande, das Neue einzuordnen und zu verarbeiten. Deprimierend und verwirrend sind oft auch die sozialen Verhältnisse im Gastland: Armut, Hunger, Krankheiten, Slums, Bettler. All das kann in einem „Kulturschock" resultieren.

Der Begriff wurde 1958 vom amerikanischen Anthropologen Oberg geprägt. Oberg hält folgende Merkmale für charakteristisch:

- angestrengtes Bemühen, die neuen Eindrücke zu verarbeiten,
- Angst vor der fremden Kultur,
- das Gefühl, isoliert und verlassen dem Unbekannten hilflos ausgeliefert zu sein,
- Unsicherheit in der eigenen Identität und in den eigenen Rollenvorstellungen,
- die Meinung, von den Einheimischen nicht akzeptiert zu werden.[183]

Allerdings beruht diese Beschreibung weniger auf wissenschaftlichen Untersuchungen als auf allgemeinen Impressionen.

Zu erkennen ist ein Kulturschock an zahlreichen Symptomen; dazu gehören beispielsweise: übertriebenes Sauberkeitsbedürfnis, allzu große Vorsicht und Besorgnis beim Essen und Trinken; Überempfindlichkeit bei leichten Krankheiten und unbedeutenden Schmerzen; die Überzeugung, ständig übervorteilt und betrogen zu werden; ein Gefühl der Hoffnungslosigkeit; Abneigung gegenüber dem Erlernen der Gastsprache; Rückzug auf Kontakte nur noch mit eigenen Landsleuten.

Kulturschock bedeutet eine hochgradige Belastung, manchmal in einem solchen Maße, daß der Experte schon nach kurzer Zeit resigniert und in die Heimat zurückkehrt. Wer jedoch die schwierige Anfangszeit trotz des Schocks durchsteht, kommt meist gestärkt und bereichert aus diesem Tief heraus. So gesehen ist der Kulturschock als eine Durchgangsphase zu verstehen, der letzten Endes eine positive Funktion zukommen kann.

Insgesamt ist das Phänomen „Kulturschock" nur schwer begrifflich und deskriptiv zu fassen. Das ist wohl der Hauptgrund dafür, daß die sozialwissenschaftliche Forschung noch relativ wenig Handfestes darüber auszusagen hat. So bleiben viele Fragen offen wie etwa diese: Welche Menschen erleben einen Kulturschock und welche nicht? Und warum? Wie lange dauert ein Kulturschock? Was kann man tun, um den Schock schnell zu überwinden? Kann man durch eine gute Vorbereitung auf die Fremde den Kulturschock mildern oder gar verhindern?

4.4.3 Rückanpassung

Wenn ein Experte nach einigen Jahren aus der Fremde in die Heimat zurückkehrt, wenn er also seinen Einsatz beendet, sind auf den ersten Blick eigentlich keine Schwierigkeiten zu erwarten; er geht ja lediglich „nach Hause", zurück in „seine" Kultur. Doch weiß man heute aufgrund vielfacher Erfahrungen, daß die Heimkehr durchaus nicht immer problemlos verläuft. Oft kommt es zu Schwierigkeiten, mit denen der Experte kaum gerechnet hatte und die in einem Prozeß der „Rückanpassung" bewältigt werden müssen. Diese Schwierigkeiten können verschiedene Ursachen haben:

Während seines Auslandsaufenthaltes hat der Besucher in aller Regel die Verbindungen zu den Verwandten, Freunden und Bekannten in der Heimat nicht abreißen lassen. Dennoch bringt eine längere Abwesenheit meist eine gewisse Entfremdung mit sich, eine psychische Distanz, die sich in vollem Ausmaß erst bei der Rückkehr auswirkt. Man versteht die Daheimgebliebenen nicht mehr so recht, kann diese Kommunikationsbarrieren aber auch nicht in den Griff bekommen. Erst nach einer Zeit der Rückanpassung pflegen sich diese Beziehungen wieder zu normalisieren.

Der Experte informiert sich meist während seines Auslandsaufenthaltes recht gründlich und umfassend über das Geschehen in der Heimat. Er liest Zeitungen und Zeitschriften von zu Hause, spricht mit Landsleuten und fährt auch zwischendurch auf Heimaturlaub. So glaubt er, über alle Vorgänge gut Bescheid zu wissen. Kehrt er dann nach seinem Einsatz endgültig zurück, muß er oft mit einiger Überraschung, manchmal auch mit Verwirrung feststellen, daß sich doch daheim mancherlei feinere Veränderungen vollzogen haben, von denen er draußen nichts bemerkt hatte. Auch hier muß er sich rückanpassen.

Die Rückanpassung fängt bereits eine Weile vor der Heimreise an; die letzten Monate im Einsatz sind meist schon nicht mehr „normal": Man beginnt, in neuen Kategorien und Perspektiven zu denken. Der Auftrag muß abgeschlossen oder einem Nachfolger übergeben werden. Es kommt eine Abschieds- und Aufbruchstimmung auf. Die Gedanken wandern in die Zukunft daheim. Psychisch ist man schon nicht mehr ganz „vor Ort". Die eigentlichen Umstellungsprobleme ergeben sich jedoch erst zu Hause, nach der Heimkehr. Erst jetzt werden die bis dahin meist unterschwelligen Entfremdungen voll bewußt, sie können manchmal geradezu als Schock erlebt werden.[184] Häufig sind heimgekehrte Experten enttäuscht und deprimiert, weil die Daheimgebliebenen nur wenig Interesse aufbringen für die Erfahrungen und Erlebnisse in der Fremde, die ihnen selber so viel bedeuten. Im Berufsleben heißt es sich neu zu orientieren, alte Beziehungen zu erneuern und neue aufzubauen. Als schwierig, mühsam und manchmal schmerzlich erweisen sich oft die notwendigen Umorientierungen im Lebensstil, also Veränderungen etwa in Ernährung und Wohnweise, aber auch im sozialen Status und Prestige. Während zum Beispiel ein Berufsschullehrer bei seinem Einsatz draußen recht gut bezahlt wurde, hohes Ansehen genoß und in einem stattlichen Haus mit einem halben Dutzend Dienstpersonal wohnte, muß er sich nun wieder mit bescheidenen, eher kleinbürgerlichen Verhältnissen begnügen.

In zahlreichen Fällen gelingt den heimgekehrten Experten die Rückanpassung nicht aus eigenen Kräften. Dann fällt den entsendenden Institutionen die Aufgabe zu, etwas für die Reintegration der Heimkehrer zu tun, etwa durch Beratung, in Arbeitsgruppen oder auch mit therapeutischer Behandlung.

4.5   Auswirkungen von Auslandsaufenthalten

Wer längere Zeit in einem anderen Land mit einer fremden Kultur lebt, wird durch eben diese Kultur verändert. Der Aufenthalt in der Fremde wirkt sich aus. Dabei stellt man sich die Gastkultur mit ihren spezifischen Strukturmerkmalen als „Ursache" und die Veränderungen beim Besucher als „Wirkungen" vor. Allerdings betrachten die Sozialwissenschaftler heute dieses Modell, das von einfachen Kausalzusammenhängen ausgeht, als zu simpel und deshalb unzureichend. Heute geht man von hochkomplexen Wechselwirkungen mit einer Vielzahl von beteiligten Faktoren aus. Deshalb sprechen wir hier – um Mißverständnissen vorzubeugen – besser nicht von

Wirkungen, sondern allgemeiner von Auswirkungen. Aus dieser Sicht ist es zumeist nicht möglich, bestimmte Veränderungen eindeutig auf bestimmte Einflüsse (als Ursachen) zurückzuführen.

Das bedeutet in unserem Zusammenhang: Wenn sich eine Person während eines längeren Auslandsaufenthaltes verändert, dann ist es schwierig, ja meist unmöglich festzustellen, welche Anteile dieser Veränderung auf Einflüsse der Gastkultur zurückzuführen sind. Diese Person hätte sich ja auch verändert, wäre sie zu Hause geblieben, aber es ist unmöglich zu sagen, auf welche Art und Weise und in welcher Richtung. Kurz, die Wissenschaft steht hier vor außerordentlich schwierigen Methodenproblemen.

Läßt uns also hier die strenge empirische Forschung noch im Stich, so liegen doch zahlreiche Erfahrungen und Beobachtungen vor, die auf bestimmte Auswirkungen von Auslandsaufenthalten hinweisen.

Wie diese Veränderungen sich im konkreten Falle gestalten, hängt von zahlreichen Bedingungen und Voraussetzungen ab. Aus deren Vielzahl seien hier nur einige wenige als Beispiele herausgegriffen:

Die Folgen von Auslandsaufenthalten werden u.a. durch die Aufenthaltsdauer bedingt. Es macht einen Unterschied, ob der Besucher einige Wochen, mehrere Monate oder etliche Jahre im Gastland weilt. Verschiedene Auswirkungen ergeben sich auch je nachdem, ob der Besucher zum ersten oder wiederholten Male in eine fremde Kultur geht und ob er ein bestimmtes Gastland zum ersten oder wiederholten Male aufsucht.

Ferner hängen die Auswirkungen von den sozialen Beziehungen, Kontakten, Einbindungen des Besuchers ab. Unterschiedliche Auswirkungen sind beispielsweise zu erwarten je nachdem, ob der Experte im Gastland alleine oder mit seiner Familie lebt; ob und in welcher Form er in eine Institution eingebunden ist; wie sich seine Kontakte mit den Einheimischen gestalten; wieweit er die Landessprache(n) beherrscht usw.

Natürlich bringt auch der Experte sich selbst als Bedingungsfaktor in die Auswirkungen mit ein. Diese werden u.a. bestimmt durch Faktoren wie Persönlichkeit, Intelligenz, Wissen, Fähigkeiten und Fertigkeiten, Denkweisen, Wertorientierungen, Vorstellungen und Einstellungen gegenüber dem Gastland, nicht zuletzt auch durch die Erwartungen, mit denen der Besucher ins Gastland kommt: Realistische Erwartungen wirken sich anders aus als überhöhte Wunschbilder.

Zu erwähnen ist schließlich als Bedingungsfaktor die interkulturelle Distanz zwischen dem Herkunftsland des Besuchers und dem Gastland. Es dürfte sich höchst unterschiedlich auswirken, ob ein Deutscher als Experte in Dänemark oder in Burma eingesetzt wird. Wenn nun im folgenden einige Formen und Arten von Auswirkungen erörtert werden, dann geschieht dies ohne Anspruch auf Vollständigkeit, Systematik und strenge Abgrenzungen.

Ein längerer Aufenthalt in einer fremden Kultur bewirkt oft eine *Stärkung des Ich*, eine Festigung des Selbstwertgefühls und der persönlichen Identität. In der Konfrontation mit einer anderen Kultur lernt der Besucher sich selbst besser kennen, als das zu Hause möglich wäre. Wenn er sich den neuen Verhältnissen angepaßt hat und im Rahmen seines Auftrages Erfolg erlebt, fühlt er sich als Individuum und Person sicher und stark. Darüber hinaus hat er gelernt, seiner eigenen inneren Kontrolle mehr zu vertrauen als einer Hilfe von außen und einem Eingreifen höherer Mächte. Er weiß Eigeninitiative, Aktivität und Verantwortung hoch zu schätzen.

Ein Auslandsaufenthalt setzt oft auch *Kreativität* frei. Kreativität beruht zu wesentlichen Teilen auf der Fähigkeit, alteingefahrene Zusammenhänge, Ganzheiten, Gestalten aufzulösen und aus den „Teilen" neue, originelle „Kompositionen" zu schaffen. Die Begegnung mit einer fremden Kultur fördert offensichtlich diesen Prozeß. Dafür spricht auch die Tatsache, daß viele bedeutende Künstler – so u.a. Gauguin, Dvorak, Henry James, Mark Twain – ihre kreativen Möglichkeiten vor allem in fremden Kulturen entfaltet haben.

Auslandsaufenthalte bewirken häufig auch eine Zunahme der *Leistungsorientierung* einschließlich der Fähigkeit, erreichbare Erfolgsziele zu setzen, die weder so hoch angesetzt sind, daß sie mit Sicherheit verfehlt werden, noch so niedrig angesetzt sind, daß kein Leistungserleben zustande kommen kann.

Aufenthalte in der Ferne bringen eine *Vermehrung des Wissens* und eine Erweiterung des Horizontes mit sich. Entscheidend ist es dabei, daß es gelingt, das Neue in seinem Kontext, in seinen Zusammenhängen zu verstehen und es sinnvoll dem schon vorhandenen Wissensbestand einzufügen. Unverarbeitetes, bruchstückhaftes Wissen ist oft nicht nur nutzlos, sondern geradezu schädlich; es kann zu Fehlverstehen führen und klischeehafte Vorstellungen verstärken. Sinnvoll verarbeitetes neues Wissen führt meist zu mehr Toleranz gegenüber dem Fremden und zu einer Weltoffenheit (englisch: world-mindedness), verbunden mit differenziertem Denken, mit Relativierung und mit einem Rückgang ethnozentrischer, nationalistischer und autoritärer Einstellungen.

Veränderungen im Wissen und in der Weltsicht können auch dadurch entstehen, daß man sich, ohne es zu beabsichtigen, bestimmte Konzepte oder Perspektiven der Gastkultur zu eigen macht. So berichtete die Anthropologin Smith Bowen: Nachdem sie längere Zeit inmitten eines isolierten afrikanischen Stammes gelebt hatte, dachte sie allmählich über die Ursachen von Krankheiten wie ihre Gastgeber; sie hatte Mühe, gegen diese ihr eigentlich fremde Denkweise anzugehen.[185]

Oft führt die Begegnung mit einer fremden Kultur dazu, daß sich der Besucher erst dabei und dadurch *seiner eigenen Kultur so recht bewußt wird*. Was für ihn bis dahin selbstverständlich war, wird durch die Konfrontation mit anderen Denkweisen, Verhaltensmustern und Wertorientierungen erschüttert, in Frage gestellt, relativiert. Der Besucher begreift, daß er weithin von seiner Kultur geprägt ist, so wie eben jeder Mensch auf seine kulturspezifische Weise überformt ist. Häufig beginnt dann der Besucher „multikulturell" zu denken (hierzu auch Abschnitt 1.3), was im übrigen keinesfalls einen Verlust der eigenen nationalen Identität bedeuten muß. Viele Besucher gehen aus diesem Prozeß mit einem gestärkten Nationalbewußtsein hervor; die Begegnung mit dem Fremden und die Notwendigkeit, den Einheimischen das eigene Land und Volk und die eigene Kultur verständlich zu machen, läßt nicht selten die eigene Nation in positiverem Licht erscheinen als vor dem Auslandaufenthalt. „So nehmen zum Beispiel Amerikaner, die mit ihrer Regierung unzufrieden sind, freie Wahlen für selbstverständlich. Sie lernen aber dieses System schätzen, sobald sie eine Diktatur mit allen ihren Verboten und Beschränkungen kennenlernen. Südseebewohner haben oft Minderwertigkeitsgefühle, wenn sie in Magazinen von den 'Errungenschaften' in 'fortgeschrittenen' Gesellschaften lesen. Sie wissen es nicht zu würdigen, daß ihre eigene Kultur sehr positive Merkmale aufweist, so etwa die Tatsache, daß Waisenkinder und Alte von der Großfamilie aufgefangen werden. Sie bemerken aber schnell diese Vorzüge, wenn sie nach Amerika kommen und dort die zahlreichen Waisenhäuser und Altersheime sehen. Vielleicht zum ersten Mal erleben sie, daß ihre eigene Kultur auch sehr positive Merkmale aufweist."[186]

Seit Jahrzehnten wird in den Sozialwissenschaften immer wieder die Frage untersucht und diskutiert, wie sich Auslandsaufenthalte und Begegnungen mit Menschen anderer Kulturen auf die *Vorstellungen und Einstellungen* der Besucher auswirken, also auf Images mitsamt Stereotypen sowie auf Attitüden mitsamt Vorurteilen (siehe drittes Kapitel). Zunächst ging man von der Annahme aus, man brauche nur Kontakte zwischen Menschen verschiedener Nationen, Völker, Kulturen herzustellen, dann ergäben sich bessere wechselseitige Images und Attitüden von selbst. Diese Annahme liegt auch heute noch zahlreichen Besucher- und Austauschprogrammen zugrunde. Doch hat die empirische Sozialforschung vielfach gezeigt, daß diese These auf einem allzu einfachen, kausalistischen Denken beruht. Dem setzt man heute hochkomplexe Konzepte und Modelle entgegen. So fragt man nun vor allem danach, unter welchen Bedingungen, bei welchen Faktorenkonstellationen interkulturelle Begegnungen welche positiven oder negativen Effekte mit sich bringen. Heute weiß man: Kontakte allein garantieren durchaus nicht positive Veränderungen. „In der Interaktionstheorie werden fünf Bedingungen zum Abbau von Vorurteilen genannt: Die Individuen sollten den gleichen Status haben; negative Fremdbilder sollten widerlegt werden; es soll Zusammenarbeit geben (etwa an einem gemeinsamen Projekt); die Möglichkeit gegenseitigen Kennenlernens sollte möglichst groß sein und es sollte ein positives soziales Klima herrschen. Nicht die Häufigkeit des Kontakts verschiedener Gruppen ist ausschlaggebend für positive Einstellungen, sondern die Art des Aufeinandertreffens."[187]

Unter bestimmten Voraussetzungen können interkulturelle Begegnungen auch unerwünschte Folgen haben, so vor allem dann, wenn zuvor bereits starke negative Vorstellungen und Einstellungen vorhanden waren. Negative Images und abwertende Attitüden dienen dem Individuum oft als Selbstschutzmechanismen, und als solche werden sie nicht nur hartnäckig bewahrt und verteidigt, sondern die Person nimmt dann auch im konkreten Erleben einseitig selektiv wahr, um so die präexistenten Vorstellungen und Einstellungen noch zu bestätigen und zu verstärken. Im übrigen verhindern negative Images und Attitüden es oft, daß interkulturelle Kontakte überhaupt zustande kommen; man geht den Mitgliedern der Gruppe, die man nicht mag, aus dem Wege, läßt sie also gar nicht erst an sich herankommen.

Als ein wichtiger Faktor bei den Auswirkungen auf Vorstellungen und Einstellungen hat sich die „Intimität" der Begegnung erwiesen: Flüchtige und vordergründige Kontakte bewirken entweder gar nichts oder sie verstärken die schon vorhandenen Images und Attitüden. Enge bis „intime" Begegnungen führen dagegen in vielen Fällen zu positiven Veränderungen: Man beginnt, den Anderen als eine differenzierte Persönlichkeit zu verstehen, die sich nicht einem Schema einfügen läßt, als ein Individuum mit den gleichen Sorgen und Problemen, Freuden und Hoffnungen wie man selber.

Die Forschungsergebnisse über Veränderungen von Vorurteilen durch Begegnungen lassen sich so zusammenfassen:

Vorurteile werden abgebaut,

- wenn bei der Begegnung beiden Seiten der gleiche Status zukommt,
- wenn es sich um intensive Kontakte handelt,
- wenn die Begegnung erfreulich, angenehm und befriedigend verläuft,
- wenn beide Seiten ein gemeinsames Ziel zu erreichen suchen oder wenn übergeordnete gemeinsame Überzeugungen und Wertorientierungen, die wichtiger erscheinen als individuelle Ziele, die Begegnung bestimmen.

Vorurteile werden verstärkt,

- wenn die Kontaktsituation durch Konkurrenz zwischen Gruppen bestimmt ist,
- wenn der Kontakt unerwünscht und unerfreulich ist und spannungsgeladen und frustrierend verläuft,
- wenn der Kontakt das Prestige und den Status einer beteiligten Seite mindert,
- wenn die Beteiligten einander widersprechende moralische oder ethische Grundpositionen haben.[188]

Allzu leicht vergißt man in diesem Zusammenhang die Gegenrichtung: In der Begegnung mit Fremden werden oft auch die Vorstellungen und Einstellungen, die Stereotype und Vorurteile der Einheimischen geprägt. In einem 1958 erschienenen Buch „Scratches on our minds" beschrieb Harold Isaacs sehr anschaulich, wenn auch nicht streng wissenschaftlich, wie die

Amerikaner in den fünfziger Jahren auf Besucher aus Indien und China reagierten.[189] Im Unterschied zur schöngeistigen Literatur sah und beurteilte man die Fremden meist negativ. So galten beispielsweise indische Studenten als arrogant, besserwisserisch und überkritisch. Zu berücksichtigen ist dabei jedoch, daß Studenten, insbesondere aus Entwicklungsländern, keineswegs als repräsentativ für ihr Volk und ihre Kultur zu betrachten sind. Sie entstammen meist einer dünnen reichen Oberschicht, die einerseits stark „verwestlicht" ist, andererseits aber auch den früheren Kolonialmächten mit einigem Ressentiment gegenübersteht. Oft werden also internationale und interkulturelle Images und Attitüden durch eine kleine, nicht repräsentative Gruppe geprägt.

5. Vorbereitung auf die Fremde

„Es war auf einer Party des mexikanischen Botschafters in den USA. Ich fragte ihn etwas. Er nahm meine Hände in seine und hielt sie fest. Meine kulturell programmierte Regel sagte mir, ich müßte meine Hände zurückziehen. Bei uns halten sich Männer normalerweise nicht die Hände. Aber dann fiel mir etwas ein, was ich gelernt hatte: Mexiko gehört zu den kontaktfreudigen Kulturen, und so entsprach das Verhalten des Botschafters den dort gültigen Normen. Also ließ ich meine Hände in seinen. Wir hatten ein höchst fruchtbares Gespräch, während wir ständig die Hände hielten. Der entscheidende Punkt ist, daß mein Wissen von kulturellen Variationen mir half, eine neue und für mich zunächst schwierige Situation zu bewältigen".[190]

Dieses Kapitel soll in aller Kürze einige Hinweise geben, wie man sich auf einen Einsatz in einer fremden Kultur vorbereiten kann. Gewiß, keine noch so intensive Vorbereitung kann die praktische Erfahrung vor Ort ersetzen; doch hat es sich als sehr nützlich und hilfreich erwiesen, sich schon vor der Ausreise mit dem zu beschäftigen, was in der Fremde an Überraschungen, Belastungen und Schwierigkeiten auf einen zukommt. Heute gilt in aller Regel eine gute Vorbereitung als unabdingbare Voraussetzung für einen erfolgreichen Auslandseinsatz.

Welche Ziele sollen nun im einzelnen mit der Vorbereitung auf einen längeren Auslandsaufenthalt erreicht werden? In einem Plan für einen Trainingskurs über „Interkulturelle Kommunikation", gedacht für „Erstausreisende", heißt es: Dieses Programm

- macht vorstellbarer, was es heißt, in einem „Entwicklungsland" zu leben und zu arbeiten, und welche Chancen und Probleme damit verbunden sind;
- es macht vorstellbarer, welche Bedeutung und welcher Stellenwert interkultureller Kommunikation im Alltag zukommt;
- es zeigt Beispiele und Möglichkeiten gelungener Anpassung an eine fremde Kultur auf;
- es bietet Anregung zu sach- und personengerechten Entscheidungen und Verhaltensweisen in Problem- und Konfliktfällen;
- es bietet Möglichkeiten, die eigenen Denk- und Verhaltensmuster wie die

anderer deutlicher wahrzunehmen und gegebenenfalls Alternativen zu entwickeln;

- es hilft, die eigenen Erwartungen und Vorstellungen zu relativieren und zu hinterfragen und sie mit den Erlebnissen und Erfahrungen auslandserfahrener Kollegen zu vergleichen;
- es vermittelt sozialwissenschaftlich fundierte Wissensinhalte, Erkenntnisse und Verfahrensweisen zur interkulturellen Zusammenarbeit;
- es macht auch den Reiz und die Chancen einer Auslandstätigkeit spürbar und erlebbar.

Insgesamt lassen sich die in der Fachliteratur angesprochenen Vorbereitungsziele stichwortartig etwa so zusammenfassen:

- Vertrautsein mit dem Gastland und der Gastkultur
- Kenntnisse der Landessprache(n)
- Akzeptieren der Gastkultur
- Sensibilität für kulturspezifische Eigenheiten
- Weltoffenheit, Toleranz, Überwinden des Ethnozentrismus, Abbau negativer Stereotype und Vorurteile
- Bewältigen von Streß in einer fremden Umwelt
- Verstehen der eigenen Kultur
- Stärkung des Selbstgefühls und der Sicherheit bei der Begegnung mit Fremden
- Kreativität beim Lösen von Problemen
- Fertigkeiten beim Aufbauen positiver sozialer Beziehungen im Gastland.[191]

*

Zu unterscheiden sind spezielle und allgemeine Vorbereitungen. Dabei bedeutet *„speziell"* eine Beschäftigung mit dem Gastland, mit den Menschen dort, mit Geschichte und Politik, Wirtschaft, sozialen Verhältnissen, Kultur usw. Das ist die traditionelle Form, sich im voraus auf den Einsatz in der Fremde einzustellen. Neueren Datums ist demgegenüber der *generelle* Ansatz. Den Ausgangspunkt bildet dabei die Einsicht, daß Besucher in allen Kulturen mehr oder weniger den gleichen Grunderfahrungen unterworfen sind, aber auch die Erkenntnis, daß es eine Reihe von kulturspezifischen Strukturmerkmalen gibt, die einerseits für alle Kulturen gelten, in denen sich aber andererseits die einzelnen konkreten Kulturen charakteristisch voneinander unterscheiden. Es lohnt sich also, diese allgemeine, übergreifende Perspektive in die Vorbereitung mit einzubeziehen, und das vorliegende Buch ist als ein Hilfsmittel dafür gedacht. – Es bedarf keiner besonderen Begründung: Optimal wird eine Vorbereitung nur dann sein, wenn beide Ansätze – der spezielle und der allgemeine – miteinander verbunden werden.

Für die länderspezifische Vorbereitung steht reichhaltiges Material zur Verfügung. Dabei sollte man nicht nur auf die Länderkunde im engeren Sinne zurückgreifen, sondern auch weiterreichende Quellen nutzen, so zum Beispiel die belletristische Literatur, Mythen, Märchen und Sagen, aber auch Reisebeschreibungen sowie die beträchtliche Dokumentation in einschlägigen Institutionen, also Forschungsstätten, Ministerien, Stiftungen u.ä.

Über die generellen Aspekte von Kulturen gibt es mittlerweile ebenfalls Material, überwiegend aus den USA. In jüngster Zeit nimmt die Zahl der Einführungen wie auch der Lehr- und Übungsbücher zu.

In der Pädagogik pflegt man zu unterscheiden zwischen Wissenserwerb und Erfahrungslernen. Beide Ansätze können einander sinnvoll ergänzen. Man kann bei praktischen Übungen sein Wissen erweitern; und Wissen kann von großem praktischem Nutzen sein.

Reines Wissenlernen kann sich unter bestimmten Voraussetzungen auf eine wenig wünschenswerte Weise auswirken: Die traditionelle Annahme, Wissen durch Information mache eine gute Anpassung an eine fremde Kultur möglich, hat sich so nicht bestätigt. Im Gegenteil, allzu oft resultieren aus reinem Faktenwissen stereotype und falsche Erwartungen, denn solche Informationen klammern oft die Zusammenhänge mit den Werten, Verhaltensmustern, Attitüden und Erwartungen des Lernenden aus. Nur wenn dieser die Zusammenhänge kennt und versteht – und das heißt, nur wenn er sich selbst und seine eigene Kultur kennt und begreift –, erlangt das Wissen von einer anderen Kultur den angemessenen Standort und Stellenwert.

In der Vorbereitung auf Auslandsaufenthalte betreibt man heute das Erfahrungslernen in zunehmendem Maße mit Hilfe von Kursen und Lehrgängen, die von professionellen „Trainern" geleitet werden. Immer mehr Institutionen, Organisationen, Firmen erkennen angesichts der wachsenden internationalen Verflechtungen die Notwendigkeit, ihre Mitarbeiter für den Einsatz im Ausland zu schulen. In den USA gibt es bereits eine „Society for Intercultural Education, Training und Research" (SIETAR).

Die meiste Literatur über Vorbereitungskurse kommt somit aus Amerika. Vieles davon ist auch für Europäer nützlich und hilfreich. Doch sollte man dabei bedenken: Die nordamerikanischen Lernkonzepte und Trainingsmethoden sind stark kulturspezifisch geprägt und entsprechen nicht immer den europäischen Vorstellungen von Lehren und Lernen, von Gruppenarbeit und Rollenspiel. Man sollte also die in den USA entwickelten Konzepte nur mit einiger Vorsicht auf europäische Verhältnisse übertragen.

„Kim und Gudykunst schlagen als Struktur für einen Lehrgang in Interkultureller Kommunikation einen Unterrichtsablauf in 16 Stufen vor. Die Vermittlung interkulturellen Wissens und die Einübung interkulturellen Verhaltens und Handelns erfolgt in vier großen Abschnitten, die wie folgt betitelt sind: Konzepte und Modelle, Einflüsse auf Kommunikationsprozesse mit Fremden, interkulturelle Kommunikationsmuster sowie Interaktion mit Fremden:

I. Conceptual foundations
(1) Conceptualizing communication
(2) Conceptualizing culture
(3) The concept of the stranger
(4) An organizing model for studying communication with strangers

II. Influences on the process of communicating with strangers
(5) Cultural influences
(6) Sociocultural influences
(7) Psychocultural influences
(8) Environmental influences

III. Communicating patterns across cultures
(9) Cultural variations in message decoding
(10) Cultural variations in verbal behavior
(11) Cultural variations in nonverbal behavior
(12) Universals of communications

178

IV. Interaction with strangers

(13) Developing interpersonal relationships with strangers
(14) Effectiveness in communicating with strangers
(15) Adapting to new cultures
(16) Becoming intercultural."[192]

Die Vorbereitungskurse arbeiten mit verschiedenen, einander ergänzenden Ansätzen, die hier nur skizzenhaft umrissen werden.[193]

Wissensvermittlung (Information or fact-oriented training)

Der Teilnehmer baut seine Kenntnisse vom Gastland aus. Dabei beschränkt er sich nicht auf harte, statistisch faßbare Fakten, sondern er macht sich auch mit praktischen Aspekten vertraut, also beispielsweise mit Wohnverhältnissen, Freizeitangeboten, Einkaufsbedingungen, medizinischer Versorgung usw., auch mit den kulturspezifischen Verhaltensweisen. Hierher gehört auch die Vorbereitung auf einen möglichen Kulturschock.

Attributionstraining (Attribution training)

Attribution – davon war weiter oben bereits mehrfach die Rede – ist zu verstehen als der Versuch, die Handlungen und Reaktionen eines Kommunikationspartners durch „Zuschreibungen" durchschaubar zu machen. Um diesen Vorgang in sinnvolle, geordnete Bahnen zu lenken, wendet man in Vorbereitungskursen häufig die Methode der „Critical incidents" an: Dem Teilnehmer werden Situationen vorgesetzt, die mehrere Erklärungsmöglichkeiten zulassen, von denen jedoch nur eine richtig ist. Aufgabe des Teilnehmers ist es, die richtige Erklärung herauszufinden sowie sie zu erläutern und zu begründen. Die Antworten – auch und gerade, wenn sie falsch sind – werden in der Gruppe gründlich diskutiert.

Erfahrungslernen (Experiential learning)

Bei diesem Verfahren sollen die Teilnehmer stimuliert, aktiviert und involviert werden, damit sie sich in eigenem Tun und Handeln neue Einsichten erwerben. Als wichtigste Methode werden für diesen Zweck Rollenspiele eingesetzt, in denen zu erwartende, konkrete Konfliktsituationen simuliert werden.

Interaktionsansatz (Interaction approach)

Eigentlich handelt es sich bei diesem Ansatz lediglich um eine Sonderform des Erfahrungslernens durch Rollenspiel: Simuliert werden hier speziell die Interaktionen zwischen Besuchern und Einheimischen. Wo immer möglich, wählt man dabei für die Rolle der Einheimischen „echte" Menschen des Gastlandes. Die Rolle des Besuchers besetzt man meist mit „Neulingen", manchmal aber auch mit „alten Hasen", die sich in der Gastkultur aufgrund jahrelanger Erfahrungen gut auskennen.

Bewußtmachen der eigenen Kultur (Cultural awareness)

Um eine fremde Kultur zu verstehen und zu akzeptieren, muß man erst einmal die eigene Kultur durchschauen – eine schwierige Aufgabe, wenn man bedenkt, daß jeder mitten in seiner Kultur lebt und sich nur mit großer Mühe von dieser Umwelt distanzieren kann. – Eine oft verwendete Trainingsmethode ist dafür der sogenannte „Contrast American" im Rollenspiel, eine Person, die – als Rolle – immer gerade das Gegenteil dessen tut, was in der jeweiligen Situation ein „normaler" Besucher tun würde.

Anpassungslernen (Cognitive-behavior modification)

Der Teilnehmer macht sich vor der Ausreise mit Hilfe verschiedener Methoden klar, daß er in der Fremde zunächst mit erheblichen Schwierigkeiten, auch mit einem Kulturschock rechnen muß, und daß es großer

Geduld und erheblicher eigener Anstrengungen in Form von Anpassungs-
leistungen bedarf, um subjektiv zufrieden und objektiv erfolgreich in der
Gastkultur leben zu können. – *Ein* Methodenansatz beispielsweise besteht
darin, aus subjektiver Sicht zu analysieren, was in der fremden Kultur
wahrscheinlich als angenehm und was als unangenehm und belastend
erlebt wird; sich mit diesen Aspekten auseinanderzusetzen heißt in einem
gewissen Sinne, bereits vor der Ausreise mit der Anpassung zu beginnen.

Bewußtmachen von Stereotypen und Vorurteilen

Durch Gespräche, Rollenspiele und andere Verfahrensweisen vermitteln
die Kurse dem Teilnehmer nicht nur ein besseres Verständnis der eigenen
Kultur, sondern auch Einblicke in seine bis dahin für „selbstverständlich"
gehaltenen Vorstellungen und Einstellungen, und das heißt insbesondere
Einblicke in seine Stereotype und Vorurteile gegenüber anderen Völkern
und Kulturen.

Schlußbemerkung

Interkulturelle Kommunikation ist ein schwieriges Unterfangen. Wenn Menschen verschiedener Kulturen einander begegnen, treffen verschiedenartige Weltsichten, Wertorientierungen, Normen, Vorstellungen und Einstellungen aufeinander. So kommt es dabei oft zu Fehlinterpretationen und Mißverständnissen; es entstehen Kommunikationsbarrieren und Verstehensprobleme. Zwar gibt es derartige Schwierigkeiten auch bei Begegnungen innerhalb einer Kultur, aber in der Regel doch in weitaus geringerem Maße; in der Alltagskommunikation werden sie meist gar nicht bemerkt. In interkulturellen Begegnungen jedoch liegen die Ausgangspositionen, die kulturbedingten Voraussetzungen oft weit auseinander, und so bilden wechselseitige Verstehensschwierigkeiten eher die Regel als die Ausnahme. Jeder erlebt den Anderen als anders, als fremd; und erlebte Fremdheit geht oft einher mit Ängsten und Ablehnung bis hin zu Feindschaft, nicht selten mit schlimmen Folgen.

Die Häufigkeit interkultureller Kontakte nimmt rapide zu; doch bedeutet dabei das quantitative Wachstum durchaus nicht zugleich eine Verbesserung. Nicht selten bringen solche Kontakte sogar noch eine Verstärkung von Vorurteilen und Stereotypen mit sich. Aus dieser Sachlage erwächst uns die Aufgabe, ja die Pflicht, uns um eine bessere interkulturelle Kommunikation zu bemühen.

Das vorliegende Buch soll einen – wenn auch bescheidenen – Beitrag dazu leisten, indem es die Eigenart und damit auch die Schwierigkeiten dieser Form von Kommunikation transparent macht. Als Ansatzpunkte dafür dienen die Konzepte vom Fremdsein, vom Ethnozentrismus, von den „Selbstverständlichkeiten" einer Kultur, von den kulturspezifischen Strukturmerkmalen und von den Vorstellungen und Einstellungen gegenüber den Anderen.

Nun sind Bücher zwar nicht imstande, das unmittelbare Erleben vor Ort zu ersetzen, sie können aber durch „Sekundärerfahrung" Einsichten vermitteln, die weit über das hinausreichen, was dem einzelnen als „Primärerfahrung" zugänglich ist. Sie können auch bewußtmachen und sensibilisieren. So ergänzen sie das sinnfällige Be-greifen durch ein Be-sinnen. Das gilt auch und in besonderem Maße für die interkulturelle Kommunikation, für das Verstehen des Fremden und fremder Kulturen.

Anhang I: Nationalcharakter

Wolfenstein beschreibt die Eigenarten der Russen u.a. folgendermaßen:

Beim Russen gibt es offenbar einen tief verwurzelten Glauben, daß wahres Wissen Allwissenheit bedeutet. Empirisches Denken, das die Betonung auf die einzelnen Schritte legt, in denen etwas geschieht, sowie auf die einzelnen Anhaltspunkte, durch die Wissen zustandekommt, haben in Rußland weniger Zeit sich zu entwickeln als im Westen. Das Ideal des Wissens bleibt wesentlich ein unmittelbares und vollständiges Kernstück von Ereignissen in der Seele einer anderen Person. Das hängt zusammen mit dem Nachdruck, den man viel mehr auf Motive als auf Mittel legt. Das zeigt sich auch in der älteren russischen Literatur, etwa in „Die Brüder Karamazow." Dort gibt es keine Untersuchung eines Verbrechens im westlichen Sinne, indem man Anhaltspunkte sammelt und rekonstruiert, wie das Verbrechen begangen wurde. Iwan versteht alles, sobald er sich mit seinen eigenen schuldhaften Motiven konfrontiert sieht. Die Allmacht der Motive wird stillschweigend vorausgesetzt. In den Moskauer Schauprozessen wurde überhaupt nicht darauf eingegangen, wie man die Verbrechen der Angeklagten aufgedeckt hatte. Die Betonung lag vor allem auf den Motiven und Zielen und kaum auf den Mitteln zum Erreichen der Ziele. Das bedeutet: Sobald es ein böses Motiv gibt, folgen daraus auch extrem böse Handlungen, und wo böse Handlungen zu beobachten sind, müssen dahinter auch böse Motive stehen. [194]

Über die Chinesen heißt es bei Hsu:

Die situationszentrierte Welt ist charakterisiert durch Bande, welche die Menschen in Familie und Stamm auf Dauer zusammenhalten. Innerhalb dieser grundlegenden zwischenmenschlichen Konstellation ist das Individuum darauf konditioniert, wechselseitige Abhängigkeit zu suchen. Das heißt, jeder ist von anderen Menschen ebenso abhängig wie diese von ihm, und deshalb ist er sich voll seiner Verpflichtung bewußt, seinen Wohltätern die Wohltat zurückzugeben, sei es auch mit Verzögerung. Das Herzstück der chinesischen Ethik ist kindliche Ehrfurcht, aus der sich ein ganzer Komplex von Pflichten, Verpflichtungen und Attitüden der Kinder gegenüber ihren Vätern und Müttern ergibt. Warum aber schulden die Kinder, insbesondere Söhne, den Eltern so viel Ehrerbietung? Weil die Eltern – ihrerseits aus einer Verpflichtung heraus – die Kinder aufgezogen und zur Reife geführt haben. Weil die Verwandtschaftsstruktur, mag sie noch so weit reichen, auf blutsmäßigen Beziehungen aufgebaut ist, die sich in der Dreiheit von Eltern und Kind repräsentiert, sind in dieser Struktur sämtliche Mitglieder entweder Nehmende oder Gebende in einem Netz wechselseitiger Abhängigkeit.

Das Individuum, verflochten in dieses Beziehungsnetz, wird die Welt vornehmlich als behaglich und wohlgeordnet erleben; behaglich, weil der Mensch dabei einen sicheren und unangefochtenen Platz in seiner Gruppe innehat, und wohlgeordnet, weil er gelernt hat, die äußere Welt von der inneren klar zu unterscheiden. Denn das, was innerhalb der Gruppe gilt, hat für ihn eine ganz andere Bedeutung als alles, was ihm im Dadraußen begegnet. Dabei ist die äußere Situation für ihn so gewichtig, daß im Laufe seiner Lebenserfahrungen verschiedene Situationen verschiedene „Wahrheiten" bedeuten. Grundsätze, die sich für eine bestimmte Situation als angemessen erweisen, gelten nicht ohne weiteres für andere Situationen, aber in vergleichbaren Fällen gelten in etwa die gleichen Grundsätze.

Der situationszentrierte Chinese lebt in der Tat nach mehrfachen Standards. Der Standard des Gefangenen ist nicht der seines Aufsehers, und der des Mannes ist ein anderer als der einer Frau. Da der Chinese innerhalb seiner Primärgruppe eine Sicherheit, Kontinuität und Dauerhaftigkeit genießt, wie er sie außerhalb nicht findet, fühlt er sich im Hinblick auf das Leben insgesamt sicher und folglich behaglicher und selbstzufriedener als das Durchschnittsindividuum in vielen anderen Gesellschaften. Da doppelte oder mehrfache Moral- und Verhaltensmaßstäbe durchaus normal sind, geben sie dem Individuum keinen Anlaß für innere Konflikte. Der Mensch findet es problemlos, sich konformistisch zu verhalten, und er spürt keine Gewissensbisse, wenn er sich unter verschiedenen Situationsbedingungen höchst unterschiedlich verhält. Er mag zum Beispiel gelernt haben, Freigiebigkeit als eine Tugend zu betrachten, die geeignet ist, sein Leben und das seiner Vorfahren und Nachkommen zu verbessern, doch erstreckt sich dies nicht ohne weiteres auf andere Personen in anderen Situationen. Erste Lebensregel für das Verhalten ist der Standort seiner Primärgruppe mitsamt ihrer Weltsicht, und der Mensch weiß auch, daß und wie sich dieser

Standort verändern läßt; aber er hat keinen Sinn für Gerechtigkeit oder Ungerechtigkeit in den Beziehungen ganzer Gruppen zueinander, und er sieht keinen Anlaß, in diesen Beziehungen irgend etwas zu ändern. Als Folge davon hat sich im Verlaufe der Geschichte die chinesische Gesellschaft als bemerkenswert statisch erwiesen, denn es fehlte ihr der Impetus für Veränderungen. Demgegenüber ist die individuumszentrierte Welt charakterisiert dadurch, daß auch einander nahestehende Personen nur durch zeitweilige Bande miteinander verbunden sind. Da sie nicht dauerhaft in Familie und Stamm verwurzelt sind, zielt die Lebensorientierung des Individuums darauf hin, sich auf sich selbst zu verlassen. Das heißt: Der Mensch ist darauf konditioniert, selber zu denken, Entscheidungen selbst zu treffen und seine Zukunft mit eigener Hand und gemäß eigenen Fähigkeiten zu gestalten.[195]

Zum Nationalcharakter des Japaners schreibt Glenn u.a.:

Die Aufspaltung der sozialen Identität in zahlreiche autonome Rollen ist charakteristisch sowohl für Japaner als auch für moderne Mittelklassenstrukturen im Westen. Die Hintergründe und die letzten Konsequenzen dieser Aufspaltung mögen in beiden Fällen verschieden sein, doch die Ähnlichkeit zwischen ihnen ist wohl einer der möglichen Gründe dafür, daß sich die Japaner so schnell die Technologie und das Kommerzdenken des Westens angeeignet haben. Man brauchte den schon vorhandenen „Kreisen", die das Verhalten des Individuums bestimmen, nur noch einen weiteren „Kreis" hinzufügen. In diesem Falle war es der „Kreis" der Verhaltensweisen, die für die Rolle des Technokraten oder Geschäftsmannes angemessen erscheinen.

Doch wäre es verfehlt anzunehmen, eine solche Konvergenz wäre nichts weiter als eine Wiederholung westlicher Muster, lediglich angereichert mit einem lokalen Farbton.[196]

Zum Nationalcharakter der Japaner heißt es bei Barnouw:

In ihrem Buch „The Chrysantemum and the Sword" widmet Ruth Benedict vier Kapitel der großen Bedeutung, die für den Japaner das Begleichen von Verpflichtungen hat. Dafür gibt es sogar ein spezielles Vokabular. Es handelt sich dabei um Belastungen und Schulden, die man zurückzuzahlen hat, um Gaben, die man vom Kaiser, von den Eltern, von Lehrern oder Vorgesetzten empfangen hat. Irgendwie muß man die Wohltaten, die man empfangen hat, erwidern oder „zurückzahlen". „Giri" ist im Japanischen die Bezeichnung für eine derartige Verpflichtung. Dazu gehört auch die Pflicht, den eigenen Namen und das Ansehen der Familie reinzuhalten. Diese Aufgabe resultiert oft in Stoizismus, würdevollem Benehmen und einem Leben, das den Verpflichtungen gerecht wird.

Mit einem solchermaßen ausgeprägten Sinn für Verantwortung und Verpflichtung, oft verbunden mit einem Streben nach Leistung, geht zwangsläufig Spannung einher. Glücklicherweise hat die japanische Kultur viele Möglichkeiten entwickelt, um Spannungen abzureagieren und das Leben erfreulich zu gestalten: Die Mahlzeit im Kreise der Familie, das tägliche heiße Bad, Sake-Parties, Bars und Geisha-Häuser für den Mann, Massagesalons und so verfeinerte Genüsse wie die Teezeremonie und der Genuß des Ziergartens. Ruth Benedict fügt dieser Reihe sogar noch das Schlafen an, das die Japaner zu einer perfekten Kunst entwickelt haben. Sie können vollkommen entspannt schlafen, in jeder erdenklichen Stellung und Haltung. Jedenfalls ist der Japaner in der Lage, mit Spannungen umzugehen und sie auf verschiedene Weise abzubauen.[197]

Über die Inder lesen wir bei Glenn u.a.:

Nakamura betont den Partikularismus und den überwiegend konkreten Charakter des chinesischen und japanischen Denkens. In krassem Gegensatz dazu steht – so weiter Nakamura – der Universalismus und die Tendenz zu abstraktem Denken in der Hochkultur Indiens. Daraus könnte man schließen, daß unter diesem bedeutsamen Gesichtspunkt die indische Kultur dem Westen näher steht als der chinesische Osten. Doch hat die indische Kultur keine Wissenschaft im eigentlichen Sinne entwickelt. Genauer betrachtet zeigt sich, daß die indische Kultur dieselbe Stabilität und ebensowenig Progressivität aufweist wie der Osten. Ein entscheidender Grund für die unterschiedlichen Entwicklungen Indiens einerseits und des griechisch-hebräischen Westens andererseits liegt in der verschiedenen Interpretation universaler Ideen, wie sie sichtbar wird bei Platon und im lebendigen indischen Denken.[198]

Patai beschreibt die Araber u.a. so:

Wenn wir versuchen, die Zusammenhänge zwischen den verschiedenen Aspekten der „arabischen Persönlichkeit" herauszuarbeiten, mag es sich als hilfreich erweisen, sich die Diskrepanz vor Augen zu führen, die – bei allen Individuen und Gruppen – auf den drei Ebenen menschlicher Existenz zu erkennen ist: Wir alle sind ständig in Handlungen verstrickt. Unsere Handlungen sind Ausdruck unserer Intentionen, aber zugleich werden sie auch durch externe Faktoren beeinflußt, so beispielsweise durch die Kontrolle, welche die soziale und physische Umwelt ausübt. Diese Welt der Aktion und Aktivität bildet die erste Ebene unserer Existenz. Die zweite Ebene ist die der verbalen Äußerungen. Oft drücken wir verbal Intentionen aus, die wir wegen externer Hindernisse nicht realisieren können. In dieser Hinsicht korrespondieren verbale Äußerungen besser mit den Intentionen als Handlungen. Aber auch mit Worten drücken wir nicht sämtliche Intentionen aus. In gewissen Punkten enthalten wir uns einer Äußerung wegen der Realität der Umgebung, in der wir leben. Die dritte Ebene schließlich ist die der Intentionen selber, die Ebene unserer Gedanken, Wünsche, Ideen und so fort. Diese Denkwelt ist in höchstem Maße abhängig von den begrenzten Einflüssen der Umgebung. Denn obwohl unsere Gedanken weder kontrolliert noch zensiert werden können, sind sie weithin auf die Realität bezogen. Eine normale Person wird sich in Gedanken nicht mit etwas befassen, das in offenem Widerspruch zur Realität steht. Sie mag sich einem Wunschdenken oder auch Tagträumen hingeben, aber sie wird sich dabei immer des Unterschiedes zwischen solchen müßigen Gedanken und der Wirklichkeit bewußt sein. Bei den Arabern kommt nun Denkprozessen und verbalen Äußerungen ein hohes Maß an Eigenständigkeit zu. Gedanken, Wünsche und ihr verbaler Ausdruck entwickeln sich weitgehend frei von der Kontrolle durch die Realität. Da nun aber die Denkvorgänge im allgemeinen dem Auge verborgen bleiben, ist die Diskrepanz zwischen verbalen Äußerungen und tatsächlichem Handeln besonders offenkundig. Die verbale Äußerung, aus der solche mentalen Funktionen wie Gefühle, Strebungen, Wünsche und Gedanken resultieren, sind vollständig abgetrennt von der Ebene des Handelns. Zahlreiche Beobachter haben immer wieder hingewiesen auf die Diskrepanz bei den Arabern zwischen ihren Wünschen und Vorstellungen mitsamt deren verbalen Bezeichnungen einerseits und dem entsprechenden realen Handeln auf der anderen Seite. Nun ist freilich eine gewisse Diskrepanz zwischen Ideologie und verbaler Formulierung auf der einen Seite und Handlung andererseits ein allgemein-menschliches Phänomen, doch ist die Kluft zwischen beiden Seiten bei Arabern besonders groß und auffallend, obwohl es auch dort keinen absoluten Bruch zwischen Ideal und Realität gibt.[199]

Anhang II: Das Gesicht wahren

Über das Bestreben der Araber, auch bei einer offensichtlichen Niederlage noch „das Gesicht zu wahren", berichtet Patai:

Es gibt einen beträchtlichen Unterschied in der Intensität, mit der das Konzept des „Gesicht-wahrens" das Denken der Menschen im Westen und in der arabischen Welt bestimmt. Ganz einfach gesagt: Bei den Arabern hat das „Gesicht" viel mehr Gewicht und beeinflußt das Denken und Handeln weitaus stärker als im Westen. Der Unterschied ist enorm. Von daher lohnt es sich, diesem Phänomen, im Arabischen „wajh", als Bestimmungsfaktor in der arabischen Psyche anhand eines Beispiels nachzugehen.

Am 5. Juni 1967 in den frühen Morgenstunden zerstörte die israelische Luftwaffe praktisch sämtliche Kampfflugzeuge der Vereinigten Arabischen Republik (U.A.R.) bei kaum nennenswerten eigenen Verlusten. Gegen neun Uhr sandte der Kommandeur der ägyptischen Streitkräfte, Marschall Abdel Hakim Amer eine verschlüsselte Botschaft an General Abdel Moneim Riad, den ägyptischen Befehlshaber der arabischen Kräfte an der jordanischen Front. Nach einem Bericht des Königs Hussein von Jordanien lautete diese Meldung folgendermaßen:

1. Israelische Flugzeuge haben begonnen, die Luftbasen der U.A.R. zu bombardieren; annähernd 75 Prozent der israelischen Flugzeuge sind zerstört oder außer Gefecht gesetzt.
2. Der Gegenangriff der ägyptischen Luftwaffe ist über Israel unterwegs. Auf der Halbinsel Sinai haben Truppen der U.A.R. den Feind in Kämpfe verwickelt und eine Bodenoffenisve gestartet.
3. Infolgedessen hat Marschall Amer dem Oberkommandierenden der Jordanien-Front (General Riad) die Weisung erteilt, eine neue Front zu eröffnen und – gemäß dem Plan vom Vortag – Angriffsoperationen zu beginnen.

In einer zweiten Botschaft informierte Marschall Amer wenige Stunden später die Jordanien-Front, daß die israelische Luftoffensive andauerte. Gleichzeitig behauptete er jedoch nach wie vor, die Ägypter hätten 75 Prozent der israelischen Angreifer außer Gefecht gesetzt. In derselben

Botschaft hieß es, U.A.R.-Bomber hätten in einem Gegenangriff die israelischen Luftbasen zerstört, und Bodentruppen der ägyptischen Armee seien über den Negev in Israel eingedrungen.

König Hussein schließt seinen Bericht über Marschall Amers Botschaften mit einer Untertreibung, die eher von seiner Ausbildung in Harrow und Sandhurst zeugt als von der leidenschaftlichen Eloquenz seiner haschemitischen Vorfahren: „Diese phantasiereichen Berichte haben wesentlich zu unserer Konfusion und zur Fehlinterpretation der Situation beigetragen".

Man begegnet selten einem so schlagenden Beispiel für den überwältigenden Imperativ des Gesicht-wahrens und für den Preis, den man dafür zahlen muß. Zwar kann niemand sagen, was geschehen wäre, wenn die Ägypter offen und unverzüglich den Jordaniern mitgeteilt hätten, daß sie am Morgen des 5. Juni 1967 eine schwere Schlappe erlitten hatten; doch kann man mit großer Wahrscheinlichkeit davon ausgehen, daß Jordanien davon Abstand genommen hätte, in die Kämpfe einzugreifen, oder sich aus den Kämpfen herausgezogen hätte. Aber sowohl die Völker als auch ihre Führer sind in der Regel Gefangene ihrer kulturellen Werte. Angesichts der hohen traditionellen Wertschätzung des „Gesichts" durch die Araber war es für die ägyptische Führergruppe unmöglich, anders zu handeln. Um dies noch besser zu verstehen, wollen wir die Kommunikation zwischen Ägypten und Jordanien im Sechstage-Krieg von 1967 noch etwas weiter verfolgen.

An demselben schicksalschweren 5. Juni rief Nasser König Hussein an und erzählte ihm die gleiche Geschichte: „Israel hat unsere Luftbasen bombardiert. Wir haben mit Bombardierung geantwortet. Im Negev sind wir zu einer Generaloffensive angetreten".

Am nächsten Morgen, als man die Schäden, die die israelische Luftwaffe angerichtet hatte, nicht länger geheimhalten konnte, schlug Nasser in einem Ferngespräch dem König Hussein vor, man solle doch ein gemeinsames Kommuniqué von Jordanien und Syrien veröffentlichen, in dem gesagt wird, amerikanische und englische Luftverbände arbeiteten beim Angriff auf Ägypten von ihren Flugzeugträgern aus mit Israel zusammen. Zu diesem Zeitpunkt schien das ein perfekter Plan zu sein, um das Gesicht zu wahren. Es war dann nicht das kleine Israel, das den großen Schlag geführt hatte, sondern es waren die Großmächte USA und Großbritannien, und deren gemeinsamer Stärke erlegen zu sein, ist keine Schande. In eben diesem Telefongespräch, in dem Nasser König Hussein seinen Plan vortrug, wie man das Gesicht wahren könnte, konnte Nasser der Versuchung nicht widerstehen, das eigene Gesicht, also auch Ägyptens, gegenüber König Hussein zu wahren.

Einige Stunden später, um 12.30 Uhr sandte König Hussein ein persönliches Telegramm, mit dem er den ägyptischen Präsidenten in klarer Sprache kurz und bündig (man denke an die britische Erziehung des Königs) davon informierte, daß die Situation an der Jordanien-Front verzweifelt war. Dieses freimütige Bekenntnis der Niederlage durch Hussein brach schließlich Nassers Festhalten am „Gesicht-wahren", und in seiner Antwort (mit einer Verzögerung von elf Stunden) war er sogar in der Lage zuzugeben, daß auch er selbst besiegt worden war. Sein langes Telegramm spricht von einer Situation, die einen Mut „jenseits menschlichen Vermögens" erfordere, wie auch von der Notwendigkeit, „uns unserer Verantwortung zu stellen, ohne Furcht vor den Konsequenzen". Sodann bindet Nasser das Eingeständnis seiner eigenen Niederlage an die Niederlage Husseins: „Wir sind uns völlig Ihrer schwierigen Situation bewußt in einem Augenblick, in dem auch unsere Front zerbricht". Dann ist er endlich in der Lage, zum entscheidenden Punkt zu kommen: „Gestern hat die feindliche Luftwaffe einen tödlichen Schlag gegen uns durchgeführt. Von da an haben unsere Bodentruppen keinerlei Unterstützung aus der Luft, und so stehen sie ohne diese Hilfe überlegenen Feindkräften gegenüber". Danach spricht Nasser über Fragen, die nur noch indirekt etwas mit der aktuellen Situation zu tun haben: „Wenn die Geschichtsbücher geschrieben werden, wird man sich an Ihren Mut und Ihre Zähigkeit erinnern. Man wird nicht vergessen, daß das heldenhafte Volk der Jordanier geradewegs und ohne zu zögern, nur aus Ehr- und Pflichtgefühl, in den Kampf gezogen ist". Nachdem Nasser dann vorschlägt, die Jordanier sollten die West Bank räumen, und nachdem er die Hoffnung äußert, der Sicherheitsrat werde einen Waffenstillstand anordnen, befaßt er sich mit philosophischen Gedanken: „Die Geschichte von Nationen ist angefüllt mit Rückschlägen, Siegen und Niederlagen, das ist Allahs Wille, und so wird möglicherweise etwas Gutes daraus entstehen. Wir vertrauen auf Allah, und er wird uns nicht verlassen. Vielleicht beschert er uns in künftigen Tagen Sieg". Nachdem Nasser dann seine Komplimente über den Mut und den Heroismus Husseins und des jordanischen Volkes wiederholt hat, schließt er sein Telegramm mit dem traditionellen Segensgruß: „Friede sei mit Euch, und möge Euch Allah segnen". Bei der Wiedergabe des vollständigen Textes dieses Telegramms von Nasser merkt Hussein mit beißender Schärfe an: „Die Jordanier mußten 48 Stunden warten, um zu erfahren, was wirklich in Ägypten geschah, am Beginn eines Konflikts, dessen Ausgang sich schon in dieser Anfangsphase abzeichnete".[200]

Anhang III: Recht und Ordnung

Hall berichtet von einem Fall, in dem verschiedene kulturspezifische Vorstellungen von Recht und Ordnung aufeinander treffen:

Ein Beispiel für zermürbende interkulturelle Konflikte spielte sich vor einer Reihe von Jahren im Westen ab. Da niemand unter den Beteiligten damals so recht begriff, was da eigentlich vor sich ging, entstand eine tragikomische Situation, die sich dann über etwa zwanzig Jahre erstreckte. Zwei Kulturen waren darin verwickelt: Spanier und (Nord-)Amerikaner. Im Mittelpunkt dieser langanhaltenden Krise standen die verschiedenen Auffassungen beider Seiten von Gesetz, Regierung und Familie. Die lateinamerikanischen Spanier haben die Institution Familie zu einer derartigen Größe, Stabilität und Beeinflussungskraft entwickelt, daß uns im „Westen" diese Art von Weltsicht geradezu unglaublich erscheint; wir haben große Schwierigkeiten, sie nachzuvollziehen. Demgegenüber kommt den Regierungen bei den Lateinamerikanern im Vergleich zu uns nur eine untergeordnete Position zu. Wenn sich irgend etwas ereignet oder etwas wird angestrebt, dann sind in einem lateinamerikanischen Land vor allem die Familien und weniger die Regierung „zuständig". Diese informelle Tradition ist verbunden mit einem Konzept von Recht und Gesetz, das sich von dem bei Nordamerikanern herrschenden Konzept wesentlich unterscheidet. In Lateinamerika wird ein Gesetz auf technische Weise durchgesetzt, aber durch Familienbeziehungen vermittelt. Bei uns (in den USA) erwartet man von Gerichten und vor allem von Vollzugsbeamten nicht, daß sie besonders scharf vorgehen; ihr Verhalten sollte sich an den formalen Systemen ihrer Kultur orientieren. Das heißt: Man erwartet vom Gesetz, daß es nicht strenger gehandhabt wird als es in der jeweiligen Kultur als angemessen gilt. Wenn es sich für die Menschen über Gebühr hart auswirkt, dann muß es geändert werden. Stößt der Amerikaner auf ein Gesetz, das er für ungerecht hält oder das für ihn keinen Sinn macht, dann wird er dieses Gesetz eher verletzen als eines, das er für realistisch und sinnvoll hält.

Die Frage, um deren willen in einer kleinen Stadt im Westen der USA spanische und amerikanische Denk- und Verhaltensmuster miteinander kollidierten, war das Erzwingen einer Geschwindigkeitsbegrenzung. Die Bevölkerung mitsamt der Verwaltung bestand überwiegend aus Spaniern.

Es gab dort einen Polizisten von spanischer Abkunft mit Namen Sancho. Seine Aufgabe war es, das Einhalten der Geschwindigkeitsbegrenzung im Ort auf 15 Meilen pro Stunden (mph) zu kontrollieren und zu erzwingen. Sancho, der seinen Dienst auf dem Motorrad versah, ging seiner Aufgabe mit solchem Eifer nach, daß er allen Einwohnern der Stadt ebenso bekannt war wie den „Americanos", die in den umliegenden Ortschaften lebten. Streng nach den Buchstaben des Gesetzes handelnd pflegt er schon bei 16 mph die Verkehrssünder festzunehmen; auf ein solches Vergehen stand eine Geldstrafe von 12,75 Dollar, eine beachtliche Summe in jenen Jahren wirtschaftlicher Depression.

Die spanischen Amerikaner, wenn sie vor Gericht erscheinen mußten, waren zumeist auf irgendeine weitläufige Art und Weise mit dem Richter verwandt und wurden häufig schnell freigesprochen. Die Americanos, die selten dieses Glück hatten, wurden darüber immer wütender, und schließlich verschworen sie sich gegen Sancho. Mit einem Auto lockte man ihn mit 60 mph aus der Stadt; dabei kam er von der Straße ab und brach sich die Beine so schwer, daß er nicht mehr Motorrad fahren konnte. Als er aus dem Krankenhaus entlassen war, kaufte er sich einen Sportwagen und nahm seinen Dienst wieder auf. Von da an bestand Sanchos Leben zehn bis fünfzehn Jahre lang aus einer Serie von „Unfällen". Er traute niemandem mehr und nahm Verkehrssünder mit vorgehaltener Pistole fest. Aber auch das konnte nicht verhindern, daß er immer wieder schwer zusammenge-schlagen wurde von Amerikanern, die es leid waren, wegen 16 mph festgenommen zu werden und Strafe zu zahlen. Was die Amerikaner – begreiflicherweise–nicht verstehen konnten, war, daß die beiden beteiligten Kulturen denselben Sachverhalt, dieselbe Verhaltensweise ganz verschieden erlebten und beurteilten, also aus verschiedenen kulturell bedingten Syste-men heraus dachten und handelten. Für die Spanier mit ihrem mehr formalen Denken war ein Gesetz ein Gesetz, und 16 mph waren demnach eine Verletzung des Gesetzes. Erst wenn sie festgenommen waren, brachten sie ein informelles System ins Spiel, nämlich das System der Verwandtschaft, die geübt ist im Umgang mit einer schwachen Regierung. Amerikaner dagegen sprechen sich ein gewisses Maß an informellen Freiräumen zu bei der Interpretation einer Gesetzesübertretung, aber sie sehen die Dinge hart und streng, sobald der Apparat von Gesetz und Rechtsprechung angelaufen ist. Für sie verletzt der Gedanke, man solle sich exakt an 15 Stundenmeilen halten, ihre Vorstellung von Gesetzen und deren Sinn, aber auch die Vorstellung von Freiräumen, von „erlaubten" „Überschreitungen". Sanchos Schwierigkeiten lagen darin begründet, daß er niemals ein Modell hatte, das ihm zeigen konnte, wie man mit Americanos umgehen sollte.

Insgesamt haben die Lateinamerikaner es besser gelernt, auf leichte Weise mit Gesetzen zu leben, als die Amerikaner. Für Amerikaner gilt es als tadelnswert, Einfluß auszuüben; und Vertreter von Regierung und Verwaltung sollten sich ihrer Meinung nach strikt davor hüten, eine Seite zu begünstigen, etwa in Form von „Vetternwirtschaft". In dieser Hinsicht darf es keine Freiräume geben. Gegen Gesetze wird auch in den USA ständig verstoßen, aber man ist zurückhaltend mit Versuchen, mit der Gesetzesmaschine herumzuspielen, sobald diese angelaufen ist. Als Produkte unserer Kultur haben wir Amerikaner oft in fremden Ländern und Kulturen Schwierigkeiten dadurch, daß dem Gesetz bei seiner praktischen Anwendung kein Spielraum zugestanden wird. Das Fehlen eines solchen Freiraumes macht es uns schwer, wenn nicht gar unmöglich, in einem derartigen System ein befriedigendes Leben zu leben. Wenn wir dann aber die kulturspezifischen Freiräume des Gastlandes entdecken, haben wir Hemmungen, sie auszunutzen, denn diese Freiräume stehen in Widerspruch zu unseren eigenen kulturspezifischen Normen und Vorstellungen. So kommen Amerikaner im Ausland nicht selten zu dem Schluß, die Anderen, die Einheimischen müßten ihr System ändern, damit es für uns sinnvoll wird.[201]

Anhang IV: Hamlet in Afrika

Was geschieht, wenn verschiedene Formen des Denkens und verschiedene Sitten und Normen aufeinandertreffen? Von einem Erlebnis im afrikanischen Busch erzählt Laura Bohannan:[202]

Kurz bevor ich aus Oxford zu den Tiv in Westafrika abreiste, kam das Gespräch auf die Theatersaison in Stratford. „Ihr Amerikaner", sagte ein Freund, „habt oft Schwierigkeiten mit Shakespeare. Schließlich war er ein echt englischer Poet, und es kann leicht geschehen, daß man das Universelle fehlinterpretiert, indem man das Besondere, Eigene falsch versteht."

Ich wandte ein, die menschliche Natur sei überall in der Welt im wesentlichen dieselbe; zumindest die allgemeine Handlung und die Motivation sei bei großen Tragödien eigentlich immer und überall klar, auch wenn Einzelheiten der Sitten und Normen einer Erklärung bedürfen und wenn sich aufgrund von Schwierigkeiten beim Übersetzen geringfügige Abweichungen einschleichen mögen. Nun, wir konnten uns nicht einigen; mein Freund gab mir eine Hamlet-Ausgabe mit; im afrikanischen Busch könne ich ja diese Tragödie in aller Ruhe studieren; das würde – so meinte er – mein Gemüt über die primitive Umgebung erheben, und vielleicht erreichte ich dann ja durch langes Meditieren die Gnade der richtigen Interpretation.

Es war meine zweite Reise zu diesem afrikanischen Stamm, und ich fühlte mich gerüstet für einen Aufenthalt in einer entlegenen Gegend – in einer Region, die selbst zu Fuß nur schwer zu durchqueren ist. Schließlich ließ ich mich auf einem Hügel nieder, nahe der Hütte eines sehr alten Mannes, Haupt einer Gruppe von etwa hundertvierzig Menschen, die allesamt seine näheren Verwandten oder seine Frauen und Kinder waren. Wie die anderen Ältesten in der Nachbarschaft verbrachte dieser alte Mann die meiste Zeit damit, Zeremonien zu veranstalten, die bei den besser erreichbaren Teilen des Stammes nur noch selten stattfinden. Ich war entzückt. Mich erwarteten drei Monate erzwungener Isolation und Muße zwischen der Ernte, die vor dem Ansteigen der Sumpfwässer stattfindet, und dem Großreinemachen, wenn die Wässer wieder fallen. So dachte ich, die Leute hätten genug Zeit, um Zeremonien zu veranstalten und sie mir zu erklären.

Ich hatte mich gründlich geirrt. Die meisten Zeremonien erfordern die Anwesenheit der Ältesten mehrerer Heimstätten. Als nun das Wasser stieg, war es für etliche alte Männer zu mühsam, von einer Heimstätte zur anderen zu gehen, und so hörten die Zeremonien allmählich auf. Als das Wasser noch höher stieg, schliefen praktisch alle Aktivitäten ein. Die Frauen brauten Bier aus Mais und Hirse; Männer, Frauen und Kinder saßen auf ihren Hügeln und tranken.

Die Leute begannen mit dem Trinken in der Abenddämmerung. Am frühen Morgen gab es dann ein allgemeines Singen, Tanzen und Trommeln. Wenn es regnete, blieben sie in ihren Hütten; dort tranken und sangen sie, und sie erzählten Geschichten. Mir selbst blieb nur die Wahl, entweder die Party mitzumachen oder mich in meine eigene Hütte zurückzuziehen und meine Bücher zu lesen. „Man befaßt sich nicht mit ernsten Angelegenheiten, solange Bier da ist. Komm und trink mit uns." Da ich jedoch das dicke Bier der Eingeborenen nicht mochte, verbrachte ich mehr und mehr Zeit mit Hamlet. Noch vor dem Ende des zweiten Monats wurde mir Gnade zuteil; ich war ganz sicher: Für Hamlet gibt es nur eine mögliche Interpretation, die immer und überall gültig ist.

In der Hoffnung auf ein ernsthaftes Gespräch noch vor dem Beginn des Biertrinkens besuchte ich morgens immer den Ältesten in seiner Empfangshütte, die aus einem Kreis von Pfosten, einem Strohdach und Lehmwänden zum Schutz gegen Wind und Regen bestand. Eines Tages kroch ich durch den niedrigen Eingang und fand fast alle Männer der Heimstätte versammelt vor; sie saßen dicht zusammengekauert auf Hockern, niedrigen Holzbetten und Lehnstühlen und wärmten sich an diesem kühlen Regentag an einem rauchigen Feuer. In der Mitte standen drei große Krüge mit Bier. Die Party hatte begonnen.

Der alte Mann begrüßte mich herzlich. „Setz dich und trink!" Man reichte mir eine große Kürbisflasche mit Bier, ich goß daraus einen Becher voll und trank. Dann füllte ich den Becher wieder, reichte ihn dem Zweiten in der Altersrangordnung und gab die Kürbisflasche an einen jüngeren Mann weiter zum allgemeinen Einschenken; denn das ist für bedeutende Männer unter ihrer Würde.

„So ist es gut", sagte der Älteste, indem er mich wohlwollend ansah, und klaubte einen Strohhalm aus meinem Haar, der sich dort verfangen hatte. „Du solltest öfter mit uns zusammensitzen. Deine Bediensteten haben mir erzählt, daß du, wenn du nicht bei uns bist, in deiner Hütte sitzt und auf ein Papier starrst."

Der alte Mann kannte nur vier Arten von „Papier": Steuerbescheide, Empfangsbestätigungen beim Brautkauf, Quittungen für Gerichtsgebühren, und Briefe. Der Bote, der ihm die Briefe vom Häuptling brachte, kannte immer schon den Inhalt und konnte ihn so dem Ältesten mündlich mitteilen. Persönliche Briefe, die an die wenigen gerichtet waren, die Verwandte in Regierung oder Verwaltung oder Missionsstationen hatten, wurden so lange aufbewahrt, bis jemand einen großen Markt besuchte, wo es Briefeschreiber und -leser gab. Seit meiner Ankunft brachte man die Briefe mir zum Vorlesen. Einige Männer kamen mit Brautpreisempfangsbescheinigungen und wünschten, ich sollte die Angaben über den Preis ändern. Ich merkte schnell, daß moralische Argumente nicht ankamen; und die technischen Probleme und Fallstricke beim Fälschen von Dokumenten konnte ich diesen Analphabeten nicht erklären. Nun hätte es mir gar nicht gefallen, wenn sie jetzt, an diesem Tag, geglaubt hätten, ich säße in meiner Hütte und starrte „Papier" dieser Art an; und so erklärte ich ihnen schnell, mein „Papier" enthalte etwas aus längst vergangener Zeit in meinem Heimatland.

„Ach", sagte der alte Mann, „erzähl uns."

Ich protestierte: Ich sei kein Geschichtenerzähler. Geschichtenerzählen ist dort eine hochgeschätzte Fertigkeit; die Erwartungen sind hoch, die Zuhörer sind kritisch, und sie haben nicht die geringsten Hemmungen, ihre Kritik kundzutun. An diesem Morgen nun wollten sie eine Geschichte hören, während sie tranken. Sie drohten, mir keine Geschichten mehr zu erzählen, bis ich selber eine erzählt hätte. Schließlich versprach mir der alte Mann, niemand würde meinen Stil kritisieren, denn – so sagte er – „wir wissen, daß du manchmal Schwierigkeiten mit unserer Sprache hast." Ein anderer alter Mann fügte hinzu: „Aber du mußt uns erklären, was wir nicht verstehen, so wie wir es machen, wenn wir Geschichten erzählen." Da fiel mir ein, hier hätte ich doch die Gelegenheit zu prüfen, ob Hamlet tatsächlich universell, also überall gleich verstanden wird. Und so stimmte ich zu.

Der alte Mann schenkte mir Bier nach, um mir beim Anfang meines Erzählens zu helfen. Die Männer stopften ihre langen Holzpfeifen und setzten sie mit kleinen Stücken glühender Kohle in Brand; dann lehnten sie sich mächtig paffend zurück, um mir zuzuhören. Ich begann in echtem Erzählton: „Nicht gestern, nein, nicht gestern, sondern vor langer, langer Zeit geschah es: Eines nachts hielten drei Männer Wache vor der Heimstätte des Großen Häuptlings; da sehen sie plötzlich den früheren Häuptling auf sich zukommen."

„War er denn nicht mehr ihr Häuptling?"

„Er war gestorben", erklärte ich, „und darum waren sie verwirrt und ängstlich, als sie ihn nun sahen".

„Unmöglich", begann einer von den Alten, indem er seine Pfeife seinem Nachbarn gab, der einwarf: „Natürlich war das nicht der tote Häuptling. Es war ein Omen, von einer Hexe geschickt. Erzähl weiter."

Leicht angeschlagen fuhr ich fort: „Einer von den dreien war ein Mann, der Dinge weiß" – der einfachste Ausdruck für einen Gelehrten, aber unglücklicherweise bedeutet er dort auch „Hexe". „Deshalb sprach er den toten Häuptling an und sagte: 'Laß uns wissen, was wir tun müssen, damit du im Grabe Ruhe findest!' Doch der tote Häuptling antwortete nicht. Er entschwand, und sie konnten ihn nicht mehr sehen. Darauf meinte der Mann, der Dinge weiß – sein Name war Horatio –, dieses Geschehen sei eine Angelegenheit Hamlets, des Sohnes des verstorbenen Häuptlings."

Allgemeines Kopfschütteln in der Runde. „Hatte denn der tote Häuptling keinen noch lebenden Bruder? Oder war jetzt sein Sohn der Häuptling?"

„Nein", erwiderte ich, „die Sache ist die: Er hatte einen lebenden Bruder, der nach dem Tod seines älteren Bruders Häuptling wurde."

Die alten Männer murrten: Solche Omen sind eine Angelegenheit für alte und weise Männer, aber nicht für jüngere Leute wie Horatio. Es war klar: Horatio konnte nicht ein Mann sein, der Dinge weiß.

„Doch, er war einer", beharrte ich, wobei ich ein Huhn von meinem Bier wegscheuchte. „Der jüngere Bruder des Häuptlings war Häuptling geworden. Außerdem hatte er nur einen Monat nach dem Begräbnis die Witwe seines Bruders geheiratet."

„Er hat recht damit", meinte der alte Mann strahlend und wandte sich den anderen zu: „Ich habe euch immer gesagt, daß wir, wenn wir mehr über die Europäer wüßten, erkennen würden, daß sie tatsächlich so sind wie wir. Auch in unserem Land", fügte er für mich hinzu, „heiratet der jüngere Bruder die Witwe seines älteren Bruders und wird der Vater von seinen Kindern. Denn wenn dein Onkel, der deine verwitwete Mutter heiratet, deines Vaters echter Bruder ist, dann wird er auch für dich ein wirklicher Vater sein. Hatten Hamlets Vater und Onkel dieselbe Mutter?"

Diese Frage drang kaum in mein Bewußtsein ein; ich war viel zu verwirrt und aus dem Gleichgewicht gebracht durch die Tatsache, daß auf einmal eines der wichtigsten Hamlet-Elemente von der Bildfläche verschwunden war. Ziemlich verunsichert meinte ich, ich hätte zwar angenommen, sie hätten dieselbe Mutter, aber ich sei mir dessen nicht sicher; die Erzählung sage darüber nichts aus. Der alte Mann erklärte mir streng, diese genealogischen Details seien äußerst wichtig, und wenn ich wieder zu Hause sei, müsse ich die Älteren danach fragen. – Durch den Eingang der Hütte rief er einer seiner jüngeren Frauen zu, sie solle ihm seinen Sack aus Ziegenleder bringen.

Ich war entschlossen, vom Mutter-Motiv zu retten, was zu retten war; so atmete ich tief durch und fing von neuem an: „Der Sohn Hamlet war sehr betrübt darüber, daß seine Mutter so schnell wieder geheiratet hatte. Es gab keinen Grund dafür, und es ist bei uns Sitte, daß eine Witwe erst dann wieder heiratet, wenn sie zwei Jahre getrauert hat."

„Zwei Jahre sind zu lang", erwiderte die Frau, die mit dem abgewetzten Ziegenledersack hereingekommen war. „Wer soll sich denn um die Felder und Äcker kümmern, wenn kein Ehemann da ist?"

„Hamlet", erwiderte ich ohne nachzudenken, „war alt genug, um sich um die Felder und Äcker seiner Mutter zu kümmern. Es gab überhaupt keinen Grund für sie, wieder zu heiraten." Keiner der Zuhörer schien überzeugt zu sein, und so gab ich auf. „Seine Mutter und der Große Häuptling sagten Hamlet, er solle nicht traurig sein, denn der Große Häuptling sei ja nun für ihn der Vater. Außerdem werde Hamlet der nächste Häuptling sein; deshalb müsse er bleiben und alles lernen, was für einen Häuptling wichtig ist. Hamlet stimmte zu und blieb."

Während ich eine Pause einlegte, dachte ich ziemlich perplex darüber nach, wie ich Hamlets Selbstgespräch meinen Zuhörern klarmachen könnte.

Da fragte mich ein jüngerer Mann, wer denn die anderen Frauen des verstorbenen Häuptlings geheiratet habe.

„Er hatte keine anderen Frauen", sagte ich.

„Aber ein Häuptling muß doch viele Frauen haben! Wie konnte er denn sonst Bier brauen und Essen für alle seine Gäste zubereiten?"

Ich erklärte ihm standhaft, in unserem Land hätten die Häuptlinge nur eine Frau; sie hätten Diener für die Arbeit, und diese Diener bezahlten sie aus Steuergeldern.

Es wäre besser, erwiderten sie, wenn ein Häuptling viele Frauen und Söhne hat, die ihm helfen, sein Land zu bestellen und seine Leute mit Nahrung zu versorgen; dann nämlich liebt jedermann den Häuptling, der viel gibt und nichts nimmt. Steuern sind immer etwas Schlechtes.

Der letzten Feststellung konnte ich nur zustimmen, und für den Rest wählte ich den Ausweg, die Fragen einfach vom Tisch zu wischen: „So ist das eben bei uns daheim; so machen wir es."

Ich beschloß, Hamlets Monolog wegzulassen. Selbst wenn man es hier für ganz wichtig hielt, daß Claudius die Witwe seines Bruders heiratete, blieb immer noch das Gift-Motiv, und ich konnte sicher sein, daß meine Zuhörer den Brudermord mißbilligen würden. So setzte ich zuversichtlich von neuem an: „In einer Nacht hielt Hamlet wieder Wache mit den drei Gefährten, die seinen verstorbenen Vater gesehen hatten. Der tote Häuptling erschien wieder, und während die anderen sich fürchteten, folgte Hamlet seinem Vater. Als sie alleine waren, redete der tote Vater."

„Omen können nicht sprechen", sagte der alte Mann mit Nachdruck.

„Hamlets toter Vater war kein Omen. Wenn man ihn sah, konnte man denken, er sei ein Omen, aber er war keines". Meine Zuhörer sahen mich verwirrt an. „Es war Hamlets toter Vater, es war das, was wir einen 'Geist' nennen." Ich mußte das englische Wort „ghost" benutzen, denn im Unterschied zu vielen Nachbarstämmen glaubten diese Leute hier nicht an ein Leben nach dem Tode, und sei es auch nur für einen bestimmten Teil seiner Persönlichkeit.

„Was ist ein Geist? Ein Omen?"

„Nein, ein Geist ist jemand, der tot ist und der nun herumgeht und der sprechen kann, und die Leute können hören und sehen, aber sie können ihn nicht berühren."

Sie erhoben Einspruch: „Man kann Zombies berühren!"

„Nein, nein! Es handelte sich nicht um einen Zombie, nicht um einen toten Körper, den Hexen wiederbelebt haben, um Opfer zu bringen und zu essen. Niemand anderer ließ Hamlets toten Vater umherwandeln; er tat es selbst, von alleine."

„Tote Menschen können nicht gehen!", protestierten meine Zuhörer einstimmig.

Ich war bereit, einen Kompromiß zu schließen: „Ein Geist ist der Schatten eines verstorbenen Menschen." Doch sie hatten wieder einen Einwand: „Tote Menschen haben keinen Schatten."

Ich schoß zurück: „Bei uns zu Hause haben sie einen."

Der alte Mann dämpfte das ungläubige Gemurmel rundum, und zu mir sagte er mit jener unaufrichtigen, aber höflichen Zustimmung, die man jungen, unwissenden und abergläubischen Menschen gewährt: „Ich bezweifle nicht, daß in eurem Land die Toten gehen können, ohne Zombies zu sein." Aus der Tiefe seines Ledersacks holte er ein verschrumpeltes Stück einer Cola-Nuß heraus, biß ein Ende ab, um zu zeigen, daß es nicht vergiftet war, und reichte mir den Rest als Friedensangebot.

„Wie auch immer", nahm ich den Faden wieder auf, „Hamlets toter Vater sagte, sein eigener Bruder, also jener, der nach ihm Häuptling wurde, habe ihn vergiftet. Hamlets Aufgabe sei es nun, ihn zu rächen. Hamlet stimmte dem zu, zumal er den Bruder seines Vaters nicht mochte." Ich nahm einen Schluck Bier. „In dem Lande des Großen Häuptlings – es war ein sehr großes Land – lebte in demselben Ort ein bedeutender Älterer, der oft dem Häuptling mit Rat und Hilfe beistand. Er hieß Polonius. Hamlet umwarb seine Tochter, aber ihr Vater und ihr Bruder (ich suchte hastig nach einer Analogie aus dem Stammesleben) warnten sie; sie sollte ihn nicht alleine zu sich lassen, denn Hamlet würde eines Tages ein Großer Häuptling sein und sie deshalb nicht heiraten können."

„Warum nicht?" fragte die Frau, die sich auf der Kante des Stuhls des Häuptlings niedergelassen hatte. Der runzelte die Stirn wegen ihrer dummen Frage und knurrte: „Sie lebten in derselben Heimstätte."

„Das war nicht der Grund", erklärte ich ihm. „Polonius war ein Fremder, der in der Heimstätte lebte, um dem Häuptling zu helfen, und nicht weil er ein Verwandter war."

„Warum sollte dann Hamlet sie nicht heiraten können?"

„Er hätte es gekonnt", sagte ich, „aber Polonius glaubte, er wolle es nicht. Schließlich war Hamlet ein Mann von großer Bedeutung, der eine Häuptlingstochter heiraten sollte, und in seinem Land durfte ein Mann nur eine Frau haben. Polonius glaubte, wenn Hamlet um seine Tochter werben würde, wäre kein anderer mehr bereit, für sie einen hohen Preis zu zahlen."

„Das mag wahr sein," bemerkte einer von den schlauen Älteren, „aber Hamlet als Sohn eines Großen Häuptlings würde doch dem Vater seiner Geliebten genug Geschenke und Begünstigungen geben, die den Verlust allemal wettmachen würden. Polonius scheint mir ein rechter Narr zu sein."

„Viele Leute", stimmte ich ihm zu, „glaubten tatsächlich, er sei ein Narr. Nun schickte Polonius seinen Sohn Laertes nach Paris, um dort das Land und die Leute kennenzulernen, denn Paris war die Heimstätte eines wirklich

Großen Häuptlings. Weil nun aber Polonius befürchtete, Laertes könnte dort viel Geld für Bier und Frauen und Glücksspiele verschwenden, oder er könnte durch Schlägereien in Schwierigkeiten geraten, sandte er heimlich einen seiner Diener nach Paris; der sollte herausfinden, was Laertes dort trieb. – Eines Tages traf Hamlet des Polonius Tochter Ophelia. Dabei verhielt er sich so sonderbar, daß sie sich fürchtete. Und in der Tat ..." – ich suchte nach Worten, um die seltsame Eigenart von Hamlets Krankheit auszudrücken – „in der Tat hatten der Häuptling und viele andere schon bemerkt, daß man, wenn Hamlet sprach, zwar die Wörter verstehen konnte, nicht aber den Sinn, die Bedeutung dessen, was er sagte. Viele glaubten, er sei verrückt geworden." Meine Zuhörer wurden plötzlich höchst aufmerksam. „Der Große Häuptling wollte wissen, was Hamlet fehlte. So gab er zweien von Hamlets Altersgenossen (Schulfreunde hätte ich kaum in Kürze begreiflich machen können) den Auftrag, mit Hamlet zu sprechen und herauszufinden, was ihn so verwirrte. Hamlet jedoch, der merkte, daß sie vom Häuptling geschickt waren, sagte ihnen nichts. Polonius jedoch beharrte darauf, Hamlet sei verrückt geworden, weil man es ihm verboten hatte, Ophelia, die er liebte, zu sehen."

„Warum", fragte ein Zuhörer sichtlich verwirrt, „sollte jemand Hamlet deswegen verzaubern?"

„Ihn verzaubern?"

„Ja, nur Zauberei kann einen Menschen verrückt machen, es sei denn, man sieht die Wesen, die uns in den Wäldern auflauern."

Ich hörte auf, mich als Geschichtenerzähler zu betrachten, holte mein Notizbuch heraus und forderte die Anwesenden auf, mir mehr über diese beiden Ursachen von Verrücktheit zu erzählen. Während sie sprachen und ich mir Notizen machte, überlegte ich mir, wie sich wohl dieser neue Faktor auf meine Geschichte auswirken könnte. Hamlet war ja nicht solchen Wesen begegnet, die den Menschen in den Wäldern auflauern. Nur seine Verwandten männlicherseits konnten ihn verzaubern. Da sonstige Verwandte dieser Art bei Shakespeare nicht vorkommen, konnte es nur Claudius sein, der versuchte, ihm Schaden zuzufügen. Und das war ja tatsächlich der Fall.

Für den Augenblick verzichtete ich auf Fragen und schob sie auf für eine spätere Gelegenheit. Ich erklärte, auch der Große Häuptling weigerte sich zu glauben, daß Hamlet den Verstand verloren hatte nur aus Liebe zu Ophelia und aus keinem anderen Grund. „Er war sicher, daß es etwas viel

Wichtigeres war, was Hamlets Herz bedrückte."

„Nun hatten Hamlets Altersgenossen", so fuhr ich fort, „auf ihre Reise einen berühmten Geschichtenerzähler mitgenommen. Hamlet beschloß, dieser Mann solle dem Häuptling und allen anderen in seiner Heimstätte eine Geschichte erzählen von einem Mann, der seine Brüder vergiftet hatte, weil er seines Bruders Frau begehrte und selber Häuptling werden wollte. Hamlet war sicher, der Große Häuptling würde beim Erzählen dieser Geschichte irgendwie zu verstehen geben, daß er selbst schuldig sei, und daran würde er, Hamlet, erkennen, ob sein toter Vater ihm die Wahrheit gesagt hatte."

Der alte Mann unterbrach mich: „Warum sollte ein Vater seinen Sohn belügen?", fragte er.

Ich fand einen Ausweg: „Hamlet war sich nicht sicher, daß es wirklich sein toter Vater war." Es war unmöglich, in der Sprache der Eingeborenen irgend etwas über vom Teufel inspirierte Visionen zu sagen.

„Du meinst", sagte er, „es war tatsächlich ein Omen, und er wußte, daß Hexen manchmal falsche Omen schicken. Hamlet war so töricht, daß er nicht zu einem Weisen ging, der Omen lesen und die Wahrheit erkennen konnte. Ein solcher Mann, der die Wahrheit sieht, hätte ihm erzählen können, wie sein Vater starb, ob er wirklich vergiftet worden war und ob dabei Hexerei mit im Spiel war; dann hätte Hamlet nämlich die Ältesten einberufen können, um diese Angelegenheit zu klären und beizulegen."

Der scharfsinnige Alte war anderer Ansicht. „Weil seines Vaters Bruder ein großer Häuptling war, hätte der Mann, der die Wahrheit sieht, sich gefürchtet, hier die Wahrheit zu sagen. Ich denke, eben dies war der Grund dafür, daß ein Freund von Hamlets Vater, ein Zauberer und Ältester, ein Omen schickte, damit seines Freundes Sohn Bescheid wußte. Hat das Omen die Wahrheit gesagt?"

„Ja", sagte ich und ließ damit die Geister und den Teufel beiseite; ein Omen, von einer Hexe geschickt, mußte es dann wohl sein. „Es war die Wahrheit, denn als der Geschichtenerzähler vor den versammelten Leuten der Heimstätte seine Geschichte vortrug, erhob sich der Große Häuptling voller Angst; er fürchtete, Hamlet wisse sein Geheimnis und trachte ihm nach dem Leben."

Die nächsten Szenen bereiteten meinem Übersetzen einige Schwierigkeiten. Vorsichtig begann ich: „Der Große Häuptling sagte zu Hamlets Mutter, sie solle bei ihrem Sohn herausfinden, was er wirklich wußte. Doch weil einer Mutter ihre Kinder immer am nächsten stehen, ließ er den Polonius sich hinter einer Decke verstecken, die an der Wand des Schlafhauses von Hamlets Mutter hing. – Hamlet fing nun an, seine Mutter zu schelten für das, was sie getan hatte."

Ein erschrockenes Geraune war die Reaktion aller meiner Zuhörer. Ein Mann darf niemals seine Mutter schelten.

„Sie schrie vor Angst auf, und Polonius bewegte sich hinter der Decke. 'Eine Ratte', rief Hamlet, ergriff seine Machete und durchbohrte die Decke." Um des dramatischen Effektes willen legte ich eine Pause ein. „Er hatte Polonius erstochen!"

Die alten Männer blickten einander mit höchster Mißbilligung an. „Dieser Polonius war wirklich ein Narr, der keine Ahnung hatte! Jedes Kind weiß doch schon, daß es rufen muß: 'Ich bin es'." Schlagartig fiel mir ein, daß die Leute leidenschaftliche Jäger sind, immer mit Pfeil, Bogen und Machete bewaffnet; bei dem leisesten Rascheln im Gras sind Pfeil und Bogen schußbereit und der Schütze ruft als Warnung 'Spiel'. Kommt nicht sofort eine Antwort, ist der Pfeil abgeschossen. Wie ein guter Jäger hatte Hamlet gerufen 'Eine Ratte'.

Ich beeilte mich, Polonius' Reputation zu retten. „Polonius hatte etwas gesagt, und Hamlet hatte es gehört. Aber Hamlet glaubte, es sei der Häuptling, und den wollte er töten, um seinen Vater zu rächen. Diese Absicht hatte er schon vorher gehabt..." Ich erlitt einen leichten Zusammenbruch, denn ich sah mich außerstande, diesen Heiden, die nicht an ein Leben nach dem Tode glauben, den Unterschied klarzumachen zwischen dem Sterben mit einem Gebet auf den Lippen und dem Sterben eines Heimatlosen und Verbitterten.

Diesmal hatte ich meine Zuhörer ernsthaft schockiert. „Wenn ein Mann die Hand erhebt gegen seines Vaters Bruder und gegen den, der sein Vater geworden ist, dann ist das etwas Schreckliches. Die Ältesten sollten einen solchen Mann in seinem Verhextsein lassen."

Ziemlich durcheinander knabberte ich an meiner Cola-Nuß und wies noch einmal darauf hin, daß der Getötete ja schließlich Hamlets Vater umgebracht hatte.

„Nein", verkündete der alte Mann, weniger an mich gewandt als an die jüngeren Männer, die hinter den Älteren saßen. „Wenn deines Vaters

Bruder deinen Vater getötet hat, mußt du dich an deines Vaters Altersgenossen wenden; die mögen ihn rächen. Kein Mann darf gegen seine älteren Verwandten Gewalt ausüben." Und noch ein anderer Gedanke kam ihm: „Aber wenn seines Vaters Bruder tatsächlich so verrucht war, Hamlet zu behexen und ihn seinen Verstand verlieren läßt, dann ist das doch in Ordnung, denn dann war es sein Verschulden, daß Hamlet verrückt war, daß er nicht mehr bei Sinnen war und daß er auf diese Weise bereit war, seines Vaters Bruder zu töten."

Ein beifälliges Geraune ging durch den Raum. „Hamlet" war also doch eine gute Geschichte, auch wenn sie mir nicht mehr ganz dieselbe Geschichte zu sein schien. Als ich überdachte, was das wohl für den weiteren Ablauf der Handlung und für deren Motive an Komplikationen mit sich bringen würde, verlor ich den Mut und beschloß, diesen gefährlichen Boden schnell und flüchtig zu überqueren.

„Der Große Häuptling", so fuhr ich fort, „war gar nicht darüber betrübt, daß Hamlet Polonius getötet hatte. Das bot ihm einen Anlaß, Hamlet fortzuschicken, zusammen mit zwei hinterhältigen Altersgenossen, mit Briefen an einen Häuptling in einem weit entfernten Land mit der Aufforderung, Hamlet umzubringen. Doch Hamlet änderte diese Botschaft so, daß der Häuptling nicht ihn, sondern seine Altersgenossen tötete." – An dieser Stelle warf mir ein Mann aus der Runde einen vorwurfsvollen Blick zu; ich hatte ihm einmal erklärt, eine Fälschung, die nicht als Fälschung zu erkennen ist, sei nicht nur unmoralisch, sondern sie ginge auch über alle menschliche Geschicklichkeit hinaus. Ich blickte schnell in eine andere Richtung.

„Bevor Hamlet heimkehren konnte, kam Laertes zurück, um an seines Vaters Begräbnis teilzunehmen. Der große Häuptling erzählte ihm, daß Hamlet Polonius getötet hatte. Laertes schwur, Hamlet deswegen umzubringen, aber auch weil seine Schwester Ophelia, als sie erfuhr, daß ihr Vater von dem Mann, den sie liebte, getötet worden war, den Verstand verlor und im Fluß ertrank."

„Hast du schon vergessen, was wir dir gerade gesagt haben?", fragte der alte Mann vorwurfsvoll. „Man kann sich nicht an einem Verrückten rächen; Hamlet tötete Polonius in seinem Wahnzustand. Was das Mädchen betrifft, so war sie nicht nur wahnsinnig, sondern sie wurde auch ertränkt. Nur Hexen können Menschen ertrinken lassen. Wasser alleine kann keinen Schaden anrichten; es ist nur zum Trinken und Baden da."

Ich fing an, ärgerlich zu werden. „Wenn auch die Geschichte nicht gefällt, höre ich eben auf."

Der alte Mann machte beschwichtigende Geräusche und schenkte mir Bier nach. „Du erzählst die Geschichte sehr gut, und wir hören dir zu. Aber es ist doch klar: Die Älteren deines Landes haben dir nie erklärt, was diese Geschichte wirklich bedeutet. Nein, unterbrich mich jetzt nicht! Wir glauben dir ja, wenn du uns sagst, ihr habt andere Heiratssitten, andere Kleider und andere Waffen. Doch die Menschen sind überall gleich; deshalb gibt es auch immer und überall Hexen, und wir, die Alten, sind es, die wissen, wie Hexen arbeiten. Wir haben dir gesagt, es war der Große Häuptling, der Hamlet töten wollte, und deine eigenen Worte geben uns recht. Wer waren Ophelias Verwandte?"

„Da gab es nur ihren Vater und ihren Bruder." Hamlet war mittlerweile ganz meinen Händen entglitten.

„Es müssen viel mehr gewesen sein; auch danach mußt du deine Älteren Fragen, wenn du wieder zu Hause bist. Da nach dem, was du uns erzählt hast, Polonius tot war, muß es Laertes gewesen sein, der Ophelia umbrachte – obwohl ich dafür keinen Grund erkennen kann."

Wir hatten einen großen Krug Bier ausgetrunken, und der alte Mann brachte seine Argumente in leicht beschwipstem Zustand vor. Schließlich fragte mich ein anderer: „Was sagte des Polonius Diener bei dessen Rückkehr?"

Mit einiger Mühe erinnerte ich mich an Reynaldo und seinen Auftrag. „Ich glaube nicht, daß er zurückkehrte, bevor Polonius getötet wurde."

„Hör gut zu", sagte der Ältere, „ich will dir erzählen, wie es war und wie deine Geschichte weitergeht, und dann kannst du mir sagen, ob ich recht habe. Polonius wußte, daß sein Sohn Schwierigkeiten bekommen würde, und so kam es dann auch. Er mußte viele Bußen für Kämpfe und viele Spielschulden bezahlen. Aber es gab für ihn nur zwei Wege, um schnell zu Geld zu kommen. Die eine Möglichkeit war, seine Schwester sofort zu verheiraten, aber es ist schwierig, einen Mann zu finden, der bereit ist, eine Frau zu heiraten, die vom Sohn des Häuptlings umworben wird. Denn wenn der Erbe des Häuptlings mit deiner Frau Ehebruch begeht, was willst du machen? Nur ein Narr wird vor Gericht gehen gegen einen Mann, der eines Tages dein Richter sein wird. Deshalb mußte Laertes den zweiten Weg wählen: Er tötete seine Schwester durch Hexerei, indem er sie ertränkte und heimlich ihren Körper an die Hexen verkaufte."

Ich erhob Einspruch. „Man hat ihren Körper gefunden und begraben. Laertes sprang noch ins Grab, um seine Schwester noch einmal zu sehen – du kannst also sehen: Der Körper war wirklich da. Hamlet, der gerade zurückgekommen war, sprang nach ihm in die Grube."

„Was habe ich gesagt", wandte sich der Ältere an die anderen, „Laertes hatte böses vor mit dem Körper seiner Schwester. Hamlet verhinderte das, weil der Erbe eines Häuptlings, wie ein Häuptling, nicht will, daß irgendein anderer Mann reich und mächtig wird. Laertes muß wütend gewesen sein, weil er seine Schwester umgebracht hatte, ohne daß dabei etwas für ihn heraussprang. In unserem Lande hätte er aus diesem Grunde versucht, Hamlet zu töten. Hat sich das so zugetragen?"

„Mehr oder weniger", gab ich zu. „Als der Große Häuptling erfuhr, daß Hamlet lebte, ermutigte er Laertes zu dem Versuch, Hamlet umzubringen, und er arrangierte einen Kampf mit Macheten zwischen beiden. In diesem Kampf wurden beide jungen Männer so schwer verwundet, daß sie starben. Hamlets Mutter trank das vergiftete Bier, das der Häuptling Hamlet zugedacht hatte für den Fall, daß dieser den Kampf gewinnen würde. Als er seine vergiftete Mutter sterben sah, konnte Hamlet noch im Sterben den Bruder seines Vaters töten."

„Siehst du, ich hatte recht", rief der Ältere aus.

„Das war eine sehr gute Geschichte", sagte der alte Mann, „und du hast sie mit sehr wenigen Fehlern erzählt. Es gab da eigentlich nur einen gewichtigen Irrtum, ganz am Schluß: Das Gift, das Hamlets Mutter trank, war offensichtlich für denjenigen bestimmt, der in dem Kampf überlebte, wer immer das sein mochte. Hätte Laertes gewonnen, hätte der große Häuptling ihn beseitigt, denn dann hätte niemand mehr gewußt, daß er Hamlets Tod arrangiert hatte. Dann bräuchte er auch nicht mehr die Hexerei des Laertes zu fürchten; es erfordert schon großen Mut, seine einzige Schwester durch Hexerei umzubringen.

Irgendwann", so schloß der alte Mann, indem er sich in seine zerrissene Toga hüllte, „mußt du uns noch mehr Geschichten aus deinem Land erzählen. Wir Älteren werden dich über ihre wahre Bedeutung aufklären, so daß, wenn du in deine Heimat zurückkehrst, die Älteren deines Landes sehen: Du hast nicht im Busch herumgesessen, sondern du warst bei jenen, die wissen und die dich Weisheit gelehrt haben."

Anmerkungen

1   H. Rickert: Kulturwissenschaft und Naturwissenschaft, S. 28
2   R. W. Brislin: Cross-cultural encounters, S. 3
3   C. Lévi-Strauss: Strukturale Anthropologie, S. 380
4   D. French: The relationship of anthropology to studies in perception and cognition, S. 417
5   C. Kluckhohn: Culture and behavior, S. 953 ff.
6   G. P. Murdock, zitiert nach Gordon W. Allport: The nature of prejudice, S. 114
7   M. H. Prosser: The cultural dialogue, S. 166
8   Zu diesem Problemkreis liegt eine umfangreiche Literatur vor. Als Einführungen sind besonders zu empfehlen: V. Barnouw: Culture and personality; O. A. Baumhauer: Kulturwandel
9   R. Taft: The role and personality of the mediator, S. 62
10 Hierzu u.a. R. A. Levine und D. T. Campbell: Ethnocentrism
11 Der Begriff wurde im Jahre 1906 von W. G. Sumner geprägt.
12 E. Porter und L. A. Samovar: Communicating interculturally, S. 10
13 M. Hadas: Der Hellenismus, S. 25 f.
14 S. Piggott: Vorgeschichte Europas, S. 306
15 Hierzu u.a. B. Anderson: Die Erfindung der Nation
16 R. Girtler: Kulturanthropologie, S. 17
17 P. S. Adler: Beyond cultural identity, S. 362 ff.
18 M. H. Prosser: The cultural dialogue, S. 71
19 K. Valentin: Die Fremden (Nachdruck mit freundlicher Genehmigung des Piper Verlags München)
20 O. Schäffter: Modi des Fremderlebens, in: Ortfried Schäffter (Hrsg.); Das Fremde, S. 14
21 G. Simmel: Exkurs über den Fremden, S. 261 ff.
22 H. C. Kelman: Social-psychological approaches to the study of international relations, S. 56
23 W. Dilthey: Ideen über eine beschreibende und zergliedernde Psychologie, S. 143
24 Zum Verhältnis von Meinen und Verstehen siehe insbesondere H. Hörmann: Meinen und Verstehen. Dort heißt es beispielsweise auf S. 207: „Wir verstehen hier 'das, was gesagt wird' erst, wenn wir es in

den Zusammenhang dessen stellen können, was der Sprecher gemeint hat. Und dies können wir tun, wenn und weil wir in uns ein System von Ansichten über die Ereignisse der Welt haben, das dem System im Sprecher des Satzes prinzipiell ähnlich ist."

25 Hierzu u.a. D. French: The relationship of anthropology to studies in perception and cognition, S. 398 ff.

26 Ein Beispiel für die Versuche, beide Konzepte miteinander zu verbinden, bietet S. A. Jones: Integrating etic and emic approaches in the study of intercultural communication

27 So schlägt auch der Psychologe Graumann in einer sorgsamen Studie über beide Begriffe vor,"... daß für die Zwecke der empirischen Forschung (und des Berichts über sie) zwischen menschlicher Interaktion und Kommunikation kein Unterschied mehr gemacht wird."; C. F. Graumann: Interaktion und Kommunikation, S. 1179

28 P. A. Bruck: Interkulturelle Entwicklung und Konfliktlösung, S. 345

29 Neben den Adjektiven „interkulturell" und „international" begegnen uns in der Literatur noch weitere wie zum Beispiel „transnational", „transkulturell", „cross-cultural". Da es jedoch über die Verwendung dieser Bezeichnungen keine Übereinkunft in den Sozialwissenschaften gibt, gehen wir darauf hier nicht weiter ein.

30 Als positives Beispiel sei hier das Buch von E. S. Glenn „Man and mankind" genannt. Dort ist z.B. in den Kapiteln 10 („East and West") und 11 („The ways of the West") immer klar erkennbar, was jeweils gemeint ist.

31 O. Weggel: Die Asiaten, S. 24

32 a.a.O., S. 187

33 a.a.O., S. 302

34 H. Nakamura: Ways of thinking of Eastern peoples

35 G. Myrdahl: Asian drama, Band I; S. 61 f.

36 F.-J. Eilers: Communicating between cultures, S. 18 f.

37 So z.B. N. Hasegawa : The Japanese character

38 Hierzu vor allem das Standardwerk zu diesem Themenkreis: H. C. J. Duijker und H. H. Frijda: National character and national stereotypes

39 O. Weggel: Die Asiaten, S. 31

40 u.a. L. B. Szalay und J. Deese: Subjective meaning and culture, S. 18. Ferner: W. Weidenfeld und K. R: Korte: Die Deutschen

41   G. W. Allport: The nature of prejudice, S. 115
42   D. V. McGranahan und J. Wayne: German and American traits reflected in popular drama
43   S. Kracauer: Von Caligari bis Hitler
44   M. Wolfenstein und N. Leites: Movies
45   So heißt es z.B. bei G. A. De Vos und A. A. Hippler: Cultural psychology, S. 361: „Gorer contended, for example, that some of the adult attitudes and dispositions of Russians toward authority, their periodic moodiness, and other traits could to some extent be attributes to the experience of Russian infants with restrictive swaddling. (...) There have also been studies of Japanese character. (...) Gorer (1943) and LaBarre (1945) also published reports specifically concerned with particular supposed child-rearing practices which should directly explain certain aspects of Japanese social behavior. Both authors emphasized the alleged influence of severe toilet training on Japanese personality. LaBarre, in particular, hypothesized an obsessive-compulsive personality pattern as modal for Japanese."
46   A. Inkeles und D. J. Levinson: National character, S. 425
47   V. Barnouw: Culture and personality, S. 34
48   S. L. McNabb: Stereotypes and interaction conventions of Eskimos and Non-Eskimos, S. 24
49   H. Tajfel: Social and cultural factors in perception, S. 369
50   Hierzu u.a. H. Frieling : Mensch und Farbe
51   J. Kriz u.a.: Wissenschafts- und Erkenntnistheorie, S. 133
52   O. Weggel: Die Asiaten, S. 266
53   E. Leach: Kultur und Kommunikation, S. 73 f.
54   L. K. Frank: Cultural patterning of tactile experiences, S. 271
55   E. T. Hall: The hidden dimension, S. 45 f.
56   Hierzu u.a. W. Hömberg und M. Schmolke (Hrsg.): Zeit, Raum, Kommunikation
57   F. R. Kluckhohn und F. L. Strodtbeck: Variations in value orientations, S. 13
58   F.-J. Eilers: Communicating between cultures, S. 52
59   G. Wersig: Fokus Mensch, S. 87
60   O. Weggel: Die Asiaten, S. 200
61   E. T. Hall: The silent language, S. 38

62 H. P. Duerr: Traumzeit, S. 104
63 O. Weggel: a.a.O., S. 205
64 R. V. Levine u.a.: Perceptions of time and punctuality in the United States and Brazil
65 E. T. Hall: The hidden dimension, S. 75
66 a.a.O., S. 92
67 a.a.O., S. 139
68 a.a.O., S. 134 f.
69 a.a.O., S. 136 ff.
70 a.a.O., S. 132
71 a.a.O., S. 79 f.
72 V. Barnouw: Culture and personality, S. 107 f.
73 E. T. Hall: The hidden dimension, S. 113 ff.
74 E. T. Hall: The silent language, S. 209
75 R. E. Porter und Larry A. Samovar: Communicating interculturally, S. 19
76 E. T. Hall: The hidden dimension, S. 103
77 a.a.O., S. 51
78 Hierzu u.a. C.Lévi-Strauss: Das wilde Denken
79 B. Wedge: Visitors to the United States, S. 87 f.
80 E. S. Glenn: Man and mankind, S. 157
81 a.a.O., S. 256
82 G. A. De Vos und A. A. Hippler: Cultural psychology, S. 340
83 M. Kunczik: Communication and social change, S. 99
84 B. Wedge: Visitors to the United States, S. 90
85 J. Kriz u.a.: Wissenschafts- und Erkenntnistheorie, S. 86
86 B. Wedge: Visitors to the United States, S. 29 ff.
87 Hierzu u.a. C. Lévi-Strauss: Strukturale Anthropologie, S. 183 ff.
88 Chr. Staewen: Kulturelle und psychologische Bedingungen der Zusammenarbeit mit Afrikanern, S. 144
89 H. P. Duerr: Traumzeit, S. 105
90 O. Weggel: Die Asiaten, S. 220
91 a.a.O., S. 220 f.
92 a.a.O., S. 84
93 C. Kluckhohn und W. H. Kelly: The concept of culture, S. 243
94 Hierzu u.a. H. Hoijer: The Sapir-Whorf hypothesis

95   J. C. Condon und F. Yousef: An introduction to intercultural communication, S. 182

96   Hierzu K.-H. Bausch u.a. (Hrsg.): Fachsprachen

97   Hierzu u.a.: J. Spiegel und P. Machotka: Messages of the body –
     A. Wolfgang (Hrsg.): Nonverbal behavior

98   Hierzu u.a. S. Frey: Die nonverbale Kommunikation

99   M. Argyle: Bodily communication

100 C. Kluckhohn: Culture and behavior, S. 930

101 E. T. Hall: The hidden dimension, S. 142 f.

102 L. T. Doi: The Japanese patterns of communication and the concept of Amae, S. 190

103 F. S. Yousef: Nonverbal behavior, S. 258

104 F. R. Kluckhohn und F. L. Strodtbeck: Variations in value orientations

105 a.a.O., S. 12

106 O. Weggel: Die Asiaten, S. 157

107 E. C. Stewart: American cultural patterns

108 O. Weggel: Die Asiaten, S. 217

109 „Gerade hier: in Kost und Kleidung, Ball und Begräbnis, Korrespondenz und Couplet, Flirt und Komfort, Geselligkeit und Gartenkunst offenbart sich der Mensch jedes Zeitalters in seinen wahren Wünschen und Abneigungen, Stärken und Schwächen, Vorurteilen und Erkenntnissen, Gesundheiten und Krankheiten, Erhabenheiten und Lächerlichkeiten."
     E. Friedell: Kulturgeschichte der Neuzeit I, S. 20

110 P. Watzlawick u.a.: Menschliche Kommunikation, S. 20

111 P. G. Zimbardo: Psychologie, S. 372

112 J. Huizinga: Homo ludens

113 E. T. Hall: The silent language, S. 129

114 J. Beattie: Other Cultures, S. 197

115 R. L. Birdwhistell: Kinesics and context, S. 55

116 R. W. Brislin: Cross-cultural encounters, S. 6

117 H. Heidtmann und Chr. Plate (Hrsg.): Mañana, S. 45 f.

118 R. W. Brislin u.a.: Intercultural interactions, S. 199

119 J. J. Buytendijk: Wesen und Sinn des Spiels, S. 98

120 O. Weggel: Die Asiaten, S. 132

121 a.a.O., S. 219

122 a.a.O., S. 79

123 E. S. Glenn: Man and mankind, S. 244
124 M. Fortes: Primitive kinship, S. 304
125 M. Fortes: a.a.O., S. 309
126 E. R. Wolf: Die Völker ohne Geschichte, S. 75
127 E. S. Glenn: Man and mankind, S. 247
128 D. Cathcart und R. Cathcart: Japanese social experience and concept of groups, S. 60
129 E. S. Glenn: Man and mankind, S. 294
130 a.a.O., S. 296
131 E. S. Glenn: Meaning and behavior, S. 190
132 W. Lippmann: Public opinion, S. 25
133 W. J. Thomas (1928), zitiert nach C. F. Graumann: Interaktion und Kommunikation, S. 1131
134 M. Kunczik: Die manipulierte Meinung, S. 5
135 R. E. Porter und L. A. Samovar: Communicating interculturally, S. 13 ff.
136 O. Klineberg: Contact between ethnic groups, S. 48
137 N. R. Cauthen u.a.: Stereotypes, S. 106
138 Scheuch, E. K. und Scheuch, U.: Wie deutsch sind die Deutschen?, S. 89 ff.
139 U. V. Reddi: How Indians see the world
140 L. B. Szalay und J. Deese: Subjective meaning and culture
141 E. Marten: Das Deutschlandbild in der amerikanischen Auslandsberichterstattung, S. 143 ff.
142 R. L. Faherty: The American Indian, S. 91
143 Hierzu insbesondere M. Kunczik: Die manipulierte Meinung
144 R. Bergler und B. Six: Stereotype und Vorurteile, S. 1374
145 U. Schöneberg: Vorurteile – Feindbilder, Wurzeln und Dynamik, S. 39
146 V. Barnouw: Culture and personality, S. 196. Siehe auch Theodor W. Adorno: Studien zum autoritären Charakter
147 K. W. Deutsch und R. L. Merritt: Effects of events on national and international images, S. 183
148 B. Berelson und G. Steiner: Human behavior, S. 316
149 P. G. Zimbardo: Psychologie, S. 652
150 R. W. Brislin: Cross-cultural encounters, S. 193

151 Hierzu u.a. G. Ruhrmann: Zum Problem der Darstellung fremder Kulturen in der deutschen Presse

152 So z.B. J. Eckhardt und J. Horn: Fremde Kulturen im Fernsehen – D. Dankwortt: 10 Thesen zum Ergebnis einer entwicklungspolitischen Presseanalyse für die Jahre 1960-1990 in der BRD – G. Prinz: Heterostereotype durch Massenkommunikation – J. Wilke: Imagebildung durch Massenmedien

153 H. Mowlana: Global information and world communication, S. 129

154 J.-F. Bürki: Das Bild Schwarzafrikas in der Neuen Züricher Zeitung

155 Hierzu u.a. H. Herzog: Dallas in Deutschland

156 M. Freilich: The pleasures of anthropology, S. XIII

157 B. Sandhaas: Interkulturelles Lernen, S. 422 f.

158 A. Furnham und S. Bochner: Social difficulty in a foreign culture, S. 166

159 Siehe insbesondere E. T. Hall: The hidden dimension, S. 113 ff.

160 H. Bartholy: Transkulturelle Kommunikation, S. 176

161 B. Wedge: Visitors to the United States, S. 92 ff.

162 M. Mead: A case history in cross-national communications, S. 224

163 E. S. Glenn: Man and mankind, S. 155 f.

164 H. Passin: Writer and journalist, S. 86

165 W. Phillipps Davison: International political communication, S. 176 f.

166 V.C. Bickley: Language as the bridge, S. 108

167 S. Ramsey und J. Birk: Preparation of North Americans for interaction with Japanese, S. 236 f.

168 E. T. Hall: The silent language, S. 105 ff.

169 J. C. Condon und F. S. Yousef: An introduction to intercultural communication, S. 122

170 V. Hinnenkamp: Interkulturelle Kommunikation und interaktionale Soziolinguistik, S. 126 f.

171 R. W. Brislin: Cross-cultural encounters, S. 168 f.

172 O. Weggel: Die Asiaten, S. 303

173 Hierzu beispielsweise P. G. Zimbardo: Psychologie, S. 303 ff. und S. 589 ff.

174 Hierzu u.a. J. C. Condon und F. S. Yousef: An introduction to intercultural communication, S. 5

175 R. W. Brislin: Cross-cultural encounters, S. 216 f.

176 J. C. Condon und F. S. Yousef: An introduction to intercultural communication, S. 34

177 R. W. Brislin: Cross-cultural encounters, S. 305

178 a.a.O.

179 Y. Y. Kim und B. D. Ruben: Intercultural transformation, S. 302

180 R. W. Brislin: a. a. O., S. 279

181 a. a. O., S. 280 f.

182 a. a. O., S. 300 ff.

183 S. Bochner: Cultures in contact, S. 168

184 „Re-entry shock" ; dazu zum Beispiel R. W. Brislin: Intercultural interactions, S. 235

185 R. W. Brislin: Cross-cultural encounters, S. 297 f.

186 R. W. Brislin und Paul Pedersen: Cross-cultural orientation programs, S. 13

187 K. Luger: Offene Grenzen in der Kommunikationswissenschaft, S. 55

188 R. W. Brislin: a.a.O., S. 126 f.

189 H. Isaacs: Scratches on our minds

190 H. C. Triandis: Essentials of studying cultures, S. 85

191 Dazu u.a. R. W. Brislin und P. Pedersen: Cross-cultural orientation programs, S. 6

192 R. Renger: Der Kultur auf der Spur, S. 80f.

193 Hierzu u.a. D. Landis und R. W. Brislin (Hrsg.): Handbook of intercultural training

194 N. Wolfenstein: The Soviet image of corruption, Chicago 1953, zitiert nach: E. S. Glenn: Man and mankind, S. 292

195 F. J. K. Hsu: Clan, caste and club, Princeton, N. Y. 1963, zitiert nach: E. S. Glenn: Man and mankind, S. 241 f.

196 E. S. Glenn: Man and mankind, S. 245 f.

197 V. Barnouw: Culture and personality, S. 51 ff.

198 E. S. Glenn: a.a.O., S. 251

199 R. Patai: The Arab mind, New York, N. Y. 1973, zitiert nach E. S. Glenn: Man and mankind, S. 255

200 R. Patai: a.a.O., S. 256 ff.

201 E. T. Hall: The silent language, S. 105

202 L. Bohannan: Shakespeare in the bush

Literatur

Adler, P. S.: Beyond cultural identity, in: L. A. Samovar und R. E. Porter (Hrsg.): Intercultural communication, S. 362-378

Adorno, Th. W., u.a.: The authoritarian personality, New York 1950

Adorno, Th. W.: Studien zum autoritären Charakter, Frankfurt/Main 1973

Allport, G. W.: The nature of prejudice, Garden City, N. Y. 1958 – Deutsch: Die Natur des Vorurteils, Köln 1971

Anderson, B.: Die Erfindung der Nation, Frankfurt/Main 1988

Argyle, M.: Bodily communication, New York 1975 – Deutsch: Körpersprache und Kommunikation, Paderborn 1979

Asante, M. K.; Newmark, E.; Blake, C. A. (Hrsg.): Handbook of intercultural communication, Beverly Hills/London 1979

Barnouw, V.: Culture and personality, Homewood/Ill. 1979

Bartholy, H.: Barrieren in der interkulturellen Kommunikation, in: Reimann, H. (Hrsg.): Transkulturelle Kommunikation und Weltgesellschaft, S. 174-191

Baumhauer, O. A.: Kulturwandel. Deutsche Vierteljahresschrift für Literaturwissenschaft und Geistesgeschichte 56 (1982), Sonderheft: Kultur. Geschichte und Verstehen

Bausch, K.-H. u.a. (Hrsg.): Fachsprachen, Berlin/Köln 1976

Beattie, J.: Other cultures, London 1964

Berelson, B. und Steiner, G.: Human behavior, New York 1964

Bergler, R. und Six, B.: Stereotype und Vorurteile, in: C. F. Graumann (Hrsg.): Handbuch der Sozialpsychologie (2. Halbband), S. 1371-1432

Bickley, V. C.: Language as the bridge, in: Bochner, S. (Hrsg.): Cultures in contact, S. 99-125

Birdwhistell, R. L.: Kinesics and context, Philadelphia 1970

Bochner, S. (Hrsg.): The mediating person. Bridges between cultures, Cambridge, Mass. 1981

Bochner, S. (Hrsg.): Cultures in contact. Studies in cross-cultural interaction, Oxford 1983

Bock, P. (Hrsg.): Culture shock, New York 1970

Bohannan, L.: Shakespeare in the bush. Natural History 25,7 (August-September 1966), S. 28-33

Boulding, Kenneth: The image, Ann Arbor, Ill., 1956/58 – Deutsch: Die neuen Leitbilder, Düsseldorf 1958

Brislin, R. W. und Pedersen, P.: Cross-cultural orientation programs, New York 1976

Brislin, R. W.: Cross-cultural encounters, New York/Frankfurt 1981

Brislin, R. W.; Cushner, K.; Cherrie, C.: Intercultural interactions, Beverly Hills 1986

Bruck, P. A.: Interkulturelle Entwicklung und Konfliktlösung, in: Luger, K. und Renger, R. (Hrsg.): Dialog der Kulturen, S. 343-357

Bryson, L. (Hrsg.): The communication of ideas, New York 1964

Buchanan, W. und Cantril, H.: How nations see each other, Westport, Conn. 1953

Bürki, J.-F.: Das Bild Schwarzafrikas in der Neuen Züricher Zeitung, Rundfunk und Fernsehen 25:4 (1977), S. 365-389

Buitendijk, F. J. J.: Wesen und Sinn des Spiels, Berlin 1934

Buhl, Walter: Kulturwandel, Darmstadt 1987

Bundeszentrale für politische Bildung (Hrsg.): Ausländer und Massenmedien, Schriftenreihe, Band 253, Bonn 1987

Bundeszentrale für politische Bildung (Hrsg.): Völker und Nationen im Spiegel der Medien, Schriftenreihe, Band 269, Bonn 1989

Bundeszentrale für politische Bildung (Hrsg.): Das Ende der Gemütlichkeit, Schriftenreihe, Band 316, Bonn 1993

Cathcart, D. und Cathcart, R. : Japanese social experience and concept of groups, in: Samovar, S. A. und Porter, R. E. (Hrsg.): Intercultural communication, S. 58-66

Cauthen, N. R.; Robinson, I. E:; Krauss, H. H.: Stereotypes, The Journal of Social Psychology 84 (1971), S. 103-125

Condon, J. C. und Yousef, F. S.: An introduction to intercultural communication, Indianapolis, Ind. 1975

Condon, J. C: und Saito, M. (Hrsg.): Communication across cultures for what?, Tokio 1976

Cushner, K. und Brislin, R. W.: Intercultural interactions, London 1995

Dankwortt, D.: 10 Thesen zum Ergebnis einer entwicklungspolitischen Bildungsanalyse für die Jahre 1960-1990 in der BRD, in: Loccumer Protokolle 9/90: Bessere Bilder von der Dritten Welt, Loccum 1990, S. 11-13

Davison, W. P.: International political communication, New York 1965

Deutsch, K. W. und Merritt, R. L.: Effects of events on national and international images, in: Kelman, H. C. (Hrsg.): International behavior, S. 132-187

De Vos, G. A. und Hippler, A. A.: Cultural psychology, in: Lindzey, G. und Aronson, E. (Hrsg.): Handbook of social psychology, 2. Aufl., Band 4, S. 32-417

Dirven, R.; Pütz, M.; Jäger, S. (Hrsg.): Intercultural communication, Bern 1994

Doi, L. T.: The Japanese patterns of communication and the concept of Amae, in: Samovar, S. A. und Porter, R. E. (Hrsg.): Intercultural communication, S. 188-193

Duerr, H. P.: Traumzeit, Frankfurt/Main 1978

Duijker, H. C. J. und Frijda, H. H.: National character and national stereotypes, Amsterdam 1960

Eckhardt, J. und Horn, I.: Fremde Kulturen im Fernsehen, Media Perspektiven 1/95, S. 2-10

Eilers, F.-J.: Communicating between cultures, Rom 1987; überarbeitete Auflage Manila 1992

Faherty, R. L.: The American Indian, in: Samovar, S. A. und Porter, R. E. (Hrsg.): Intercultural communication, S. 90-98

Fischer, H.-D. und Merrill, J. C. (Hrsg.): International and intercultural communication, New York 1976

Fortes, M.: Primitive kinship, in: Freilich, M. (Hrsg.): The pleasures of anthropology, S. 304-311

Frank, L. K.: Cultural patterning of tactile experiences, in: Samovar, S. A. und Porter, R. E. (Hrsg.): Intercultural communication, S. 268-273

Freilich, M. (Hrsg.): The pleasures of anthropology, New York 1983

French, D.: The relationship of anthropology to studies in perception and cognition, in: Koch, S. (Hrsg.): Psychology, 6. Band, S. 388-428

Frey, S.: Die nonverbale Kommunikation, SEL-Stiftungs-Reihe 1, Stuttgart 1984

Friedell, E.: Kulturgeschichte der Neuzeit, München 1976 (2 Bände)

Frieling, H.: Mensch und Farbe, München 1988

Furnham, A. und Bochner, S.: Social difficulty in a foreign culture, in: Brislin, R. W. (Hrsg.): Cross-cultural encounters

Garfinkel, H.: Studies in ethnomethodology, Englewood Cliffs, N. Y. 1967

Geertz, C.: The interpretation of cultures, New York 1993

Girtler, R.: Kulturanthropologie, München 1979

Glenn, E. S.: Meaning and behavior, in: Samovar, L. A. und Porter, R. E. (Hrsg.): Intercultural communication, S. 170-188

Glenn, E. S.: Man and mankind, Norwood, N. Y. 1981

Graumann, C. F. (Hrsg.): Handbuch der Sozialpsychologie, 2. Halbband: Forschungsberichte, Göttingen 1972

Graumann, C. F.: Interaktion und Kommunikation, in: Graumann, C. F. (Hrsg.): Handbuch der Sozialpsychologie, 2. Halbband: Forschungsberichte, Göttingen 1972, S. 1109-1262

Gudykunst, W. B.(Hrsg.): Intercultural communication theory, Newbury Park 1983

Gudykunst, W. B. und Kim, Y. Y.: Communicating with strangers, Reading, Ma 1984

Gullahorn, J. T. und Gullahorn, J. E:: An extension of the U-curve hypothesis, Journal of Social Issues 19:3 (1963), S. 33-47

Hadas, M.: Der Hellenismus, Kindlers Kulturgeschichte Europas, Band 3, München 1983

Hall, E. T.: The silent language, Garden City, N. Y. 1959

Hall, E. T.: The hidden dimension, Garden City, N. Y. 1969

Hall, E. T.: Beyond culture, New York 1976

Hall, E. T.: The dance of life, New York 1984

Hall, E. T. und Hall, M. R.: Understanding cultural differences: Germans, French, and Americans, Yarmouth 1990

Hartmann, N.: Das Problem des geistigen Seins, Berlin 1949

Hasegawa, N.: The Japanesè character, Tokio 1965

Heidtmann, H. und Plate, Ch. (Hrsg.): Mañana. Entwicklungshelfer berichten aus drei Kontinenten, Baden-Baden 1987

Heinrichs H. J.: Das fremde Verstehen, Frankfurt/Main 1985

Herzog, H.: Dallas in Deutschland, Rundfunk und Fernsehen 34 (3), 1986, S. 351-367

Hess-Lüttich, E. W. B. (Hrsg.): Medienkultur – Kulturkonflikt, Opladen 1992

Hess-Lüttich, E. W. B. (Hrsg.): Interkulturelle Kommunikation – Medienkommunikation, in: Hess-Lüttich, E. W. B. (Hrsg.): Medienkultur – Kulturkonflikt, S. 23-40

Hinnenkamp: Interkulturelle Kommunikation und interaktionale Sozio-linguistik, in: Reimann, H. (Hrsg.): Transkulturelle Kommunikation und Weltgesellschaft, S. 124-166

Hömberg, W. und Schmolke, M. (Hrsg.): Zeit, Raum, Kommunikation, München 1992

Hörmann, H.: Meinen und Verstehen, Frankfurt/Main 1978

Hofstede, G.: Culture's consequences, Beverly Hills 1980

Hoijer, H.: The Sapir-Whorf hypothesis, in: Samovar, L. A. und Porter, R. E. (Hrsg.): Intercultural communication, S. 150-158

Hoopes, D. S. (Hrsg.): Readings in intercultural communication, Band II, Society for Intercultural Education, Training and Research (SIETAR), Washington D.C. 1972

Huizinga, J.: Homo ludens, Hamburg 1956

Inkeles, A. und Levinson, D. J.: National character, in: Kroeber, A. L. (Hrsg.): Anthropology today, S. 418-440

Isaacs, H. R.: Scratches on our minds, New York 1958

Kelman, H. C. (Hrsg.): International behavior, New York 1965

Kelman, H. C.: Social-psychological approaches to the study of international relations, in: Kelman, H. C. (Hrsg.): International behavior, S. 3-39

Kelman, H. C. und Ezekiel, R.: Cross-cultural encounters, San Francisco 1967

Kim, Y. Y. (Hrsg.): Interethnic communication, London 1986

Kim, Y. Y. und Gudykunst, W. B. (Hrsg.): Theories in intercultural communication, London 1988

Kim, Y. Y. und Ruben, B. D: Intercultural transformation, in: Kim, Y. Y. und Gudykunst, W. B. (Hrsg.): Theories in intercultural communication, S. 299-321

Kim, Y. Y. und Gudykunst, W. B. (Hrsg.): Cross-cultural adaptation, London 1988

Klineberg, O.: Contact between ethnic groups, in: Bochner, S. (Hrsg.): Culture in contact, S. 45-56

Kluckhohn, C. und Murray, H. A.: Personality in nature, society and culture, New York 1964

Kluckhohn, C.: Culture and behavior, in: Lindzey, G. (Hrsg.): Handbook of social psychology, Band 2, S. 940-985

Kluckhohn, C. und Kelly, W. H.: The concept of culture, in: Freilich, M. (Hrsg.): The pleasures of anthropology, S. 221-248

Kluckhohn, F. und Strodtbeck, F. L.: Variations in value orientations, Evanston, Ill. 1961

Knapp-Potthoff, A.: Strategien interkultureller Kommunikation, Frankfurt/ Main 1987

Koch, S. (Hrsg.): Psychology, Study II, Volume 6, New York 1964

Korzenny, F.; Ting-Toomzy, S.; Schiff, E. (Hrsg.): Mass media effects across cultures, Newbury Park 1992

Koschwitz, H.: Stereotyp und Vorurteil in der internationalen Massenkommunikation, in: Mahle, W. A. (Hrsg.): Langfristige Medienwirkungen, Berlin 1987, S. 95-99

Kracauer, S.: Von Caligari bis Hitler, Hamburg 1958

Kramer, H. (Hrsg.): Farben in Kultur und Leben, Stuttgart 1963

Kriz, J.; Lück, H.; Heidbrink, H.: Wissenschafts- und Erkenntnistheorie, Opladen 1987

Kroeber, A. L. (Hrsg.): Anthropology today, Chicago 1953

Kunczik, M.: Kommunikation und Gesellschaft, Köln/Wien 1984

Kunczik, M.: Communication and social change, Bonn 1985

Kunczik, M.: Massenmedien und Entwicklungsländer, Köln/Wien 1985

Kunczik, M.: Die manipulierte Meinung. Nationale Imagepolitik und internationale Public Relations, Köln 1990

La Barre: Paralinguistics, kinesics, and cultural anthropology, in: Samovar, L. A. und Porter, R. E. (Hrsg.): Intercultural communication, S. 221-229

Landis, D. und Brislin, R. W: (Hrsg.): Handbook of intercultural training, 3 Bände, Elmsford, N. Y. 1983

Leach, E.: Kultur und Kommunikation, Frankfurt/Main 1978

Levine, R. A. und Campbell, D. T.: Ethnocentrism, New York 1972

Levine, R. V.; West, J.; Reis, H. T.: Perception of time and punctuality in the United States and Brazil, Journal of Personality and Social Psychology 38, 4 (1980), S. 541-550

Lévi-Strauss, C.: Strukturale Anthropologie, Frankfurt/Main 1967

Lévi-Strauss, C.: Das wilde Denken, Frankfurt/Main 1973

Lindesmith, A. R. und Strauss, A.: Zur Kritik der „Kultur- und Persönlichkeitsstruktur"-Forschung, in: Topitsch, E. (Hrsg.): Logik der Sozialwissenschaften, S. 435-453

Lindzey, G. und Aronson, E. (Hrsg.): Handbook of social psychology, 2. Auflage, Reading, Mass. 1968/69

Lippmann, W.: Public opinion, New York 1922 – Deutsch: Die öffentliche Meinung, München 1964; Neuausgabe: Bochum 1990

Luger, K. und Renger, R. (Hrsg.): Dialog der Kulturen, Wien 1994

Luger, K.: Offene Grenzen in der Kommunikationswissenschaft, in: Luger, K. und Renger, R. (Hrsg.): Dialog der Kulturen, S. 23-65

McGranahan, D. V. und Wayne, J.: German and American traits reflected in popular drama, Human Relations 1 (1948), S. 429-455

McNabb, S. L.: Stereotypes and interaction conventions of Eskimos and Non-Eskimos, in: Kim, Y. Y. (Hrsg.): Interethnic communication, S. 21-41

Mahle, W. A. (Hrsg.): Langfristige Medienwirkungen, Berlin 1986

Mahle, W. A. (Hrsg.): Deutschland in der internationalen Kommunikation, Konstanz 1995

Maletzke, G.: Internationale und interkulturelle Kommunikation, Publizistik 26/3 (1981), S 345-352

Marten, E.: Das Deutschlandbild in der amerikanischen Auslandsberichterstattung, Wiesbaden 1989

Mead, M.: A case history in cross-national communications, in: Bryson, L. (Hrsg.): The communication of ideas, S. 209-229

Merten, K.: Das Bild der Ausländer in der deutschen Presse, in: Bundeszentrale für politische Bildung (Hrsg.): Ausländer und Massenmedien, S. 69-78

Mowlana, H.: Global information and world communication, New York/London 1986

Myrdahl, G.: Asian drama, Harmondswoth 1968

Nakamura, H.: Ways of thinking of Eastern peoples. India, China, Tibet, Japan, Honolulu 1978

Paige, R. M. und Martin, J. N. : Ethical issues and ethics in cross-cultural training, in: Landis, D. und Brislin R. W. (Hrsg.): Handbook of intercultural training, Band 1, S. 36-60

Passin, H.: Writer and journalist, in: Pye, L. W. (Hrsg.): Communication and political development, S. 82-123

Patai, R.: The Arab mind, New York 1973

Patzelt, W. J.: Grundlagen der Ethnomethodologie, München 1987

Piggott, S.: Vorgeschichte Europas, Kindlers Kulturgeschichte Europas, Band 1, München 1983

Porter, R. E. und Samovar, L. A. : Communicating interculturally, in: Samovar, L. A. und Porter, R. E. (Hrsg.): Intercultural communication, S. 4-23

Prinz, G. : Heterostereotype durch Massenkommunikation, Publizistik 3 (1970), S. 195-201

Prosser, M. H.: The cultural dialogue, Boston 1978

Pürschel, H. (Hrsg.): Intercultural communication, Frankfurt/Main 1994

Pye, L. W. (Hrsg.): Communication and political development, Princeton, N. Y. 1963

Ramsey, S. und Birk, J.: Preparation of North Americans for interaction with Japanese, in: Landis, D. und Brislin, R. W. (Hrsg.): Handbook of intercultural training, S. 227-258

Reddi, U. V.: How Indians see the world, Media Asia 1982, S. 32-39

Rehbein, J. (Hrsg.): Interkulturelle Kommunikation, Tübingen 1985

Reimann, H. (Hrsg.): Transkulturelle Kommunikation und Weltgesellschaft, Opladen 1992

Renger, R.: Der Kultur auf der Spur, in: Luger, K. und Renger, R. (Hrsg.): Dialog der Kulturen, S. 66-83

Rickert, H.: Kulturwissenschaft und Naturwissenschaft, Tübingen 1921

Ruhrmann, G.: Zum Problem der Darstellung fremder Kulturen in der deutschen Presse, Zeitschrift für Kulturaustausch 1 (1991), S. 42-53

Samovar, L. A. und Porter, R. E: (Hrsg.): Intercultural communication, Belmont, Cal. 1972 (2. Auflage) 1976

Sandhaas, B.: Interkulturelles Lernen – Zur Grundlegung eines didaktischen Prinzips interkultureller Begegnungen, International Review of Education 34 (1988), S. 415-438

Schäffter, O. (Hrsg.): Das Fremde. Erfahrungsmöglichkeiten zwischen Faszination und Bedrohung, Opladen 1991

Schäffter, O.: Modi des Fremderlebens, in: O. Schäffter (Hrsg.): Das Fremde, S. 11-42

Scheuch, E. K. und Scheuch, U.: Wie deutsch sind die Deutschen?, Bergisch Gladbach 1991

Schöneberg, U.: Vorurteile – Feindbilder, Wurzeln und Dynamik, in: Bundeszentrale für politische Bildung (Hrsg.): Das Ende der Gemütlichkeit, S. 37-50

Seelge, H. N.: Teaching culture. Strategies for intercultural communication, Lindenwood, Ill. 1986

Simmel, G.: Der Fremde, in: Simmel, G.: Das individuelle Gesetz, S. 71-74

Simmel, G.: Soziologie. Untersuchung über die Formen der Vergesellschaftung, 6. Auflage, Berlin 1983

Simmel, G.: Exkurs über den Fremden, in: Simmel, G.: Soziologie. Untersuchung über die Formen der Vergesellschaftung, S. 509-512

Six, Bernd: Stereotype in den Medien, in: Groebel, J. und Winterhoff-Spurk, P. (Hrsg.): Empirische Medienpsychologie, S. 168-179

Slembek, E.: Culture and communication, Frankfurt/Main 1991

Spiegel, J. und Machotka, P.: Messages of the body, New York 1974

Staewen, Chr.: Kulturelle und psychologische Bedingungen der Zusammenarbeit mit Afrikanern, München/Köln/London 1991

Storti, C.: The art of crossing cultures, Yarmouth 1990

Szalay, L. B. und Deese, J.: Subjective meaning and culture, Hillsdale, N. Y. 1978

Taft, R.: The role and personality of the mediator, in: Bochner, S. (Hrsg.): The mediating person, S. 53-88

Tajfel, H.: Social and cultural factors in perception, in: Lindzey, G. und Aronson, E. (Hrsg.): The handbook of social psychology, S. 315-394

Thomas, A. (Hrsg.): Interkultureller Austausch als interkulturelles Handeln, Saarbrücken 1985

Thomae, H.: Kulturelle Systeme als Sozialisationsvariablen, in: Graumann, C. F. (Hrsg.): Sozialpsychologie, 2. Halbband, Göttingen 1972, S. 715-747

Topitsch, E.: Logik der Sozialwissenschaften, Köln 1966

Triandis, H. C.: Essentials of studying cultures, in: Landis, D. und Brislin, R. W. (Hrsg.): Handbook of intercultural training, Band I, S. 82-117

Valentin, K.: Die Fremden, in: Valentin, K.: Sturzflüge im Zuschauerraum, München 1969, S. 135-136

Watzlawick, P.; Beavin, J. H.; Jackson, D. D.: Menschliche Kommunikation, Bern 1969

Wedge, B.: Visitors to the United States and how they see us, Princeton 1965

Weggel, O.: Die Asiaten, München 1989

Weidenfeld, W. und Korte, K. R.: Die Deutschen. Profil einer Nation, Stuttgart 1991

Wersig, G.: Fokus Mensch, Frankfurt/Main 1993

Whorf, B.: Sprache, Denken, Wirklichkeit, Hamburg 1963

Wilke, J.: Imagebildung durch Massenmedien, in: Bundeszentrale für politische Bildung (Hrsg.): Völker und Nationen im Spiegel der Medien, S. 11-21

Winterhoff-Spurk, P. : Fernsehen und Weltwissen, Opladen 1989

Winterhoff-Spurk, P. : Fernsehen und kognitive Landkarten, in: Hömberg, W. und Schmolke, M. (Hrsg.): Zeit, Raum, Kommunikation, S. 286-298

Wolf, E. R.: Die Völker ohne Geschichte, Frankfurt/New York 1986

Wolfenstein, M. und Leites, N.: Movies, Glencoe, Ill. 1950

Wolfgang, A. (Hrsg.); Nonverbal behavior, New York 1979

Yousef, F. S.: Nonverbal behavior, in: Samovar, L. A. und Porter, R. E. (Hrsg.): Intercultural communication, S. 230-258

Zimbardo, P. G.: Psychologie, Berlin 1983

Gerhard Bäcker, Reinhard Bispinck, Klaus Hofemann, Gerhard Naegele
Sozialpolitik und soziale Lage in Deutschland

Band 1: Ökonomische Grundlagen, Einkommen, Arbeit und Arbeitsmarkt, Arbeit und Gesundheitsschutz
3., grundlegend überarb. und erw. Aufl. 2000. 476 S. mit 40 Abb.
Geb. DM 49,80
ISBN 3-531-13333-0

Band 2: Gesundheit und Gesundheitssystem, Familie, Alter, Soziale Dienste
3., grundlegend überarb. und erw. Auf. 2000. 410 S. Geb. DM 49,80
ISBN 3-531-13334-9

Das zweibändige Handbuch bietet einen breiten empirischen Überblick über die Arbeits- und Lebensverhältnisse in Deutschland und die zentralen sozialen Problemlagen. Im Mittelpunkt der Darstellung stehen Einkommensverteilung und Armut, Arbeitsmarkt, Arbeitslosigkeit und Arbeitsbedingungen, Krankheit und Pflegebedürftigkeit sowie die Lebenslagen von Familien und von älteren Menschen.

Jürgen Mackert, Hans-Peter Müller (Hrsg.)
Citizenship – Soziologie der Staatsbürgerschaft
2000. 275 S. Br. DM 44,00
ISBN 3-531-13369-1

Der Band vereinigt klassische und zeitgenössische Beiträge, die eine sozialwissenschaftliche Perspektive eröffnen, und wendet sich an die Sozial-, Politik-, Wirtschafts- und Geschichtswissenschaften ebenso wie an Philosophie und Pädagogik.

Klaus Holz (Hrsg.)
Staat und Citizenship
2000. 211 S. mit 2 Abb. Br. DM 56,00
ISBN 3-531-14000-0

Der Band untersucht die politische In- und Exklusion von Individuen aus einer differenzierungstheoretischen Perspektive. Ob und wie die Staatsbürgerschaft die Vielfalt sozialer In- und Exklusionen integrieren kann, lässt sich nur beurteilen, wenn die Differenzierungsformen der modernen Gesellschaft systematisch berücksichtigt werden. In dieser Perspektive analysiert der Band citizenship im Kontext des Politischen, einschließlich des Nationalismus, der civil society und der Sozialpolitik.

AUS DEM PROGRAMM

Sozialpolitik

www.westdeutschervlg.de

Erhältlich im Buchhandel oder beim Verlag.
Änderungen vorbehalten. Stand: April 2000.

Abraham-Lincoln-Str.46
65189 Wiesbaden
Tel. 06 11. 78 78 - 285
Fax. 06 11. 78 78 - 400

West-
deutscher
Verlag